W0047687

Schirner
Verlag

Abbildung auf Seite 45: #41454050 (kikkerdirk), auf Seite 93: #39686084 (bananna), auf Seite 111: #15079554 (Beboy), auf Seite 121: #52723787 (Maygutyak), auf Seite 137: #39708332 (fotoknips), auf Seite 145: #39596944 (Tina Damster), auf Seite 177: #34073879 (paylessimages), auf Seite 233: #40436200 (LanaK). www.fotolia.de
Layout unter Verwendung von Derivaten aus: #41323691 (Guido Vrola), #49829019 (christine krahl), #46045036 (christine krahl), #8001582 (Jamey Ekins), #37115924 (TAlex), www.fotolia.de

ISBN 978-3-8434-1125-7

Susanne Hühn:
Fantasiereisen fürs Leben
© 2013 Schirner Verlag, Darmstadt
www.schirner.com

Umschlag: Murat Karaçay, Schirner, unter Verwendung von #40886846 (artant) und #20622312 (christine krahl), www.fotolia.de
Satz: Simone Fleck & Sandra Frey, Schirner
Redaktion: Sandra Frey, Schirner
Printed by: OURDASdruckt!, Celle, Germany

1. Auflage September 2013

SUSANNE HÜHN

Fantasiereisen

fürs Leben

Schirner
Verlag

Inhalt

Vorwort

Liebe Leser,

in all den Büchern, die ich geschrieben habe, gibt es immer wieder Meditationen, die ich gern einem größeren Publikum zur Verfügung stellen möchte, Meditationen, die nicht nur denjenigen, die sich gerade ganz speziell mit dem Thema des Buches, in dem sie steht befassen, dienlich sein könnten. Und so entstand die Idee, eine Sammlung von Meditationen herauszugeben, besonders für Menschen, die mit anderen arbeiten.

Die Meditationen dieses Buches sind also zum größten Teil nicht neu. Ich habe sie schon an anderer Stelle veröffentlicht, schriftlich und durch CDs. Meditationen, die bereits als reine Sammlung veröffentlich sind, findest du hier nicht, damit du sie nicht doppelt im Schrank stehen hast. Du findest die entsprechenden Bücher im Anhang.

Ich erlaube mir, die Texte in Du-Form zu schreiben. Wenn Ihnen das nicht gefällt, dann verzeihen Sie bitte. Es würde mich freuen, wenn Sie die Sätze für sich entsprechend umformulieren, damit Sie sich auf die Ihnen angenehme Weise angesprochen fühlen.

Was ist Meditation eigentlich? Ideen darüber gibt es viele. Leere deinen Geist, sei wie ein hohles Gefäß, höre auf zu denken ... Damit können wir nichts anfangen, denn es gibt fast keine Möglichkeit, nichts zu denken. Hier kommt die gute Nachricht: Meditation bedeutet nicht zwangläufig, nichts zu denken, sondern das Denken auf einen bestimmten Punkt zu richten, die alltäglichen Gedanken loszulassen und sich mit Höherem zu beschäftigen. Meditation ist also nicht passiv, sondern in hohem Maße aktiv. Du konzentrierst dich auf eine höhere Wahrheit, auf einen höheren Bewusstseinzustand, auf eine bestimmte Körperhaltung – falls du Yoga als Meditationstechnik nutzen möchtest – auf deinen Atem, auf ein Wort, das im östlichen Kulturkreis »Mantra« genannt wird, oder auf die inneren Reisen, die ich dir hier anbiete.

Sind es überhaupt Meditationen? Ich weiß es nicht. Die Meinungen sind geteilt. Die Idee, eigene innere Bilder zu nutzen, kommt aus dem katathymen Bilderleben, auch Symboldrama genannt, und ist ein Werkzeug der imaginativen Psychotherapie von 1954 – und zugleich eine uralte schamanische Technik ... Wie du es auch nennst, was ich euch hier anbiete, ist deine Sache und auch gar nicht so wichtig. Ich hoffe einfach, es funktioniert für euch und eure Klienten oder Gruppen!

Ich wünsche euch viel Freude damit.

Fangen wir, ohne lang herumzureden, einfach an.

Wie man Meditationen führt und wie man Gruppen hält, habe ich in anderen Büchern beschrieben (Anhang). Hier findest du die Texte, sonst nichts.

Der Beginn

Zwei Entspannungsübungen, die immer wieder genutzt werden können und auch für sich allein bereits vollständige Meditationen sind.

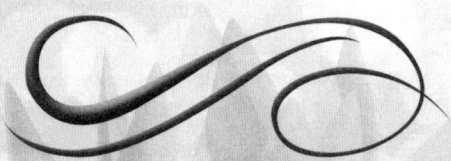

Die Eingangsentspannung, die immer wieder genutzt werden kann (und auch für sich allein bereits eine Meditation ist):

Mache es dir bequem, setze oder lege dich bequem hin. Es gibt nichts mehr zu tun.
Erlaube dir, zur Ruhe zu kommen. Dein Atem darf kommen und gehen, so wie es ihm gefällt.
Schaue ihm einfach nur zu, wie er kommt und geht, sanft fließend kommt und geht, fast wie von selbst – ganz ruhig und gleichmäßig.
Du darfst ihn begleiten auf seinem Weg in deinen Körper hinein und wieder hinaus. Nutze deinen Atem, um deine Aufmerksamkeit auf dein Inneres zu lenken. Du darfst ganz bei dir sein. Es gibt nun nichts mehr zu tun. Du darfst fließen lassen, alles geschehen lassen, wie von selbst.
Vielleicht magst du mit jeder Ausatmung loslassen, was dich schwer macht und beschäftigt. Jede Ausatmung reinigt deinen Körper und deine Seele, wenn du einfach alles nach außen abgibst.
Mit jeder Ausatmung wirfst du Ballast ab. Das schafft Raum für das, was dir wirklich wichtig ist.
Mit jeder Einatmung dagegen nimmst du die Energien und Kräfte auf, die du brauchst, die dich erfüllen und glücklich machen. Du brauchst nicht zu wissen, welche Kräfte das sind. Deine Seele weiß es ganz genau.

Vielleicht tut es dir gut, dir diese Energien als Farben, als Licht oder als angenehme Düfte vorzustellen. Atme sie ein, nimm sie in dich auf und erlaube, dass sie genau dorthin fließen, wo du sie brauchst und wo sie dir guttun.
Es gibt nichts mehr zu tun. Du brauchst niemandem zu gefallen, und es niemandem recht zu machen. Ruhe dich einfach aus.

Oder du nutzt diese Meditation hier:

Mache es dir bitte ganz bequem. Es gibt jetzt nichts mehr zu tun als einfach hier zu sein, zu atmen, dich wohlzufühlen. Erlaube der Unterlage, deinen Körper zu stabilisieren und sanft zu tragen. Nimm einige tiefe Atemzüge, atme dich aus der Vergangenheit in das Jetzt und aus der Zukunft in das Jetzt. Stelle dir vor, du hättest einen magnetischen Atem. Mit jeder Einatmung ziehst du all deine Energien, deine Aufmerksamkeit, alles, was noch irgendwo gebunden ist – bei anderen Menschen, bei bestimmten Ereignissen – in deinen Körper hinein. Dein magnetischer Atem holt dich zu dir selbst zurück. Mit der nächsten Einatmung formuliere eine innere Absicht:

»Ich bin ganz.«
»Ich bin ganz.«

und:

»Ich bin vollständig anwesend.«
»Ich bin vollständig anwesend.«

»Meine Aufmerksamkeit ist im Hier und Jetzt, in diesem Moment.«
»Meine Aufmerksamkeit ist in diesem Moment.«

Tiefer und tiefer sinkst du in dich hinein, atmest dich aus dem Kopf durch das Herz in den Bauch.

Und dann nutze deine Ausatmung, um all das, was sich in dir angesammelt hat, wieder loszulassen: die Energien, die du von anderen aufgenommen hast, die Ängste, die Sorgen, die jetzt in diesem Moment nicht nötig sind, die du jetzt, in diesem Moment, nicht brauchst.

Jetzt, hier und in diesem Moment, bist du sicher, warm und geborgen. Und so stelle dir bitte vor, dass du mit der nächsten Ausatmung alles loslässt, worüber du dir jetzt, in diesem Moment, wirklich keine Sorgen zu machen brauchst. Jetzt, in diesem Moment, ist alles in Ordnung. Und weil in diesem Moment alles in Ordnung ist, darfst du es auch so fühlen. Du liegst fest und stabil. Du bist geborgen. Für diesen Moment ist alles da, was du brauchst. Für diesen Moment bist du in Sicherheit. Und so darfst du ganz bewusst diesen Moment wahrnehmen und deinem Gehirn, deinem Mandelkern, dem Teil in dir, der alle Situationen emotional bewertet, diesem Teil darfst du sagen:

»Jetzt im diesem Moment ist alles in Ordnung. Ich bin in Sicherheit«.

Lasse los. Entspanne dich. Merke dir auch dieses Gefühl, merke dir, wie es ist, in Sicherheit zu sein.

Mit der nächsten Ausatmung stelle dir bitte vor, wie deine Stresshormone aus deinem Körper hinausfließen und hinausgespült werden. Du kannst sie aus dir hinausatmen, hinauspusten.

All die Stresshormone, die sich in bestimmten Organen gesammelt haben, die Botenstoffe, die in deinem Körper für eine erhöhte Anspannung sorgen, die dich in Alarmbereitschaft versetzen, die sich in den Muskeln und in der Ringmuskulatur deiner Blutgefäße angesammelt haben – atme sie aus. Puste sie aus dir hinaus.

Erlaube, dass sich all die Stresshormone, all die Stoffe, die dein Körper gebildet hat, weil er in übermäßiger Anspannung lebte, weil du dir Sorgen machst, weil du tatsächlich sehr viel erlebtest, das dir Kummer bereitete – erlaube, dass all diese Stoffe mit der nächsten Ausatmung aus deinem Körper hinausströmen.

Von hier aus kannst du starten.

Aber welche Meditation wählst du für dich oder deine Gruppe? Es ist bestimmt gut, wenn du die Meditationen vorher einmal durchliest und schaust, was für dich oder deine Arbeit passen könnte. Falls du unsicher bist:

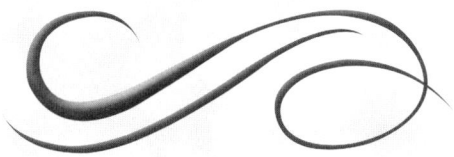

Hier eine Elemente-Übersicht:

WASSER

reinigt besonders die emotionale Ebene, bringt emotionale Erleichterung und innere Frische, bei emotionalen Verletzungen, Groll, Schwere.

LUFT

reinigt die mentale Ebene, hilft, einen frischen, freien Geist zu bekommen. Sie ist hilfreich gegen schwerfällige Gedankenschleifen oder gegen negative, belastende Denkmuster – auch gegen Süchte.

FEUER

reinigt die Handlungsebene, ist besonders hilfreich, wenn jemand viel für andere tut oder sich von nicht mehr stimmigen Verhaltensweisen befreien will.

ERDE

stabilisiert und hilft, sich genährt, gehalten und auf vernünftige Weise abgegrenzt zu fühlen. Dieses Element ist besonders hilfreich, wenn jemand sich selbst nicht spürt, beeinflussbar ist oder zu sehr in anderen verschmilzt.

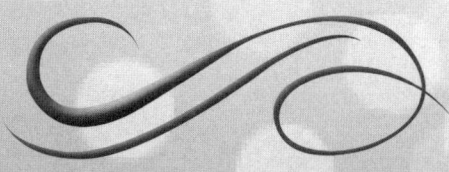

Kurzmeditationen

*Fünfminütige klassische
Fantasiereisen als rasche Hilfe*

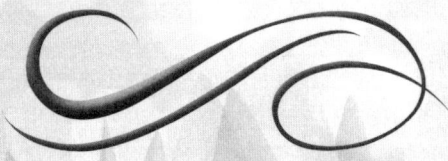

Deine Kraft zu dir zurückholen

Trennung von belastenden Situationen und Menschen.

(aus: Buch: »Loslassen und die ideale Beziehung finden«, Schirner, Darmstadt, 2005.)

Schließe deine Augen, und stelle dir deine Kraft vor wie eine goldene Kugel. Viele Strahlen gehen von ihr aus, Strahlen, die in verschiedenen Situationen, an verschiedene Orte und zu verschiedenen Personen führen. Außerdem strömen eine Menge Energiestrahlen in diese goldene Kugel hinein. Teilweise geben sie dir Kraft, teilweise saugen sie an dir. Nun sage laut und deutlich (in Gedanken oder tatsächlich):

»Ich bin bereit, meine Kraft zu mir zurückzunehmen und neu zu entscheiden, wohin ich sie strömen lasse. Gleichzeitig lasse ich alles los, was nicht zu mir gehört.«

Stelle dir nun vor, wie du deine Energiestrahlen zu dir in die Kugel zurückziehst. Das geht bei einigen sehr leicht, bei anderen brauchst du vielleicht eine Schere. Schicke auch alle Strahlen, die von anderen zu dir strömen, zurück. Du brauchst erst Klarheit, bevor du neu entscheidest, wem du welche Energie geben kannst und willst. Du wirst jetzt sehr deutlich spüren, wo du noch gebunden bist, wo die Strahlen nicht loslassen wollen.

Bitte jetzt, genau jetzt, deine höhere Kraft, deine eigenen hoch schwingenden Anteile, um Unterstützung.

Bitte deinen Schutzengel, die Strahlen abzuschneiden oder sanft immer dünner werden zu lassen. Schaue, was geschieht, spüre, wie du dich fühlst. Wenn Schuldgefühle kommen, dann gib dem, dem du deine Energie gerade entziehst, in Gedanken die Idee, seinen Strahl gleich nach oben anzuschließen, an das höchste Gottesbewusstsein, nicht an dich. Wenn er es tut, okay, wenn nicht, dann ist es nicht deine Sache.

Irgendwann siehst du deine Kraft wie eine glatte, glänzende, wunderschöne goldene Kugel, ohne nach außen strömende Energie.

Sie steht dir nun wieder voll und ganz zur freien Verfügung.

Der Wasserfall

Reinigung und Neubelebung; besonders gut für emotionale Erfrischung.

(aus: Buch: »Meditation, Entspannung, Konzentration für Jugendliche«, Schirner, Darmstadt, 2009.)

Schließe deine Augen, und stelle dir bitte einen wunderschönen Wasserfall vor. Er funkelt und glitzert in der Sonne. Das Wasser hat genau die Temperatur, die dir angenehm ist, erfrischend kühl oder wohlig warm. Wenn du willst, dann ziehe nun in Gedanken deine Kleidung aus. Stelle dich unter diesen Wasserfall, und genieße das Prasseln auf deinen Schultern. Stelle dir vor, dass dieser Wasserfall alles Schwere von dir abwäscht, allen Schmutz aus dir herauslöst, auch den, der dir gar nicht bewusst ist. Das Wasser weiß genau, was es abwaschen soll und was nicht. Der Wasserfall hat magische Kräfte und kann alles abwaschen, was dir nicht mehr dient, was dich schwer und traurig sein lässt. Er reinigt dich auch von innen, und gleichzeitig versorgt dich das Wasser mit frischer Lebensenergie. Erlaube, dass all der Schmutz, von dem du wahrscheinlich gar nicht wusstest, dass du ihn mit dir herumschleppst, abfließt. Der Wasserfall mündet in ein kleines Becken. Von dort aus strömt das Wasser in einen Fluss. Es nimmt alles Schwere, Dunkle mit sich. Für den Fluss ist das kein Problem. Das Wasser bleibt rein und klar, der Schmutz setzt sich einfach ab und wird ein Teil des Flussbettes und ernährt die Pflanzen und Tiere, die im Schlamm leben.

Bleibe so lange unter dem Wasserfall stehen, wie es sich gut anfühlt, so lange, bis du dich frisch und klar fühlst.

Am Rand des Beckens findest du flauschige Handtücher. Trockne dich ab, und ziehe dir neue Kleidung an. Neben den Handtüchern liegt auch ein neues Gewand am Beckenrand, ein Gewand, das dir genau die Energie gibt, die du brauchst: licht, leicht und fröhlich oder tröstend, schützend und wärmend – so wie es jetzt für dich nötig ist. Bleibe noch ein wenig liegen. Wenn du so weit bist, komme zurück, und öffne die Augen, behalte aber das Gewand in deiner Vorstellung an.

Wann immer du dich schwer fühlst, stelle dich in Gedanken unter den Wasserfall, und lasse ihn alles abwaschen.

Das reinigende Feuer

... um Altes, Belastendes loszulassen; besonders das, was man für andere trägt und tut.

(aus: Buch: »Meditation, Entspannung, Konzentration für Jugendliche«, Schirner, Darmstadt, 2009.)

Wie immer machst du es dir bequem und schließt deine Augen. Stelle dir bitte einen wunderschönen Wald vor. Es herrscht die Jahreszeit, die du am meisten liebst. Du gehst ein bisschen spazieren. Nimm dir dafür Zeit. Vielleicht entdeckst du ein Tier, das sich von dir streicheln lässt, vielleicht bemerkst du ganz besonders schöne Pflanzen. Genieße den Spaziergang, entspanne dich. Irgendwann kommst du zu einer Lichtung, einem zauberhaften Platz mitten im Wald. Mächtige Felsen und große Bäume schützen diesen Ort, und du fühlst dich wie in einem Märchenwald. In der Mitte der Lichtung brennt ein Feuer. Du setzt dich an das Feuer und fühlst die angenehme Wärme, hörst das Prasseln und schaust in die Flammen. Auf einmal kommt dir der Gedanke, dass du alles, was dich schwer macht und dich bedrückt, in dieses Feuer hineinwerfen könntest. Du denkst vielleicht ein wenig darüber nach, weißt nicht, ob du das wirklich willst und ob es okay ist – und auf einmal hörst du eine Stimme. Sie scheint direkt aus dem Feuer selbst zu kommen.

»Ich bin das Feuer der Reinigung«, hörst du die Stimme sagen, »alles, was du mir schenkst, verwandelt sich in Kraft und in Licht und strömt als Bewusstsein zu dir zurück«.

Das hört sich für dich an wie eine gute Idee, und du beginnst, in Gedanken alles, was dich belastet, verletzt oder wütend macht, in das Feuer zu schicken. Auf einmal bemerkst du, dass du einen schweren Mantel trägst, einen Rucksack oder alte, ausgetretene und unbequeme Schuhe. Vielleicht hast du auch einen Helm auf dem Kopf. Du spürst jedenfalls auf einmal, dass du diese Lasten wie ein Gewicht mit dir herumträgst, nicht nur gedanklich, sondern auch in Form einer echten Last. Du schälst dich aus dem schweren Mantel, nimmst den Helm ab, schlüpfst aus den viel zu unbequemen Schuhen und wirfst den Rucksack von dir. Du wirfst alles ins Feuer, und die Flammen lodern hoch auf. Vielleicht ändert das Feuer gar seine Farbe. Du fühlst dich unendlich erleichtert, vielleicht auch ein bisschen traurig, aber vor allem leichter und freier. Nun strömt die Energie, die in den Lasten gebunden war, als Wärme zu dir zurück – oder zu den Menschen, für die du diese schweren Lasten getragen hast! Es kann sein, dass es gar nicht dein schwerer Mantel war, nicht dein Rucksack. Jetzt fließen das Licht und die Wärme dorthin, woher diese Lasten kamen. Das fühlt sich sehr gut an, befreiend und heilsam.

Du bleibst so lange an dem Feuer sitzen, wie sich das für dich gut anfühlt, und du weißt jetzt: Wann immer dich etwas be- drückt, kannst du es diesem heilenden und reinigenden Feuer übergeben – die gebundene Energie wird als Licht und Wärme zu dir zurückfließen.

Kraft aus der Erde tanken

Stabilität und Halt; auf der Erde ankommen
(beispielsweise nach viel emotionaler oder mentaler Arbeit).

(aus: Buch: »Meditation, Entspannung, Konzentration für Jugendliche«, Schirner, Darmstadt, 2009.)

Stelle dich bitte ganz bewusst und fest auf die Erde – oder mache es dir bequem, und stelle dir vor, dass du fest und sicher auf der Erde stehst. Nun stelle dir bitte vor, es gäbe unter deinen Füßen einen leuchtenden Energieball, ungefähr fünfzig Zentimeter tief in der Erde. Er glüht dunkelrot oder goldbraun, strahlt wärmende und Halt gebende Energie aus. Du spürst, dass diese Energie in deine Füße hineinströmt, dir ein gutes Gefühl gibt und dich fest und sicher auf der Erde verankert, ohne dich zu binden. Du bleibst frei und leicht, wirst aber gewärmt und gehalten. Während diese Energie in dich hineinfließt, erkennst du, dass der Energieball selbst aus der Erde gespeist wird. Es gibt ein riesig großes, warmes und golden leuchtendes Herz im Inneren der Erde. Das siehst du nun vor deinem inneren Auge. Du erkennst, dass dein Energieball aus diesem Herzen heraus erleuchtet und genährt wird. Im Energieball wird die Kraft aus der Erde so verändert, dass sie für dich und deinen Weg passt. Wenn du magst, kannst du natürlich auch direkt Kraft aus dem Herzen der Erde bekommen. Probiere für dich aus, was sich besser anfühlt. Wann immer du ein wenig Zeit hast und Kraft brauchst, stelle dir diesen Energieball vor, und erlaube seinem

Licht, in dich hineinzufließen. Fühle die Kraft und die Wärme, und wisse, dass du von nun an immer mit Lebenskraft versorgt bist, wenn du dich nur dafür öffnest.

Dein Krafttier treffen

... wenn du allein nicht weiterkommst und emotionale, aktive oder mentale Unterstützung brauchst.

(aus: Buch: »Meditation, Entspannung, Konzentration für Jugendliche«, Schirner, Darmstadt, 2009.)

Mache es dir bequem, und stelle dir bitte ein Tor vor, zum Beispiel einen Eingang zu einer Höhle, ein von Menschen angefertigtes Tor, einen natürlich gewachsenen Durchgang … Lasse dir Zeit damit, aber entscheide dich für ein inneres Bild. Es spielt gar keine Rolle, wie dieses Tor nun genau aussieht. Viel wichtiger ist, was nun geschieht: Du gehst durch dieses Tor hindurch und rufst dein Krafttier, indem du es bittest, sich dir zu zeigen. Lasse bitte all deine Ideen darüber, wen oder was du gern als Krafttier hättest, los, und öffne dich für das, was nun kommt. Es kann sein, dass es dir gar nicht gefällt. Wenn du vor deinem inneren Auge ein Tier siehst, dann frage es bitte, ob es dein Krafttier ist, und sieh, ob es antwortet. Sagt es ja, ist alles gut, sagt es nein, dann frage es, ob es dich zu deinem Krafttier bringen kann.

Es bringt dich nun zu deinem Krafttier, und irgendwann erkennst du es. Wieder ist es nicht wichtig, ob es dir gefällt oder nicht. Vertraue bitte deinen inneren Bildern, und lasse sie sein, wie sie sind. Frage es nun bitte, welche besondere Kraft es dir bringt und was es von dir braucht. Versprich ihm, das zu tun, was es dir aufträgt. Vielleicht kannst du das auch jetzt, während du es triffst, tun. Vielleicht ist es verletzt und braucht deine Hilfe, vielleicht braucht es etwas zu trinken oder zu fressen, vielleicht ist es gar in einer Falle gefangen und will befreit werden. Sorge dafür, dass es dem Krafttier gut geht, und fühle seine Kraft und deine Freude, ihm endlich zu begegnen! Du hast nun einen guten Begleiter und einen treuen Freund an deiner Seite, und immer, wenn du Rat brauchst, kannst du dich an dein Krafttier wenden.

Verabschiede dich nun von ihm, oder nimm es einfach mit. Tritt wieder durch das Tor, und komme zurück in den Raum, in dem du dich befindest.

Die Stimme deiner Seele

... um zu üben, bewusst Kontakt zur inneren Stimme aufzunehmen.

(aus: Buch: »Meditation, Entspannung, Konzentration für Jugendliche«, Schirner, Darmstadt, 2009.)

Bitte mache es dir bequem, schließe die Augen, und atme ruhig und gleichmäßig. Es kann sein, dass es dir schwerfällt, dich zu entspannen. Dann erlaube dir, zu sein, wie du bist, auch wenn du noch ein wenig angespannt bist. Lasse dich einfach mal selbst in Ruhe, und lausche nach innen. Es gibt nichts mehr zu tun. Lasse für diesen Moment alles hinter dir. Du brauchst niemandem zu gefallen, es niemandem recht zu machen. Es geht in dieser Meditation nur um dich und um dein Wohlbefinden.

So erlaube dir, loszulassen, deinen Körper zur Ruhe kommen zu lassen, und lasse überall dort, wo du noch angespannt sein magst, bewusst los, so, wie dir das im Moment möglich ist. Nun richte deine Aufmerksamkeit bitte auf dein Herz. Wenn dir das unangenehm ist, dann stelle dir bitte dein Herz vor wie einen wunderschönen inneren Ort, an dem es hell, licht und weit ist. Lasse dich hineinfallen in diese Weite und Freiheit, die du hier findest, immer mehr. Mehr und mehr öffnet sich dir dieser Raum, indem du es dir mehr und mehr vorstellst. Du fühlst vielleicht innere Ruhe, Frieden, vielleicht auch ein Kribbeln oder Wärme. Lasse dich noch tiefer in dieses Gefühl hineinsinken, und spüre, wie du mehr und mehr zur Ruhe kommst. Licht fließt in dich ein, weißes oder goldenes Licht, ganz

so, wie es aus diesem Raum in deinem Herzen ganz von allein herausströmt.

Noch ein wenig weiter öffnet sich dieser Raum, und nun verschwindet er, öffnet sich zu einem Energiefeld, das keinen Anfang und kein Ende zu haben scheint. Du nimmst vielleicht Farben wahr, Töne, Gefühle, Gedanken. Lasse alles zu. Du brauchst es nicht zu verstehen. Tauche ein in dieses Gefühl von Freiheit und Geborgenheit, das du hier findest. Es ist, als würdest du schweben oder fließen. Du löst dich auf eine sehr angenehme und friedliche Weise auf und verschmilzt mit diesem Energiefeld. Das fühlt sich an, als würdest du nach Hause kommen. Genieße diesen Zustand, und erlaube, dass diese Weite und Freiheit mehr und mehr in dich einströmen und dir ein gutes Gefühl geben.

Atme die Kräfte in dich hinein – und jetzt bitte darum, einfach, indem du innerlich »Ich bitte« sagst, dass sich diese Energie als innere Stimme in dir bemerkbar macht. Bitte darum, dass sie dir zeigt, wie sie mit dir spricht, bitte sie, dir zu zeigen, woran du erkennen kannst, dass es deine Seele ist, die gerade mit dir redet. Denn das, was du hier spürst, ist die Kraft deiner eigenen Seele.

Bleibe innerlich frei von Vorstellungen, und erlaube dieser Energie, von sich aus zu wirken. Das kannst du. Du bleibst innerlich frei und offen und erlaubst dieser Energie, dir zu zeigen, woran du sie auch im Alltag, in der Schule oder bei Freunden erkennst. Vielleicht bekommst du nun ein klares Gefühl, einen klaren Gedanken. Du hörst vielleicht eine innere Stimme, erinnerst dich an einen Liedtext, der genau ausdrückt, was du im Moment wissen solltest. Wenn du eine Frage hast, nicht weiter weißt, wenn dich etwas bedrückt, dann kannst du jetzt und hier fragen, während du in der Stille deiner Seele verweilst. Stelle einfach die Frage, und dann öffne dich für die Antwort. Du brauchst sie noch nicht zu kennen. Daher nutzt es nichts, darüber nachzudenken. Erlaube, dass dir deine Seele die Antwort gibt, so, wie es für dich und nur für dich, richtig ist. Die Stimme deiner Seele ist immer klar, und sie fühlt sich gut an. Sie wird dir niemals schaden, sondern immer nützlich und dienlich sein. Wenn du Ideen hast, von denen du ganz tief in dir weißt, dass sie dir in Wahrheit nicht guttun, dann ist das nicht die Stimme deiner Seele. Dann bitte ausdrücklich darum, innerlich geführt zu werden, und sei bereit, dich führen zu lassen.

Je bereitwilliger du bist, auf die Stimme deiner Seele zu hören, desto deutlicher und klarer wirst du sie auch hören, desto leichter ist es, immer und überall mit ihr in Kontakt zu sein.

Atme nun bewusst in dein Herz, und nimm all die Kraft mit deinem Atem in dich auf. Erinnere dich bitte daran, wie sich die Stimme angefühlt und angehört hat, und versprich dir selbst, von nun an mehr und mehr auf sie zu achten und ihr zu vertrauen.

Dann komme wieder zurück in den Raum, in dem du liegst. Nimm aber all die Energien und das Wissen mit.

Der Fels in der Brandung

Emotionale Stabilität und innerer Abstand.

(aus: Buch: »Meditation, Entspannung, Konzentration für Jugendliche«, Schirner, Darmstadt, 2009.)

Du atmest ein paar Mal tief durch, und mit jeder Ausatmung stellst du dir vor, dass alles, was dich belastet und schwer macht, aus dir herausströmt. Mit jeder Einatmung nimmst du frische, neue Energie auf, atmest das Leben tief in dich hinein. Du spürst, wie du dich langsam mehr und mehr entspannst. Dein Körper wird schwerer oder immer leichter, je nachdem, wie es sich für dich gut anfühlt. Die Spannung verschwindet, und du fühlst dich angenehm und wohlig warm.

Nun stelle dir deine Gefühle bitte als Wasser vor, ein aufgewühltes Meer zum Beispiel, ein tiefer See, eine verschlammte Pfütze, ein klarer Wasserfall … Schaue, welches Bild dir in den Sinn kommt, wenn du an deine Gefühle denkst, und lasse es genau so, wie du es wahrnimmst, einfach mal in dir stehen. Wenn du diese Meditation mit einem Freund teilst, dann sprich jetzt aus, wie du deine Gefühle in Form von Wasser wahrnimmst. Bleibe ein bisschen in diesem Bild. Vielleicht tut es dir gut, deine Gefühle zu erleben, sie sein zu lassen, wie sie eben sind. Wenn du magst, dann stelle dir vor, du selbst wärst in diesem Wasser und ließest dich treiben – trägt es dich, oder drohst du unterzugehen? Lasse es dich nur für einen Moment spüren, damit du die Scheu vor deinem eigenen Gefühl

verlierst und dich selbst besser kennenlernst. Wenn es dir angenehm ist, dann stelle dir eine Luftmatratze vor, lege dich darauf, und lasse dich einfach ein bisschen auf dem See deiner Gefühle treiben.

Vielleicht aber ist das Meer oder der See auch sehr aufgepeitscht, vielleicht gehst du auf der Stelle unter, wenn du dich zu weit in das Wasser hineinwagst.

Dann stelle dir bitte vor, es gäbe in diesem See, im Meer oder was auch immer du siehst, einen wunderschönen, stabilen und Vertrauen erweckenden Felsen. Das Wasser schäumt um ihn herum, aber der Fels selbst steht fest und sicher da, unverrückbar und voller Kraft. Du stehst auf dem Felsen, der Wind weht dir durch das Haar, du siehst all das aufgewühlte Wasser, aber du stehst sicher und fest. Du spürst die Kraft dieses Felsens durch deine Füße in deinen Körper fließen, und das fühlt sich sehr gut an. Und auf einmal erkennst du: Du BIST dieser Fels. Ganz fest stehst du da, das Wasser tobt und tost, aber du selbst bist völlig sicher und klar. Nichts kann dich erschüttern, mag das Wasser auch toben oder schäumen. DU selbst bleibst ruhig und kraftvoll, gelassen und innerlich frei. Schaue, ob es dir leichter fällt, diesen Felsen anzuschauen, oder ob du die Vorstellung lieber hast, du selbst wärest dieser Felsen. Vielleicht möchtest du auch auf dem Felsen herumklettern, seine Festigkeit spüren, während das Wasser an ihn heranrauscht. So, wie du es gern hättest, so ist es richtig für dich – wichtig ist nur, dass du dich trotz all des Wassers sicher und gehalten, geborgen und stabil fühlst. Wann immer du nun von deinen Gefühlen überwältigt wirst, stelle dir augenblicklich den Felsen oder die Luftmatratze vor, und lasse dich tragen, sanft in den Wellen schaukeln oder vom starken Fels in der Brandung halten.

Bleibe noch ein bisschen liegen, und erzähle deiner Freundin, noch während du die Augen geschlossen hast, wie du dich nun fühlst, falls du begleitet wirst und wenn du das willst.

Komme dann ganz in deiner eigenen Zeit mit deiner Aufmerksamkeit wieder in den Raum zurück, in dem du dich befindest, und schreibe vielleicht in dein Tagebuch, wie du dich nun fühlst – oder tu einfach das, worauf du jetzt Lust hast.

Dein persönlicher Kraftort

Ein innerer Rückzugsort, an dem man sich jederzeit ausruhen kann,
auch ohne besonderen Anlass.

(aus: Buch: »Meditation, Entspannung, Konzentration für Jugendliche«, Schirner, Darmstadt, 2009.)

In Gedanken sitzt du an einem kleinen blauen See. Das Wasser glitzert wie Tausende von Diamanten, und in der Mitte des Sees liegt eine kleine Insel. Ganz in deiner Nähe ist ein kleines Holzboot angebunden. Es schaukelt leise in den Wellen, die ans Ufer plätschern.

Genau vor dir befindet sich ein Lichtstrahl. Er sieht aus wie eine Lichtsäule, die direkt vom Himmel herunterkommt.

Dieser Lichtkegel bildet einen Kreis genau inmitten dieser kleinen Insel, welche von samtig grünem Gras und deinen Lieblingsblumen bedeckt ist.

In dir entsteht der Wunsch, zu dieser Insel hinüberzugelangen. Du spürst Vorfreude. Dieses Licht fühlt sich schon aus der Entfernung so vertraut, so heimelig an, dass du einfach darauf zugehen möchtest.

Du löst den Strick vom Boot, nimmst die zwei Paddel und ruderst mit kräftigen Zügen auf die Insel zu. Selbst wenn du gar nicht rudern kannst, auf einmal fühlt es sich ganz natürlich und vertraut an. Am Inselufer angekommen, ziehst du das Boot an Land und bleibst für einen Moment stehen. Du traust dich kaum, in das Licht

zu schauen, so überwältigend ist dieser Anblick. Und dann geschieht alles wie von selbst. Es zieht dich richtig in diesen Lichtstrahl hinein, nichts kann dich mehr aufhalten.

Und auf einmal bist du mittendrin. Augenblicklich spürst du eine solche Energie und Freude, und es fühlt sich alles so gut, so leicht an. Es durchströmt deinen ganzen Körper, und du weißt, es ist das Licht deiner eigenen Seele.

Dein Herz wird weit und warm, und du erkennst, dass du gerade deinen Platz auf Erden gefunden hast. Deine Gedanken sind klar und rein, so wie die Kristalle, die im Wasser des Sees zu glitzern scheinen.

In diesem Licht bist du vollkommen geborgen und aufgehoben, es fühlt sich alles vertraut und liebevoll an. Dieses Licht erfüllt deinen ganzen Körper, und du spürst seine Wärme und seinen Schutz um dich herum. Nichts kann mehr passieren, alles ist gut. Du spürst diese unendliche Liebe in dir. Ruhe und Frieden durchströmen dich in diesem Licht.

Du weißt, dass dieser Ort dein Zuhause ist, und du wirst ihn und dieses Licht jetzt

immer in deinem Herzen tragen, wo auch immer du dich aufhältst.

Du erkennst, dass du im Laufe deines Lebens mithilfe deines Kraftplatzes alle an dich gestellten Anforderungen und Aufgaben mit Leichtigkeit erfüllen kannst. Denn immer wenn du nicht weiter weißt, kommst du an diesen Platz zurück und holst dir Kraft und Stärke. Du weißt, dass du ab jetzt nie mehr allein bist und du immer Hilfe von diesem liebevollen und starken Lichtstrahl erhältst.

Dieser wird dich führen und leiten, er wird dir deinen Weg durchs Leben zeigen.

So bist du verbunden mit deiner eigenen seelischen Kraft, und nichts kann passieren. Du bist immer sicher, geschützt und begleitet.

Du fühlst dich nun voller Freude, stark und groß. Viele spannende Abenteuer erwarten dich, das weißt du genau. Und mit dieser tiefen Erkenntnis steigst du wieder in das Boot und ruderst voll Energie zurück an Land. Im Herzen trägst du deinen Lichtstrahl, und du spürst einen warmen, wohligen Schutzmantel aus Licht um dich. Du kommst ganz langsam wieder in deinen Körper zurück, während der Lichtstrahl fest in dir verankert ist – du hast nun eine sehr wichtige und wertvolle Kraft für dich gefunden, die du immer wieder anwenden kannst.

Der Kristall der Erfahrung

Alte Kreise schließen und Raum schaffen für Neues.

(aus: Buch: »Loslassen und die ideale Beziehung finden«, Schirner, Darmstadt, 2005.)

Stelle dir vor, du trägst in dir, vielleicht im Herzen, vielleicht auch an einer anderen Stelle, einen Kristall. Dieser Kristall hat über die vielen, vielen Inkarnationen hinweg alle Informationen gespeichert, die du durch all deine Erfahrungen gesammelt hast, alle guten und alle schlechten. Er ist wie eine Computerfestplatte. Und er ist voll. Es wird Zeit, ihn loszulassen und auszutauschen. Dazu bittest du deinen Schutzengel oder eine andere Kraft, an die du dich normalerweise wendest, dich zu einer riesigen Bibliothek zu führen, zu der Chronik, in der alles Wissen des Universums gespeichert wird. Ob es das gibt oder nicht, spielt keine Rolle, stelle es dir nur einfach vor. Wenn du diese Bibliothek wahrnehmen kannst, dann erlaube dem Hüter dieses Wissens, deinen Kristall vorsichtig aus dir herauszunehmen. Schaue, was mit ihm geschieht. Löst er sich in Lichtfunken auf? Wird er irgendwo aufbewahrt? Was geschieht mit all deinem Wissen? Es ist das Wissen, das nur du sammeln konntest. Nur durch deine besondere Art, die Welt wahrzunehmen, konnten genau diese Erfahrungen geschehen. Und genau deshalb bist du auch hier: damit dieses besondere Wissen durch dich nun in den kosmischen Wissensspeicher geführt werden kann. Du lässt den Kristall gern los, denn du weißt, die Erfahrungen haben dein Bewusstsein geformt, und alles, was du davon brauchst, bleibt in deiner Aura gespeichert. Nun reicht dir der Hüter der Bibliothek einen vollkommen neuen Kristall aus reiner göttlicher Liebe. Er bedankt sich bei dir für all die wichtigen Informationen, die du über Beziehungen und Liebe gesammelt hast und verneigt sich vor all dem Leid, das du deshalb auf dich genommen hast.

Du setzt den neuen Kristall an die Stelle, an die er gehört. Du spürst es, wenn du ihn in der Hand hältst. Er trägt völlig neue Informationen über das Leben selbst in sich. Vielleicht spürst du, wie ein farbiges oder weißes Licht durch deine Körper strömt, bis in die Aura hinein. Vielleicht spürst du auch Leichtigkeit oder erst einmal gar nichts.

Was willst du von nun an verwirklichen? Welche Erfahrungen willst du in diesem neuen Kristall speichern? Erfüllung? Liebe? Glück? Leichtigkeit? Finde die Wörter, die genau ausdrücken, was du verwirklichen willst. Vielleicht kannst du es auch als Gefühl, als Farbe, als Bewusstseinszustand wahrnehmen.

Wenn du willst, dann kannst du auch einfach »Dein Wille geschehe« sagen und dir
dabei die göttliche Kraft vorstellen oder
dich an sie wenden.

Komme dann in deiner Zeit zurück, und
wisse, dass nun Raum für vollkommen
neue Erfahrungen in dir entstanden ist.

Dein Drehbuch Gott überlassen

… um schwierige Situationen in die Hände einer höheren Macht zu übergeben.

(aus: Buch: »Loslassen und die ideale Beziehung finden«, Schirner, Darmstadt, 2005.)

Stelle dir eine Bühne vor, die Bühne deines Lebens, toll ausgestattet oder sehr karg, so wie es deinem Gefühl entspricht. Bitte deine höhere Kraft zu dir. Jetzt nehmt beide im Zuschauerraum Platz. Deine Rolle wird heute von der Zweitbesetzung gespielt. Der dunkelrote Samtvorhang öffnet sich … dein bevorzugtes Drama erscheint, genau die Situation, die du am meisten hasst, in der du dich vollkommen hilflos fühlst.

Du schaust dir das Stück so lange an, wie du magst. Vielleicht erkennst du noch die eine oder andere Verhaltensweise, die dir bislang entgangen ist. Deine höhere Macht zeigt dir vielleicht liebevoll, an welchen Punkten sie dich gern unterstützen würde, wo du anders handeln dürftest. Genieße das Stück, fühle dich fest verbündet mit deiner höheren Macht, so, als gingest du mit einer weisen Freundin oder einem liebevollen Freund ins Theater. Sachkundig und sehr erfahren gibt dir deine höhere Macht Anregungen und zeigt dir, wo dein Drama ein bisschen langweilig und unerleuchtet ist.

Und irgendwann, mitten im Stück oder auch erst am Ende, dann, wenn du merkst, es ist genug, gibst du ihr das Drehbuch in die Hand und bittest sie, es zu überarbeiten. Nun schaue, was geschieht. Vielleicht geht es in Flammen auf oder wird in einem sonstigen dramatischen Ritual von dir genommen, vielleicht blättert deine höhere Macht auch nur darin herum und nimmt einen roten Stift zur Hand.

Fühle die Erleichterung. Du hast es aus der Hand gegeben, jetzt kann es nur noch besser werden.

Loslassen und Vertrauen

*Befreiung und Erleichterung, um neue Wege
zu gehen und sich aus alten emotionalen oder
karmischen Verträgen und Absprachen zu befreien*

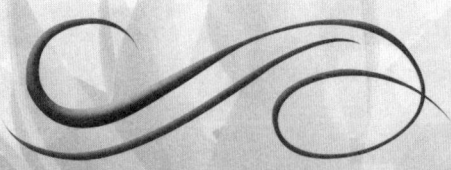

Altes loslassen

... um sich von Projektionen zu befreien und starres Rollenverhalten zu ändern.

(aus: Buch und CD: »Endlich gut genug«, Schirner, Darmstadt, Buch 2012, CD 2013.)

Schließe bitte deine Augen, und stelle dir vor, du gehst durch ein Tor. Dieses Tor führt dich in eine wundervolle Landschaft, in der du dich entspannen kannst. Du ruhst dich aus und tankst neue Kraft. Irgendwo findest du eine ganz besonders schöne Stelle, und du setzt dich, lehnst dich vielleicht an einen Baum oder einen Felsen und kommst zur Ruhe. Während du tief durchatmest, erkennst du, wie sehr du dich anstrengst, wie sorgfältig du das Bild, das du nach außen abgibst, pflegst und kontrollierst. Und auf einmal fühlt es sich an, als wäre dieses Bild wie ein Hemd, wie ein Gewand, das du ausziehen könntest. Du hebst es an und streifst es ganz einfach ab. Sofort spürst du Erleichterung. Unter diesem Gewand entdeckst du ein zweites – das Bild, das du nach innen abgibst, das, was du dir selbst zu fühlen erlaubst, das Gewand, das du vor dir selbst trägst. Auch dieses streifst du ab, und du spürst, es wird Zeit für einen echten Neubeginn. Du erkennst, dass du auch unter dieser Schicht noch eine weitere trägst – und du streifst sie ab. Und dann die nächste. Jedes Mal, wenn du dich selbst kontrolliert hast und anders handeltest, als du dich fühltest, dir selbst ein Gefühl eingeredet hast oder dir ein anderes nicht erlaubtest, entstand eine Schicht. Es gibt Schichten, die sich gar nicht gut anfühlen. Streife sie alle ab. Es gibt aber auch Schichten, die dir sehr gut gefallen, die du sorgfältig gezüchtet oder an denen du lange gearbeitet hast – streife auch diese Gewänder ab. Egal, ob sie dir gefallen oder nicht – streife nach und nach immer mehr Gewänder ab. Besonders das Büßergewand, die Schandmaske und das Gewand, das du trugst, als du für deine Vergehen in einer vergangenen Inkarnation zum Schafott oder zum Scheiterhaufen geführt wurdest. Streife die Schicht ab, die in jener Inkarnation entstand, in der die Ursache für deinen Perfektionismus gelegt wurde. Du brauchst sie nicht zu kennen, deine Absicht genügt. Streife die Kriegerrüstung ab und das Priestergewand, das härene Hemd Jesu und auch dieses glänzende, seidige Gewand, mit dem du dich als Engel fühlst. Streife nach und nach alle Schichten ab, alles, womit du dich je identifiziert hast, auch die Schichten, die dir gefallen und die sich gut anfühlen. Du weißt nicht, ob sich darunter nicht doch noch eine Rüstung verbirgt ... Streife die Schichten derer ab, die es immer allen recht machen, und derjenigen, die alles im Griff und unter Kontrolle haben müssen. Streife die Schicht derjenigen ab, die alles gut machen wollen, aber auch müssen – und das Gewand der Herrscherin, des Herrschers.

Schicht um Schicht ziehst du dich aus, bis du dich irgendwann voller Frieden und ganz und gar befreit fühlst. Und dann – dann streife auch diese Schicht noch ab.

Ruhe und Frieden herrschen nun. Ruhe dich aus. Bleibe in diesem Nichts, in dieser Freiheit und Einheit mit allem. Ganz neue Energien fließen in dich ein, du wirst ganz neu sortiert. Alles Schwere fließt in die Erde, all die Gewänder lösen sich auf, zerfallen zu Staub oder lösen sich in Licht auf. Irgendwann erscheint ein neues Gewand, eines, das dir heute ganz und gar entspricht. Du weißt, du kannst es jederzeit wieder ausziehen, du trägst es, solange du willst, aber du bist jederzeit frei, es loszulassen. Und so ziehe es an, und nimm die Energie dieses Gewandes wahr. Jetzt spürst du deutlicher als je zuvor, was tatsächlich zu dir gehört und was nicht, wer du wirklich bist und wer nicht. Du spürst deine Essenz und erkennst, wozu du tatsächlich auf der Erde bist. Alles andere fällt ganz leicht von dir ab, verschwindet aus deinem Energiefeld.

Du bleibst in dieser Energie und kommst damit in den Raum zurück, in dem du dich befindest, bringst dich mit diesem Gewand in das Leben auf der Erde zurück – in dem Wissen, dass du es jederzeit ausziehen kannst, jederzeit ein neues erhältst.

Die Brücke in die neue Energie

... um ein neues Leben zu beginnen und überholte Lebensweisen
und Angewohnheiten hinter sich zu lassen.

(aus: Buch und CD: »Ich lasse DEINES bei dir«, Schirner, Darmstadt, Buch 2010, CD 2012.)

Stelle dir bitte eine Lichtsäule vor, und lade deine geistigen Führer und Lehrer, deine Schutzengel und alle, die deinen persönlichen Aufstiegsprozess führen, ein. Diese Lichtsäule schwingt sehr hoch. Vielleicht enthält sie besonders die weiche, mitfühlende Kraft der Venus oder die reinigende und klare, rubinrot-goldene Christusenergie, vielleicht ist sie auch weiß oder golden. Wie immer ist dieses Licht genau das, was du heute, in diesem Moment brauchst, und du stellst dich erleichtert und aufseufzend hinein. Das Licht lässt alles aus dir herausströmen, was sich in den letzten Monaten, Jahren oder auch Inkarnationen in dir angesammelt hat. Alles Alte darf nun gehen und sich in Licht und Liebe auflösen. Bleibe so lange in der Lichtsäule, wie es dir angenehm ist, und dann sieh dich bitte um – vor dir liegt eine wunderschöne, sehr gesunde Landschaft. Sie hat eine fast magische Kraft. Du spürst, hier wartet etwas sehr Besonderes auf dich, eine ganz besondere Erfahrung, eine wunderbare Möglichkeit.

Du gehst ein bisschen spazieren, und auf einmal wird dir sehr bewusst, in welchen Bereichen deines Lebens du dich noch verhaftet fühlst, noch immer der alten Energie folgst, den Gefühlen von Mangel und Angst dienst, selbst wenn es nur noch ein Hauch ist. Du weißt nicht, wie du das ändern kannst, aber dir wird sehr bewusst, dass es nicht mehr in dein Leben passt. Auf einmal erkennst du in der Ferne ein Licht, ein Leuchten und Strahlen. Leichtigkeit durchströmt dich, und du spürst, hier geht dein Weg weiter. Du gehst auf dieses Leuchten zu und bemerkst, du stehst am Fuße einer Regenbogenbrücke, der Brücke, die dich hinüberführt in die Energie der neuen Erde. Und auf einmal spürst du eine sehr liebevolle, nährende Präsenz – Gaia steht vor dir. Sie ist wunderschön, ganz jung, wie neugeboren, sie leuchtet und strahlt von innen heraus, und du wirst erfüllt von ihrem Mitgefühl und ihrer Liebe. »Ich danke dir, dass du mich so sehr liebst, dass du all die Erfahrungen der Dichte und Schwere auf dich genommen hast«, sagt sie, »ich danke dir, dass du mit mir zusammen in die dritte Dimension hinabgesunken bist, um auch diesen Teil der Schöpfung zu erfahren. Doch nun wird es Zeit, etwas Neues auszuprobieren. Ich danke dir, dass du so lange ausgehalten hast, bis ich meinen Quantensprung vollziehen konnte, und ich nähre dich mit meiner Liebe und meinem Mitgefühl für deinen Weg, wie du mich mit deinem Licht nährst.«

Du spürst, wie warme, mütterliche und tröstende Kraft in dich einströmt und dich ganz erfüllt.

Gaia berührt dein Herz. »Folge mir nach«, scheint sie dir zuzurufen, und du erkennst ein Funkeln am anderen Ende des Regenbogens. Er führt über einen tiefen Abgrund, aber die Brücke ist so licht und leicht, dass du sie nicht einfach so betreten kannst. Sie besteht eher aus Licht und kristalliner Energie als aus fester Materie, und du erkennst möglicherweise, dass du zu schwer bist, um diese Brücke zu überqueren. Doch du spürst auch, dass hier dein nächster Schritt vor dir liegt. Nun erscheint ein hoher, machtvoller Engel oder ein anderes geistiges Wesen, vielleicht gar Saturn, der Hüter der Schwelle. – Ehrfurcht gebietend steht er vor dir, und er bittet dich, ihm nun alles zu geben, was dich noch schwer sein lässt und dich in der alten Energie festhält.

Du öffnest dich ganz und gar und erlaubst ihm, alles aus dir herauszunehmen, was dich daran hindert, über diese Regenbogenbrücke zu gehen, denn du spürst, es ist Zeit, und es ist dein sehnlichster Wunsch, in Liebe und Leichtigkeit zu leben. Vielleicht trägst du die alte Energie noch wie einen Schutzschild vor dir her, vielleicht wie scharfkantige Kristalle oder Steine in deinem Inneren, vielleicht wie eine alte Rüstung oder einen Mantel – welche Symbole auch immer auftauchen, erlaube ihnen, dich zu befreien.

Öffne dich nun also mehr und mehr, und erlaube dem Hüter der Schwelle, dich zu erlösen ...

- ... von allem, was dich je verletzt hat,

- ... von allen Zweifeln, allen Enttäuschungen, jedem Betrug,

- ... von allen Erfahrungen enttäuschter und zurückgewiesener Liebe,

- ... von den Zurückweisungen deiner Gaben, deiner Talente, deiner Angebote an das Leben,

- ... von den Erfahrungen von Trennung, Verlust und Tod.

Der Hüter der Schwelle erlöst dich von allem, was noch schwer ist. Er zieht es sanft aus dir heraus, das spürst du vielleicht körperlich oder emotional. Er nimmt dein verletztes Herz aus dir heraus und reinigt es. Dieser Prozess dauert so lange, bis du spürst, du bist leicht genug, um über die Regenbogenbrücke zu tanzen.

Und das geschieht jetzt.

Auf einmal spürst du, du wirst durch die Regenbogenbrücke in die neue Energie gezogen, vielleicht tanzt du auch hinüber, oder du erlebst, dass du fliegst. Du spürst die Leichtigkeit, die Freude, die Liebe, und du spürst, du hast wirklich alles hinter dir gelassen, alles abgelegt, du bist nun wahr-

haftig frei, ein ganz neues Leben zu beginnen. Irgendwann spürst du, du kommst an. Der Boden unter deinen Füßen ist wieder fester, und du beginnst, dich geerdet zu fühlen. Und nun begrüßt dich Gaia, eine strahlend junge, schöne Gaia, die Hüterin der neuen Erde. Sie begrüßt dich in ihrer neuen Existenz und durchströmt dich mit ihrer Liebe. Sie schenkt dir ein neues Herz und setzt es dir ein, und nun erlebst du ein Wunder:

Du kannst Liebe, Licht und Freude, neue Energie, einatmen, durch dein Herz hindurchleiten und über die Brücke in die alte Energie hineinströmen lassen, hinein in alle Angelegenheiten, die noch nicht erlöst und frei sind. Du bleibst fest mit beiden Füßen in der neuen Energie stehen, lebst auf der neuen Erde und schickst von hier aus diese neue Kraft in dein Leben, in die Bereiche, in denen es noch ein bisschen leichter werden darf. Das kannst du selbstverständlich auch für das Kollektiv tun. Du brauchst diese neue Energie nie wieder zu verlassen. Du bleibst fest und sicher in der neuen Kraft verankert und atmest die Liebe hinüber. Dann erlösen sich deine Lebensumstände ganz wie von selbst.

Du gehst nicht mehr hinein in die Situation und erlöst sie von innen, sondern du bleibst verankert in der neuen Energie und atmest von hier aus deine Liebe und die neue Leichtigkeit in alle Bereiche deines Lebens, die noch der Erlösung bedürfen, die noch leichter und lichter fließen dürfen. Gaia durchflutet dich mit ihrer Liebe und Freude. Du spürst, sie ist wirklich neu-

geboren, tanzt wie ein glückliches junges Mädchen in der neuen Energie und durchstrahlt dich mit ihrer Leichtigkeit. Atme sie ein, und beim Ausatmen schickst du sie in die Situationen deines Lebens, die noch lichter werden dürfen, bleibst aber in dieser goldenen neuen Energie. Spürst du den Unterschied?

Austausch der Mandelkerne

... um emotionale Erleichterung zu erfahren und Angstmuster loszulassen.

(aus: Buch und CD: »Channel werden für die Lichtsprache«, Schirner, Darmstadt, Buch 2010, CD 2008.)

Du entspannst dich ein bisschen, atmest tief durch, legst dich bequem hin oder rutscht in deinem Stuhl zurecht. Nun gehe in Gedanken und mit deiner Aufmerksamkeit bitte in dein Gehirn. Es spielt keine Rolle, wie du es dir vorstellst. Vielleicht sieht es vor deinem inneren Auge aus wie dein anatomisches Gehirn, vielleicht ist es eher wie ein Energiefeld oder wie ein Raum. Nun stelle dir bitte deine Mandelkerne[1] vor. Sie sind vielleicht dunkel, ein wenig schrumpelig und wie ausgetrocknet. Vielleicht siehst du sie auch anders. Nimm sie bitte einfach wahr, und spüre, ob sie dir noch gefallen und deiner Art zu denken und zu fühlen entsprechen. Wenn nicht, dann bitte darum, dass sie herausgenommen und gereinigt werden. Weißes Licht strömt nun durch dein Kronenchakra in dein Gehirn und füllt die Mandelkerne auf, gibt ihnen neue Informationen und neue Impulse. Alle alten Programme werden gelöscht, du bekommst neue Frequenzen, ein neues Bewusstsein. Du spürst es vielleicht körperlich als Wärme, Druck oder Kribbeln im Kopf. Die Mandelkerne verändern sich, beginnen, lebendiger und strah-

lender zu sein, voller Licht und Leben. Sie bekommen neue Informationen, mit denen sie Situationen anders bewerten und einschätzen können. Vielleicht aber werden sie auch vollständig entfernt, und du bekommst zwei völlig neue, zwei leuchtende, schimmernde Kristalle, die sehr viel Licht enthalten. Alle Informationen, die hier ankommen und durchfließen, werden nun mit Licht und Liebe angereichert. Du reagierst von nun an anders, kosmischer und ganzheitlicher, denn in diese Mandelkerne sind die echten geistigen Gesetze der Liebe und Fülle einprogrammiert. Die gereinigten oder neuen Mandelkerne werden dir nun wieder eingesetzt, verbinden sich mit den anderen Teilen des Gehirns und beginnen, neue Vernetzungen zu schaffen. Die Informationen strömen durch das ganze Gehirn und regen Areale an, die vielleicht noch nie zuvor genutzt worden sind.

Nun gehe in Gedanken bitte zur Brücke zwischen deinen Gehirnhälften, und schaue sie dir an. Ist sie gut ausgebildet, stabil und voller Energie? Oder eher ein bisschen dünn und langsam? Durch dein Kronenchakra strömt nun kristallines Licht in diese Bücke, vielleicht ist es auch golden oder violett. Das Licht reinigt die Brücke

---

1 Die Mandelkerne, lat: Amygdala, steuern das emotionale Erleben und damit jede unmittelbare Reaktion. Hier sind all die Traumen und schmerzlichen Erfahrungen gespeichert, die sich immer wiederholen, wenn wir uns nicht bewusst anders entscheiden.

und stärkt sie. Sie wird sehr viel breiter und durchlässiger. Stelle dir das vielleicht wie ein Bündel aus Stromkabeln vor, die nun durch Glasfaserkabel ersetzt werden. Glasfaser leitet Informationen sehr viel schneller und präziser, außerdem muss das Licht nicht erst in elektrische Impulse umgewandelt werden, sondern kann untransformiert durch dich hindurchströmen. Damit erhältst du viel schnellere und direktere Impulse. Vielleicht ist die Brücke gar unterbrochen, vielleicht gibt es gar keine, oder sie ist blockiert und gestaut. Das Licht reinigt sie, eventuell wird sie auch ganz neu aufgebaut. Die Brücke verbindet die Gehirnhälften, und je schneller und stabiler sie ist, desto besser können die Gehirnhälften miteinander kommunizieren, desto klarer und umfassender strömen die Informationen und Anregungen aus deinem Gehirn in deinen Körper. Du spürst vielleicht, wie sich etwas in deinem Gehirn verändert, wie die Gehirnhälften beginnen, miteinander zu kommunizieren, wie sich alles besser verschaltet. Neue Synapsen entstehen, die Gehirnhälften arbeiten viel besser zusammen, eingehende Informationen, sei es aus dem Bauchhirn oder aus der Umgebung, aus dem Kosmos oder von deinem Gegenüber werden ganzheitlich wahrgenommen, und du kannst

in Übereinstimmung mit den geistigen Gesetzen reagieren. Erlaube nun, dass das Licht noch weiter durch das Kronenchakra in die Brücke einströmt, von hier aus dein Gehirn reinigt, neu verschaltet, Verbindungen löst, die du nicht mehr brauchst, und dafür neue schafft, damit du immer klarer und schneller mit deinen verschiedenen Chakren kommunizieren kannst. Bitte ganz besonders darum, dass die Informationen aus deinem Seelenplan ihren Weg finden, dass eine spezielle Leitung geschaffen wird, die dein Bewusstsein stabil mit deinem kosmischen Seelenplan verbindet. Das darf einige Zeit dauern. Folge deinen inneren Bildern. Vielleicht bekommst du einen ganz neuen Telefonanschluss, vielleicht eine Straße, einen Lichtstrahl, vielleicht zeigt sich ein ganz anderes Bild – die Hauptsache ist, du bekommst eine stabile Leitung.

Bleibe noch ein bisschen liegen, bis der Druck im Kopf abklingt. Es kann sein, dass du es noch ein wenig spürst. Unterschätze nicht die Veränderungen, die durch diese Art von geistigen »Gehirnoperationen« geschehen können, und nimm dir deshalb noch ein wenig Zeit, dich auszuruhen und dich neu zu sammeln.

Der Kristall des Vertrauens

... um Zweifel loszulassen und tieferes Vertrauen in sich und die eigenen Wahrnehmungen zu erlangen.

(aus: Buch: »Channel werden für die Lichtsprache«, Schirner, Darmstadt, 2010 und CD: »Meditationen für Zwischendurch«, Schirner, Darmstadt, 2007.)

Vor langer Zeit, bevor du auf die Erde kamst, wusstest du, dass du ein Teil der göttlichen Kraft bist, ein Teil der göttlichen Ordnung, ein Lichtfunke, der die Liebe der Schöpfung zu sich selbst zeigt und ausdrückt – und der das weiß. Dann tauchtest du ein in die Erfahrung mit Materie, du bekamst einen festen Körper, du fühltest dich auf einmal abgeschnitten und getrennt, musstest alles allein entscheiden und dein Leben aus eigener Kraft meistern. Damit das geschehen konnte, musstest du ein paar wichtige Zeichen deiner eigenen hohen Energie abgeben: deine Flügel und den Kristall des Vertrauens. Solange du diesen Kristall in dir trugst, war dein Bewusstsein untrennbar verbunden mit dem All-Bewusstsein der göttlichen Schöpfung. Aber du hattest keinen echten freien Willen, du konntest nur im Sinne des großen Ganzen handeln, und das wusstest du auch immer.

Als du auf die Erde kamst, gabst du diesen Kristall ab. Du gabst ihn dem Hüter aller Kristalle, und er bewahrte ihn besonders sorgsam auf. Doch nun ist es an der Zeit, diesen Kristall zurückzuerhalten.

So mache es dir ganz bequem, schließe deine Augen, lasse dich in dich selbst hineinfallen, atme ein paar Mal tief durch, lasse los ... entspanne dich ...

Stelle dir bitte die Lichtsäule vor, die du schon kennst, tritt hinein, lasse dich durchströmen von klarem, reinem Licht, von einer stabilen hohen Frequenz der Klarheit, der Liebe und der Zuversicht.

Alles, was schwer ist, steigt in dieser Lichtsäule nach oben auf. Du fühlst dich freier und lichter, wirst gereinigt und von kraftvoller Leichtigkeit durchströmt. Nun erweitert sich diese Lichtsäule, wird breiter und größer, und ein sehr heller Engel beginnt, zu dir herabzuschweben. Er trägt etwas in den Händen, das dir sehr vertraut erscheint, aber du kannst noch nicht erkennen, was es ist. Die Lichtsäule erweitert sich noch mehr und wird zu einem sehr lichtvollen Raum, einem Raum, in dem du nun noch weitere Engel erkennst oder spürst, es ist, als versammelte sich deine ganze Engelfamilie. Der sehr helle Engel verneigt sich vor dir und gibt dir einen Kristall.

»Das ist der Kristall des Vertrauens«, sagt er, »wenn du diesen Kristall trägst, erinnerst

du dich daran, wie es ist, dich angebunden zu fühlen und zu wissen, was du weißt, du erinnerst dich daran, dass es einen göttlichen Plan gibt, der dich trägt und von dem du ein sehr wichtiger Teil bist. Du erinnerst dich daran, dass du weißt, wer du bist und dass alles geführt wird. Du erinnerst dich an alles, was du vergessen hast. Du weißt auf einmal wieder, was du weißt, und vertraust deiner inneren Stimme und Führung.«

Der Engel gibt dir nun den Kristall des Vertrauens, setzt ihn in dein Herz ein oder an die Stelle deines Körpers, in die er gehört und wo er schon so lange fehlt. Sofort beginnt seine Energie, dich zu durchströmen – den Körper, den Emotionalkörper, den Mentalkörper. Er verändert dich von Grund auf und durchflutet dich mit entspannter und heilender Kraft. Nun erkennst du in dir einen dunklen Stein, vielleicht auch einen Kristall, vielleicht ein Symbol, das schwer ist und immer deutlicher spürbar wird – es ist dein Zweifel. Wenn du den Kristall des Vertrauens zurückerhalten hast, dann hat der Zweifel keinen Platz mehr. Ganz einfach spürst du nun den schweren Stein – oder wie auch immer du es wahrnimmst –, und genauso leicht kannst du diesen Stein her-

auslösen und dem Engel geben. Er nimmt das Symbol, den Stein oder den vielleicht trüb gewordenen Kristall des Zweifels aus dir heraus, hält ihn ins Licht, und augenblicklich löst er sich auf, wird zu reiner Kraft, versprüht vielleicht noch ein paar Lichtfunken und ist dann verschwunden. Alles in dir, was noch mit diesem Zweifel in Verbindung steht, wird nun durch die Zauberkraft des Kristalls des Vertrauens aufgelöst. Du entspannst dich tiefer und tiefer und erinnerst dich, dass du weißt, was du weißt. Bitte deinen Körper oder dein Gefühl, dir zu zeigen, woran du von nun an erkennst, dass etwas stimmt. Lasse dir zeigen, woran du erkennen kannst, dass du die Wahrheit spürst. Vielleicht leuchtet der Kristall in dir auf, vielleicht überkommt dich eine tiefe Ruhe, vielleicht hast du ganz klare, eindeutige Gedanken. Erlaube dir, in aller Ruhe wahrzunehmen, wie es sich anfühlt, zu wissen, dass du weißt, und merke dir dieses Gefühl, sei es körperlich, emotional oder auch ein geistiger Zustand.

Nun bietet dir der Engel an, in sein Energiefeld zu treten. Er öffnet sich, und du trittst in ihn ein wie in eine Lichtsäule. Du stehst nun mitten im Energiefeld dieses hohen Engels. Dein Bewusstsein öffnet sich. Du beginnst, wie ein Engel zu fühlen, zu spüren und zu wissen. Nun verschwinden auch die letzten Reste des Zweifels. Du bist durchströmt von reiner Engelkraft. Dein Bewusstsein erweitert sich, öffnet sich, und du wirst immer mehr zu dem Engel, der du in Wahrheit sowieso bist. Die Gehirnareale, die dafür zuständig sind, öffnen sich, werden aktiviert, beginnen, zu erwachen, und du spürst vielleicht einen Druck im Kopf. Das macht aber nichts. Lasse es einfach zu. Dein Bewusstsein öffnet sich immer weiter, dein Körper reagiert, und du verschmilzt immer mehr mit diesem Engel, so sehr, dass du gar nicht mehr unterscheiden kannst, was bist du und was ist der Engel. Und nun kommt dir der Gedanke, dass du vielleicht gar dieser Engel bist, dass es ein Teil deiner eigenen Energie ist. Du glaubst es vielleicht noch nicht, aber es fühlt sich vielleicht richtig an … Du fragst den Kristall des Vertrauens, ob du selbst dieser Engel sein könntest und wartest auf seine Antwort. Vielleicht sprüht er nun auf, du spürst ein tiefes Ja. Dann nimm es einfach an. Vielleicht aber spürst du auch, nein, du bist zwar ein hohes geistiges Wesen, aber kein Engel. Nun, dann bist du etwas anderes, das dem in nichts nachsteht, hast aber einfach eine andere Frequenz. Wenn du magst, dann frage den Engel, wenn er sowieso zu dir gehört, ob er Teil deiner Energie bleiben will. Wenn nicht, dann verabschiede dich nun, und tritt aus seinem Energiefeld heraus. Du bist angebunden an den göttlichen Plan, und du weißt das nun auch wieder. Von nun an kannst du direkte Informationen erhalten. Du kannst dem vertrauen, was du spürst,

und weißt, deine innere Stimme wird dich führen und leiten.

Bitte nun die seelischen Anteile, die sich auf der Erde unglücklich fühlen, die trauern, die nach Hause wollen, wo immer das ist, zu dir. Vielleicht siehst du sie nun als Bild, als Symbol, als inneres Kind, als dich selbst in einem bestimmten Alter. Fühle, was du fühlst, lasse es einfach zu. Vielleicht kommen Erinnerungen. Erlaube dir vor allem, wahrzunehmen, dass du bzw. dieser Anteil nicht mehr auf der Erde sein will. Vielleicht spürst du das nun zum ersten Mal in aller Deutlichkeit. Frage diesen Anteil, ob er etwas braucht, um hier zu bleiben, frage ihn, was ihn trösten könnte. Vielleicht bekommst du ein Gefühl dafür, vielleicht zeigt sich ein Symbol wie ein Herz oder ein Delfin, oder du spürst, der Teil in dir braucht eine Umarmung. Gib ihm, was er braucht … Wie reagiert dieser Teil in dir? Lässt er sich trösten, halten? Spürst du, dass er Kraft bekommt? Wahrscheinlich nicht, oder? Sicher hast du schon oft versucht, dich mit ihm zu versöhnen, ihn zu »erden«, ihn zu überreden, hier zu bleiben, weil du nicht wusstest, dass er selbstverständlich auch die göttliche Erlaubnis hat, zu gehen. Nun erinnere dich bitte an die Lichtsäule, in der du stehst. Erlaube dem Anteil, der nicht mehr hier sein möchte, einfach in dieses Licht hineinzugehen – und dort zu bleiben. Engel kommen, holen diesen Seelenteil ab und geleiten ihn zurück in das Reich deiner Seele oder an den spirituellen Ort, an den er gehört. Er wird dort geheilt und beruhigt. Wenn du magst, dann danke ihm, dass du durch ihn sehr viele der Erfahrungen machen konntest, die du dir für viele Inkarnationen vorgenommen hast. Du kannst dich sogar vor ihm verbeugen und ihn für das Schicksal achten, das er ermöglicht und ertragen hat.

Fühle die Befreiung, wenn du diesen seelischen Anteil nicht mehr im Körper mit dir herumträgst, denn er sollte sowieso längst zu Hause sein ...

Nun öffne dich, und warte einen Moment ... vielleicht gibt es seelische Anteile, die erst jetzt kommen möchten, dann öffne dich dafür ... erlaube den Energien aus deiner eigenen Seele, die jetzt für dein Leben wichtig sind, in dich einzuströmen, und fühle ihre Kraft ... Lasse dich ganz und gar durchfließen von neuen Energien, von nie da gewesenen seelischen Anteilen, von Freude und Stärke, die du so vielleicht noch nie gespürt hast ...

Komme nun, während du in diesem hohen energetischen Raum bleibst, gleichzeitig zurück in das Zimmer, in dem du dich befindest. Nimm deinen Körper wieder wahr, öffne deine Augen, bleibe aber innerlich zugleich in der Energie dieser Lichtsäule, bleibe angeschlossen an den Kristall des Vertrauens.

Deine Angelegenheiten höheren Kräften anvertrauen (auch: Einschlafmeditation)

Loslassen von Altlasten; Kontrolle abgeben;
eine neue Kraft finden, die sich um das kümmert, was man nicht für sich selbst tun kann;
eignet sich gut zum Einschlafen.

(aus: CD: »Meditation zum Loslassen und für einen guten Schlaf«, Schirner, Darmstadt, 2012.)

Gemächlich und entspannt gehst du einen Weg entlang. Dieser Weg führt dich zu einem Fluss. Du findest einen Bootssteg und ein Boot, das sacht auf den Wellen schaukelt. Ganz bequem steigst du ein, setzt oder legst dich in das Boot, so wie es dir jetzt gerade angenehm ist. Du löst den Knoten des Seils, mit dem das Boot am Steg befestigt ist, und voll Vertrauen lässt du dich hinabsinken, hineinfallen in die sanften Bewegungen des Bootes – das dich jetzt mit der Strömung flussabwärts führt. Du fühlst dich sicher und getragen wie vielleicht nie zuvor in deinem Leben. Vollkommen vertraust du dem Boot. Du vertraust, dass dich das Wasser trägt, und noch tiefer entspannst du dich. Auf einmal bemerkst du, dass du eine Menge Dinge mit dir herumschleppst, die du überhaupt nicht mehr brauchst. Du weißt, jetzt ist die richtige Zeit, sie aus dem Boot in das Wasser zu werfen, im Wissen, der Fluss wird diese Dinge dorthin bringen, wohin sie gehören und wo sie zu ihrem höchsten Potenzial geführt werden.

Und so entdeckst du möglicherweise einen schweren Rucksack, einen dicken Mantel, bleierne Schuhe oder andere Symbole, die genau das spiegeln, was dich noch belastet, aber längst nicht mehr zu dir gehört – oder noch nie zu dir gehört hat. Ganz leicht wirfst du deinen Ballast über Bord. Vielleicht gefallen dir nun auch deine Alltagskleider nicht mehr. Ziehe dich aus, wirf auch sie über Bord. Womöglich trägst du einen Ring am Finger oder eine andere Art Schmuckstück, eine Uhr vielleicht, die dich nur daran hindert, ganz und gar bei dir und gelassen zu sein. Wirf besonders die Uhr über Bord. Du brauchst sie hier nicht. Du hast alle Zeit der Welt. Alles, was dich noch belastet, alle Schwere, die du für dich oder für andere trägst – jetzt ist der richtige Zeitpunkt, sie über Bord zu werfen. Immer leichter, freier und entspannter wirst du.

Du brauchst nicht alles zu kontrollieren und im Griff zu haben. Jetzt, in diesem Moment gibt es nichts zu tun, als dich tragen zu lassen, von den Wellen, von dem Boot, und das sanfte Schaukeln und Strömen zu genießen, während du lustvoll alles über Bord wirfst, was dich noch irgendwie beschwert. Nach einiger Zeit, in der du dich sehr entspannt hast, legt das Boot an ei-

nem Steg an, ganz wie von selbst. Eine Wesenheit wartet auf dich, vertäut das Boot, hilft dir beim Aussteigen. Du bist sehr viel leichter als zu Beginn dieser Reise, denn du hast wirklich viel von dem losgelassen, was sowieso schon lange nicht mehr zu dir gehörte. Du stehst nun wieder auf festem Boden, und diese Wesenheit führt dich zu einem großen, wundervollen Lagerfeuer. Engel, geistige Wesenheiten und vertraute Seelenverwandte sitzen um das Feuer herum und begrüßen dich voller Wärme und Freude. Ein Platz am Feuer ist frei, und du bist eingeladen, es dir ganz bequem zu machen. Dieser Platz ist sehr gemütlich ausgepolstert mit Fellen, Decken und Kissen, so wie du dich am allerliebsten ausruhst und bettest. Ganz besonders dein inneres Kind fühlt sich hier sicher, geborgen und warm. Es ist vollkommen in Sicherheit und darf hier bleiben, darf sich entspannen und frei sein.

Als du es dir ganz bequem gemacht hast, steht eine sehr Vertrauen erweckende Wesenheit, die dir am Feuer genau gegenüber gesessen hat, auf und sagt: »Ich bin froh, dass du hier bist. Einer von uns bei-

den muss dieses Feuer hüten oder an diesem Feuer sein. Meine Aufgabe ist es, mich um die Bereiche deines Lebens zu kümmern, die sich deinem Einfluss entziehen, Energie zu ordnen, neue Möglichkeiten zu schaffen, deine Angelegenheiten ins Reine zu bringen – all das, was du nicht selbst für dich tun kannst, ist meine Aufgabe. Doch ich kann nur wirken, wenn du die Kontrolle loslässt, wenn du einen Schritt zur Seite trittst und dich hier ans Feuer setzt. Dann kann ich das Feuer verlassen und mich auf meine Weise um unsere Angelegenheiten kümmern.«

Und so steht die Wesenheit jetzt auf und verlässt das Feuer. Du entspannst dich tiefer als je zuvor in deinem Leben, weißt du doch, dass sich jetzt, genau jetzt, während du gemütlich, geborgen und warm am Feuer liegst, höhere Kräfte um das kümmern, was du selbst nicht unter Kontrolle hast. Und so spürst du, wie deine Gedanken und deine Gefühle mehr und mehr zur Ruhe kommen. Du kannst wunderbar loslassen, weil du weißt, gerade weil du an diesem Feuer bist und dich entspannst, können deine Seelenkräfte, deine geisti-

gen Führer und Lehrer, deine Schutzengel wirksam werden. Du schaust in das Feuer, du konzentrierst dich auf das Feuer, denn je präsenter du an diesem Feuer bist, desto tiefer können deine Seelenkräfte das für dich tun, was du selbst nicht für dich tun kannst und auch nicht zu tun brauchst. Und so wisse, genau jetzt werden deine Angelegenheiten auf ganz neue Weise geordnet, Themen werden erlöst, Antworten gefunden. Kreative Möglichkeiten entstehen, anders mit dem, was in deinem Leben geschieht, umzugehen. Tiefer und tiefer entspannst du dich an diesem Feuer.

Deine Gedanken – ruhig,
deine Gefühle – gelassen,
dein Körper – warm, entspannt,
schwer,
Gedanken in Frieden,
Gefühle gelassen,
Körper warm und schwer,
Gedanken in Frieden,
Gefühle gelassen,
Körper warm und schwer, ...

Nun kannst du deine Hörer einschlafen lassen oder sie auf dir bekannte Weise (siehe all die anderen Meditationen) zurückholen.

Innere Kraftquellen erschließen

Sich selbst neu kennenlernen und Potenziale nutzen, um Stärkung zu erfahren und Selbstvertrauen zu erlangen

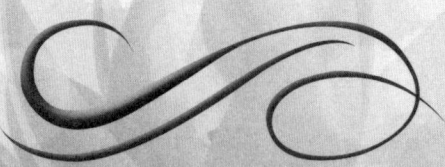

Deinen emotionalen Glückskörper zu dir rufen

... um emotionale Erleichterung zu erleben
und um die Fähigkeit zum Glücklichsein zu stärken.

(aus: Buch und CD: »Endlich gut genug«, Schirner, Darmstadt, Buch 2012, CD 2013.)

Mache es dir bitte ganz bequem. Schließe deine Augen. Es gibt nichts mehr für dich zu tun. Du atmest dich mit der nächsten Atmung aus der Vergangenheit in das Jetzt, aus der Zukunft in das Jetzt. Du spürst, du hast nur diesen einen Augenblick, aber dieser ist unendlich.

Stelle dir bitte eine Lichtsäule vor, eine schimmernde, strahlende Kraftsäule aus reinem Licht. An den Rändern strahlt sie machtvoll in Rot, Grün oder einer anderen, jetzt für dich passenden Farbe. Innen ist sie leuchtend golden, silbern oder weiß. Du trittst in diese Lichtsäule ein, und das farbige Licht am Rand saugt alles in sich auf, was nicht zu dir gehört, was von anderen auf dich projiziert wird oder was du selbst glaubst, sein zu müssen.

Du stehst nun in der Lichtsäule, und sie durchströmt dich warm, flirrend und bringt deine Zellen zum Leuchten. Alle Seelenanteile, die jetzt und heute nach Hause zurückkehren wollen, nutzen die Gelegenheit und steigen in der Lichtsäule auf, kehren nach Hause zurück, in das Reich deiner Seele.

Sie gehören immer noch zu dir, wechseln aber die Frequenz, verlassen das irdische Energiefeld und steigen auf in andere, schneller schwingende Aspekte deines Selbst.

Während das geschieht, erkennst du, dass du eine Art grauen Schleier um dich herum trägst, Nebelschwaden, die weit in deinen Körper reichen, die sich ausbreiten, mit anderen Menschen und anderen Zeiten, gar anderen Inkarnationen verbunden sind. Du erkennst, dass du durch diesen grauen Nebel immer wieder in die Vergangenheit oder zu bestimmten Menschen und Erfahrungen hingezogen wirst. Dieser graue Nebel ist dein Schmerzkörper, ein Teil deines emotionalen Systems, der, weil er so präsent ist und von deinem dich schützenden Gehirn so ernst genommen wird, mehr Macht erhalten hat, als ihm zusteht.

Bitte nun deine geistige Führung und deine Schutzengel zu dir. Du spürst ihre machtvolle Präsenz, indem es stärker zu kribbeln beginnt oder indem es dir wärmer oder auch kälter wird. Die Energien ändern sich, wenn sie kommen, und das spürst du jetzt. Bitte sie, dich zu halten und dich zu stabilisieren, während nun eine innige Reinigung geschieht.

Sie beginnen, sehr sorgsam den grauen Nebel aus dir herauszuziehen. Bitte sie, diesen Nebel aus allen Ereignissen, Erfahrungen, aus jeder Beziehung und durch alle Zeiten hindurch aus dir herauszunehmen, aus den Zellen, aus dem Gehirn, dem Herzen, aus deinem Verhalten und aus allen Auswirkungen. Stück für Stück lichtet sich der Nebel. An einigen Stellen dauert es länger, womöglich erinnerst du dich an die eine oder andere Situation und spürst noch einmal für ein paar Sekunden den Schmerz. Erlaube das. Du bist in Sicherheit. Die Lichtsäule hält und schützt dich, die Erde trägt dich. Besonders wenn der Nebel aus den Zellen gezogen wird, kann es sein, dass du ihn noch einmal spürst,. Das macht nichts. Wie eine große Saugglocke ziehen deine geistigen Helfer und Freunde den gesamten Schmerzkörper aus dir heraus. Möglicherweise fühlt sich das an, als fielest du auseinander, besonders dann, wenn du mit vielem vor allem durch Schmerz verbunden warst.

Nach einer Weile sind die Nebel verschwunden. Es kann sein, dass du diese Reinigung ein paar Mal wiederholen darfst, denn sie verändert dein Erleben sehr, und dein Nerven dürfen sich erst anpassen. Nun geschieht ein Wunder. Aus der Erde und aus der Lichtsäule zugleich entsteht ein Energiefeld, das du so noch nie wahrgenommen hast, denn es bildet sich gerade jetzt zum ersten Mal. Es glitzert, schimmert, summt und ist dennoch vollkommen ruhig und voller Frieden. Es vereint die höchsten Energien deiner Seele und des Göttlichen mit dem tiefsten Frieden und der Stabilität der Erde. Diese Energie beginnt, dich zu berühren, und wenn du es erlaubst, in dich einzuströmen, Raum in dir zu nehmen, sich mit deinen Zellen zu verbinden und deine Aura zu verändern. Es mag sein, dass sich das zunächst ein wenig beengend anfühlt. Das ist der energetische Dehnschmerz deiner Aura. Dein Herz darf sich weiten, deine Brust öffnet sich, dein Körper braucht ein wenig Zeit, um sich anzupassen – es ist energetisches Yoga. Du bekommst ein neues emotionales System, einen Glückskörper, einen feinstofflichen Körper, der wie ein Seismograph Glück empfängt und anzieht, der dich mit Glück in Verbindung bringt und das Glück in dir verstärkt, weil du es jetzt sehr viel bewusster und deutlicher wahrnimmst. War dein Fokus bisher auf Schmerzvermeidung ausgerichtet, weil dein Schmerzkörper sehr präsent war, so ändert sich nun deine Wahrnehmung, und du beginnst, sehr bewusst und dennoch ganz wie von selbst Ausschau nach Glück zu halten, jeden Tag, in jeder Sekunde. Du beginnst, die Erfahrung von Glück anzuziehen, auszulösen. Die Dinge verändern sich einfach deshalb, weil du sie nun in ihrem Glücksaspekt wahrnimmst.

Dieses neue Energiefeld, dein Glückskörper, verbindet sich stabil und innig mit deinen Zellen, mit deinem Gehirn, besonders mit den Mandelkernen, dem Herzen und mit deiner gesamten Aura. Die Schwingung deiner Aura ändert sich, wird insgesamt lichter und leichter. Wenn du willst, dann erlaube dem Glückskörper nun, Ereignisse zu berühren, die bislang unter dem Einfluss des Schmerzkörpers standen. Erlaube, dass die Energie des Glückskörpers neue Verbindungen schafft, weit in die Vergangenheit und weit in die Zukunft hineinreichend und dennoch ganz und gar im jetzigen Moment.

Lasse dir Zeit, und erlebe, wie sich die Dinge anfühlen, wenn der Glückskörper sie berührt.

Möglicherweise spürst du, das nun auch neue Seelen- und Erdaspekte in dich einströmen wollen, Anteile deines Selbst, die vielleicht noch nie im Körper waren, die mit einer ganz neuen Kraft und Intensität, mit unbändiger Lebendigkeit in dich einströmen und jetzt durch dich gelebt werden wollen und können.

Du wirst weiterhin Schmerz empfinden können, erfährst du. Das gehört zum Leben, aber auf angemessene Weise, sodass du schnell reagieren und tun kannst, was ursprünglich geplant war: Verlasse das schmerzende Feld, ändere dein Verhalten, und lasse es hinter dir. Gehe weiter, wenn es wehtut, sei mitfühlend mit dir selbst, und tu, was dein bester Freund für dich tun würde.

Bleibe so lange in der Lichtsäule stehen, wie es sich für dich gut anfühlt, und komme dann zurück. Sie steht dir jederzeit zur Verfügung und wartet nur einen Gedanken weit entfernt auf dich.

Die Quelle deiner Ausdruckskraft

... um deine Schöpferkraft und Kreativität wieder ins Fließen zu bringen.

(aus: Buch und CD: »Endlich gut genug«, Schirner, Darmstadt, Buch 2012, CD 2013.)

Mache es dir bequem, gehe in deiner Vorstellung durch ein Tor, und finde dich in einer zauberhaften Landschaft wieder, in einem inneren Paradies. Du gehst ein wenig spazieren, entspannst dich, lässt alles Äußere abfallen. Du trägst einen Mantel oder einen Umhang, spürst du. Hier sind viele Vorstellungen, die andere von dir haben, eingewebt. Lächelnd legst du diesen Mantel ab. Unter diesem Mantel trägst du eine zweite Schicht: Der Stoff besteht aus den Vorstellungen, die du über dich selbst hast. Auch diesen Mantel legst du sanft und lächelnd ab. Du kannst diese Schichten gar nicht oft genug ablegen, wenn du perfektionistisch bist. Insofern wundere dich nicht, wenn du sie immer wieder an dir entdeckst. Streife sie einfach mitfühlend und lächelnd ab – du bist ein Mensch, diese Energien gehören dazu, wie der Staub, der sich immer wieder in den Zimmerecken sammelt.

Auf einmal bemerkst du ein zweites Tor: Dieses Tor scheint zu summen und zu singen. Es besteht aus reiner Lebensenergie. Du gehst auf das Tor zu und spürst seine Kraft, spürst, wie es dich anzieht und gleichzeitig dein Innerstes nach außen zu kehren scheint, als könntest du dich selbst in deiner wahren Gestalt erkennen. Du näherst dich dem Tor, und du erkennst, dass

du bewusst bereit sein musst, um dieses Tor zu durchschreiten, denn es wird dich verändern. Du erkennst aber auch, DASS du bereit bist, und so durchschreitest du dieses Tor. Es saugt alles aus dir heraus, was nicht zu dir gehört, jede Vorstellung und alles, was du dir anerzogen und aufgesetzt hast. Es lässt nur deine wahre Essenz hindurch, deine seelische, aber auch deine menschliche wahre Essenz.

Du brauchst nicht zu wissen, was das ist. Das Tor weiß es, und deshalb fühlst du es auch.

In deiner wahren Essenz stehst du nun hinter dem Tor und bemerkst eine so kraftvolle und schimmernde Quelle, wie du sie noch nie gesehen hast. Es kann sein, dass Wasser aus dieser Quelle strömt. Möglicherweise aber ist es auch flüssiges Silber oder Gold, regenbogenfarbiges Licht oder eine andere Energie.

Diese Quelle ist vollkommen unversehrt und rein, und du bist entzückt über ihre funkelnde Schönheit.
Es kann sein, dass du nun erkennst, wie wenig du aus dieser Quelle schöpfst, wie sehr du versuchtest, deine Inspiration aus dir selbst heraus zu erschaffen, um Ziele zu erreichen. Oder du nimmst wahr, wie sehr

du die Kraft dieser Quelle in dir ignoriertest, um nicht in Schwierigkeiten mit deinem sorgfältig gezüchteten und kontrollierten Leben zu geraten – womöglich auch beides. Setze dich an diese Quelle. Trinke aus ihr, wasche dich mit ihrem Wasser, mit ihrer Energie, und bade darin. Nimm dir bitte wirklich viel Zeit, an dieser Quelle zu sitzen, und höre ihr zu. Lasse die Energie dieser Quelle in all deine Lebensbereiche fließen, indem du sie einatmest und mit deiner Ausatmung in dein äußeres Leben pustest. Damit beseelst du wie ein Schamane dein manifestiertes, äußeres Leben und hauchst ihm neue Kraft, spannende Ideen und spielerische Leichtigkeit ein.

Diese Quelle ist privat, geheim, sie gehört nur dir, und nur du in deiner wahren Essenz kannst durch das Tor treten, das diese Quelle schützt. Sie lässt sich nicht missbrauchen. Du hast nur Zugang zu ihrer Kraft, wenn du in deiner wahren Gestalt und ohne Absicht zu ihr kommst – das spürst du ganz deutlich. Du erkennst, dass du dir bewusst Zeit nehmen musst, um aus dieser Kraft zu schöpfen, denn sie ist zwar immer da, aber du findest sie nur, wenn du bewusst alle Hüllen ablegst und dich ihr in deiner wahren Gestalt zeigst. Sie ist unverletzbar, denn das Tor schützt sie.

Immer stärker spürst du ihre Kraft, und sie durchströmt dich, gibt dir Mut und Freude zurück, lässt womöglich dein Herz schneller schlagen und schenkt dir neue Ideen. Halte dich bitte bewusst zurück, versuche nicht gleich, all diese Energien in Gedanken in die Tat umzusetzen, sonst beutest du sie für einen Zweck aus. Erlaube, dass sich die Energie in dir sammelt und dich neu belebt. Der Ausdruck findet sich von allein, wenn du, deine Organe, dein Blut, dein Herz, vor Freude am Erschaffen singen und vibrieren.

Bleibe noch ein wenig an der Quelle, und gehe dann zurück – akzeptiere, dass du auf deinem Weg zurück in die Außenwelt das ein oder andere Kleidungsstück wieder anstreifst. Das macht nichts, du weißt ja nun, wie unwichtig das in Wahrheit ist, denn du hast erlebt, wie sich deine wahre Essenz anfühlt.

Echter Frieden kommt, wenn du akzeptierst, dass du in der äußeren Welt der Manifestationen das ein oder andere Kleidungsstück trägst, auf die eine oder andere Weise auch Erwartungen und Vorstellungen entsprichst – aber das BIST du nicht. Du bist deine wahre Essenz, als Seele, aber auch als Mensch, in jeder Hinsicht und in jeder Dimension.

Deine innere Kraftquelle

... um innere Stärke zu erleben und neue Potenziale zu erkennen.

(aus: Buch: »Ich lasse DEINES bei dir«, Schirner, Darmstadt, 2010
und CD: »Was dir Kraft gibt«, Schirner, Darmstadt, 2012.)

Mache es dir bitte bequem, und schließe deine Augen, wenn sich das für dich gut anfühlt. Atme ein wenig tiefer, am besten in deinen Bauch hinein. Der bewusste Atem kann dir dabei helfen, abzuschalten und deine Aufmerksamkeit auf dich selbst, deine körperlichen Empfindungen, deine Gedanken und deine Gefühle zu lenken. Atme ein paar Mal ein und aus, und erlaube dir, mit jedem Atemzug innerlich ein bisschen freier und weiter zu werden. Das geschieht von allein, dazu musst du nichts tun, nur bewusst weiteratmen. Spürst du, wie gut dieses Werkzeug funktioniert?

Jetzt stelle dir bitte einen Ort vor, an dem du dich wirklich aufgehoben und gut fühlst. Das kann ein Platz in der Natur sein oder ein anderer, dir sehr vertrauter Ort, völlig egal, welcher. Er braucht niemandem außer dir zu gefallen. Die Hauptsache ist, du fühlst dich wohl und aufgehoben, du kannst ganz und gar du selbst sein und brauchst niemandem etwas zu beweisen. Stelle dir vor, du bist wirklich an diesem Ort, läufst ein bisschen herum, setzt dich vielleicht hin. Du bist ganz allein, und das fühlt sich sehr gut an. Niemand will etwas von dir, du brauchst es niemandem recht zu machen. Du bist ganz und gar in Kontakt mit dir selbst, spürst deine Gefühle, vielleicht gar deine eigene Seele. Du bemerkst ein Tor, vielleicht einen überwucherten Durchgang zwischen zwei Bäumen, einen von Felsen geformten Torbogen oder eine Baumspalte, und schlüpfst hindurch. Nun hast du Zugang zu den heiligen Kräften der Anderswelt, wie die Schamanen sagen. Auf einmal bemerkst du in einiger Entfernung eine Lichtkugel, ein Kraftfeld, ein Wesen oder ein Tier. Es fühlt sich sehr gut an. Du spürst, du kannst ihm vertrauen, auch wenn du noch nicht weißt, was da auf dich zukommt. Langsam kommt es näher, und es ist, als käme dein bester Freund, deine liebste, vertrauteste Freundin auf dich zu, die aber gleichzeitig sehr weise und gütig ist.

Du spürst, dieses Wesen kennt und liebt dich genau so wie du bist, und es hat nur dein Bestes im Sinn, das, was du wirklich brauchst, nicht das, was andere für dich wollen. Es kommt näher und näher, und du spürst, etwas in dir beginnt, sich zu entspannen. Du weißt, du hast nun eine innere gute Kraft gefunden, an die du dich anlehnen kannst und die dir zur Seite steht. Außerdem kannst du sie in jeder Situation deines Lebens um Rat fragen. Nun kannst du es bereits erkennen. Schaue genau hin: Wie sieht es aus? Ist es ein Engel, ein Tier,

etwas ganz anderes, Neues? Es spielt gar keine Rolle, wie es aussieht und wie du es wahrnimmst. Das Einzige, was zählt, ist, dass du spürst, du kannst ihm voll und ganz vertrauen, es wird dich verstehen und führen.

Nimm dir jetzt Zeit, und probiere aus, wie es sich anfühlt, diesem Wesen mitzuteilen, was dich bewegt – oder sitz einfach still bei ihm, und lasse dir Halt und Kraft geben. Wann immer du Unterstützung und die Kraft brauchst, deinen eigenen Weg zu gehen, kannst du dich von nun an an dieses innere Wesen wenden. Es wird dich fragen »Willst du das?« und dir die Kraft geben, das zu tun, was sich für dich richtig anfühlt. Vielleicht spürst du diese Kraft im Bauch oder im Herzen, vielleicht zeigt sie sich als Gefühl, als Gedanke, oder du empfindest sie körperlich. Alles ist richtig und gut, jeder nimmt Energie unterschiedlich wahr. Lasse sie in dich einströmen, und genieße die Ruhe und Stärke, den Trost und die Liebe. Wenn es ein Tier ist, dann frage es, welche Botschaften und Eigenschaften es hat, welche Art von Kraft es dir zur Verfügung stellen kann. Und dann erlaube diesem Krafttier oder geistigem Wesen, dich mit seiner Energie zu erfüllen. Was ist anders? Kannst du besser und klarer mit schwie-

rigen Situationen umgehen, wenn diese Kraft bei dir ist? Spüre bitte den Unterschied, und entscheide, von nun an immer diese Energie zu Hilfe zu rufen.

Bleibe nun noch ein bisschen an diesem Ort, ruhe dich aus, und komme dann langsam und in der für dich angemessenen Zeit mit deiner Aufmerksamkeit zurück in den Raum, in dem du dich befindest. Du hast nun eine Kraft gefunden, die dir zur Seite steht und die immer für dich da ist.

Das innere Kind

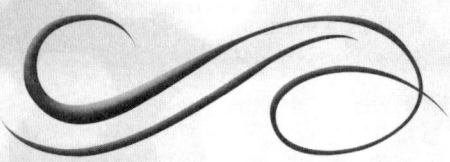

Wenn wir an das innere Kind denken, dann lächeln wir liebevoll oder auch ein bisschen ironisch und meinen damit den Teil, der mit »Das Kind im Manne« oder »Die innere Prinzessin« oder »Pippi Langstrumpf« beschrieben wird. Dieses Kind bekommt ab und zu ein wenig Raum. Sie darf sich mal ein Eis bestellen, obwohl ihre Diätpläne dagegen sprechen, er darf vor einem Schaufenster mit Modelleisenbahnen stehen bleiben. Wir sind großzügig, wenn es um die inneren Kinder geht, ja, sie dürfen ab und zu mal spielen, denn sie tragen ja dazu bei, dass wir uns besser fühlen. Unser inneres Kind wird so verharmlost und verniedlicht, dass wir oft erschrecken, wenn wir seine wahre Kraft und seinen immensen Einfluss auf unser Leben, seine dramatischen Verletzungen und die unbändige Freude, die es uns bringen kann, zu spüren beginnen.

Es ist das innere Kind, das leuchtende Augen bekommt, wenn wir uns den verbotenen Eisbecher erlauben, ja. Es ist aber auch das innere Kind, das uns dazu bringt, andere und uns selbst bis zum Exzess zu kontrollieren und zu vereinnahmen oder uns vereinnahmen zu lassen, das so tief einsam ist, dass wir nicht anders können, als Drogen welcher Art auch immer zu nehmen, das diese vage Ungeborgenheit und jene Selbstzweifel, die uns immer wieder vor den Abenteuern des Lebens zurückschrecken lassen, in uns hervorruft. Es ist das innere Kind, das dafür sorgt, dass unsere Beziehungen immer wieder scheitern, weil wir immer wieder an die gleichen Streitpunkte kommen, das uns im Beruf unzufrieden sein lässt, weil wir nicht für unsere Wünsche und Bedürfnisse einstehen.

Wenn es einen Teil in uns gibt, der die Nase von diesem ganzen Leben voll hat, der nicht mehr will, der am liebsten gehen würde, weil sich sowieso alles nicht lohnt, dann ist es meistens der zutiefst verletzte Teil des inneren Kindes. Das innere Kind aber ist es auch, das sich mutig über alle Ängste und Zweifel hinwegsetzt und seinem Herzen treu bleibt. Das innere Kind schenkt uns so viel Kraft und Lebendigkeit, dass wir all unsere Aufgaben mit Leichtigkeit und Anmut erledigen könnten. Das innere Kind lässt uns entweder durch das Leben tanzen oder müde dahinschlurfen, je nachdem, wie es ihm geht. Es ist kein einzelner Persönlichkeitsaspekt, sondern ein kompliziert miteinander verwobenes Energiefeld aus vielen verschiedenen Anteilen, die alle eins gemeinsam haben: Sie spüren und erleben die Dinge direkt und unverfälscht, sind die emotionalen Zeugen unserer Vergangenheit. Hier ist unsere emotionale Wahrheit gespeichert. Das innere Kind ist wie der wahre Emotionalkörper. Hier ist all das, was wir uns nicht erlaubt haben, zu spüren, verankert, sei es Liebe, Trauer, Angst, Schock, Wut oder überschäumende Lebensfreude. Das innere Kind ist ein Geflecht aus Erfahrungen, Wünschen, Träumen, Sehnsüchten, Erinnerungen an andere Dimensionen und liebevollere Zeiten, ein Energiefeld, das alles enthält, was du selbst, die an ihre Umgebung angepasste und funktionierende Persönlichkeit, nicht spüren kann, darf oder will. Wie auch immer du deine

Kindheit erlebt hast, die Wahrheit ist im inneren Kind gespeichert. Was auch immer du träumst und dir vom Leben zu erhoffen glaubst, es ist dein inneres Kind, welches das Drehbuch schreibt, weil es die Wahrheit kennt, das, was du wirklich und wahrhaftig willst.

Das innere Kind wird oft gleichgesetzt mit Lebendigkeit und kindlichem Übermut oder aber, in der verletzten Form, mit Einsamkeit und innerer Leere. Aber es ist sehr viel mehr als das. Es ist äußerst vielschichtig und hat eine dunkle und eine helle Seite. Das innere Kind – oder besser die inneren Kinder – und ihre ganz besondere Kraft kennenzulernen, ist eine der am meisten befreienden Erfahrungen, die du nur machen kannst.

Das innere Kind ist eine sehr wichtige Kraft, aber das bist nicht DU. Es ist ein Teil von dir, und je deutlicher du unterscheiden kannst, welcher Anteil in dir gerade automatisch und unwillkürlich reagiert, desto besser kannst du die Verantwortung übernehmen und entscheiden, aus welchem Anteil heraus du tatsächlich tätig wirst.

Ich biete dir die folgenden Meditationen zur Arbeit mit dem inneren Kind an, sie stammen aus dem Buch »Die Heilung des inneren Kindes«, Darmstadt, Schirner, 2008, und du findest sie alle auf verschiedenen CDs. Bitte führe sie vorher für dich selbst durch, damit du erkennst, welche Erfahrung du deinen Klienten damit anbietest, aber auch zumutest.

Die Kraft der guten Eltern

*... um mit dem inneren Kind zu arbeiten, braucht es sehr viel Achtsamkeit und Mitgefühl –
außerdem einen stabilen Erwachsenen, der die Prozesse halten kann.
So ist es sicher sinnvoll, mit dieser Fantasiereise zu beginnen, um eine Basis zu schaffen.*

(aus Buch: »Die Heilung des inneren Kindes«, Schirner, Darmstadt, 2008
und CD: »Das innere Kind«, Schirner, Darmstadt, 2007.)

Mache es dir bitte ganz bequem. Entspanne dich, lege dir leise Musik auf, wenn dir das guttut, zünde eine Kerze an, wenn du magst, besonders aber erlaube dir, einmal nichts zu tun, sondern nur zu sein. Es gibt nichts mehr zu tun, du brauchst niemandem zu gefallen, nicht entspannt zu sein, keine ideale Meditationshaltung zu haben. Mache einfach nur die Augen zu, und überlasse dich deinen inneren Bildern.
Stelle dir vor, was ich dir hier anbiete, vielleicht spürst du auch Energie oder nimmst die inneren Bilder auf eine andere Weise wahr, über deine Gefühle oder über ein tiefes inneres Wissen. Lasse dich darauf ein, eine neue Kraft in dein System einfließen zu lassen, und nun schließe bitte deine Augen, nachdem du den Text gelesen hast. Vielleicht liest ihn dir auch jemand vor.

Vor deinem inneren Auge entsteht nun eine Säule aus Licht, wie eine Litfasssäule, strahlend, hell und flirrend vor Kraft. Sie sprüht geradezu Funken, so energievoll ist die Lichtsäule, dabei aber stabil und kraftvoll wie ein Baum. Sie hat einen rötlichen Rand, schimmernd wie die Farben des Sonnenunterganges, rot, gold und orange. Du schaust von außen auf diese Lichtsäu-le, und auf einmal scheint es dir eine gute Idee zu sein, eine Hand hineinzustrecken, nur, um zu spüren, wie es sich anfühlt. Augenblicklich durchströmen dich Wärme und Kraft, und du entscheidest, allen Mut zusammenzunehmen und dich ganz und gar in diese Lichtsäule hineinzustellen. Du durchschreitest das rötliche Licht und streifst dabei alles ab, was dich noch schwer macht, was nicht zu dir gehört, was du für andere trägst und was dich müde und traurig sein lässt. Du brauchst nichts zu tun, das Licht selbst streift alles von dir ab. Es scheint ein wenig dichter zu sein, als du erwartet hast. In diesem Licht bleibt alles hängen, was nicht wirklich zu dir und deinem Wesen gehört. Dazu brauchst du nicht einmal zu wissen, was es ist. Das Licht befreit dich ganz von allein. Nun stehst du in der Lichtsäule selbst, in diesem hellen, leuchtenden, sehr belebenden und beruhigenden Licht. Golden oder weiß leuchtet es. Vielleicht findest du auch eine andere Farbe, rosa für das Herz oder etwas völlig anderes, Unerwartetes. Es ist genau die richtige Farbe für dich, und jetzt erlaubst du, dass dich das Licht zu durchfließen beginnt. Nun beginnt sich alles in dir zu lösen, was noch schwer ist, alt oder längst überlebt. Es steigt wie Rauch in der Lichtsäule auf und löst sich in dieser lebendigen Kraft einfach auf. Wieder brauchst du nicht zu wissen, was dich da verlässt, außer, es zeigt sich dir von selbst. Es sind die Themen, an denen du schon so lange arbeitest, die dich schon so lange begleiten und die jetzt einfach gehen dürfen, sich wie Nebel auflösen. Immer mehr Raum entsteht in dir, und das Licht durchströmt dich nun deutlich spürbar. Du wirst leichter und leichter. Vielleicht spürst du, dass es besonders schwere Anteile in dir gibt. Erlaube ihnen, deinen Körper zu verlassen und in aller Leichtigkeit in das Reich deiner eigenen Seele oder in die Dimensionen, in denen sie zu Hause sind, zurückzukehren. Es kann sein, dass du Seelenanteile mit dir herumgeschleppt hast, die schon längst wieder zu Hause sein sollten. Sie machen dich schwer und unzufrieden. So erlaube ihnen nun, nach Hause zurückzukehren, wo auch immer das ist. Die Lichtsäule schützt diesen Prozess, sie ist wie ein Tunnel, durch den all deine Energien wieder an ihren rechtmäßigen Platz zurückkehren können.

Immer mehr Raum entsteht in dir. Mehr und mehr Licht durchflutet dich, und du wirst leichter und leichter. Das Licht der Lichtsäule verändert sich, und du beginnst, eine machtvolle Präsenz zu spüren. Du bittest nun darum, dass die Kraft der archetypischen guten Mutter in dich einströmt, der Mutter, die dich und dein inneres Kind halten kann, beschützt, versorgt und die immer auf deiner Seite ist. Vielleicht ist es die Kraft von Mutter Maria, vielleicht die

von Gaia, der großen Erdgöttin, vielleicht auch eine völlig andere. Es ist jedenfalls genau die Energie, die du brauchst, damit dein inneres Kind getragen, genährt und getröstet werden kann.

Immer deutlicher spürst du, wie diese Kraft Raum in dir einzunehmen beginnt, wie sie dich ausfüllt und in dich einfließt. Du entspannst dich mehr und mehr und erlaubst der Kraft der guten Mutter, dorthin zu fließen, wo sie gebraucht wird, und einen stabilen Platz in dir zu finden. Warm und kraftvoll, tröstend und nährend fließt die Kraft in dich ein, wärmt dich von innen, macht dich satt und lässt dich Geborgenheit spüren. Wie ein Schutzmantel legt sie sich um dich. Vielleicht strömt sie auch in dein Herz und lässt es weit und offen sein, golden leuchten oder einfach zur Ruhe kommen. Vielleicht siehst du sie vor deinem inneren Auge, vielleicht ist es eher ein Gefühl. Wie auch immer es ist, es ist genau richtig für dich, und etwas in dir beginnt, sich zu entspannen und zur Ruhe zu kommen. Etwas in dir atmet auf und kann loslassen, die innere Hab-Acht-Stellung aufgeben. Du weißt, du bist nun versorgt und geschützt, du hast jemanden in dir, der aufpasst und dich ernährt.

Nun rufe, wenn du willst, auch den guten, schützenden und nährenden Vater zu dir. Er gibt dir Kraft, Stabilität, Unterstützung und Durchsetzungsvermögen. Der gute innere Vater erlaubt dir, dich in der Welt zu behaupten und voller Klarheit zu dir zu stehen. Spüre, wie seine Kraft in deine Wirbelsäule einfließt und dich hält, dir den

Rücken stärkt, dich innerlich aufrichtet und die Herrschaft über dein Leben verleiht.

Beide Energien, die Kräfte der inneren Eltern, stärken und durchfluten dich, halten dich und geben dir all das, was du brauchst und als Kind nicht bekommen hast. Mut, Zuversicht und Vertrauen in deine eigene Kraft, aber auch in das Leben selbst, beginnen, in dir zu wachsen und zu reifen.

Bleibe in der Lichtsäule, erlaube, dass dich das Licht durchströmt, dass die Kraft in dir wächst und dich ausfüllt. Bleibe da, und komme gleichzeitig ganz achtsam, in deiner Zeit, in den Raum zurück, in dem du dich befindest. Bleibe innerlich weit und offen, während du deine Aufmerksamkeit auch wieder auf die Außenwelt richtest. Du kannst an beiden Orten zugleich sein – in der Lichtsäule und in der Außenwelt. Es ist eine Frage deines Bewusstseins, beides kann und darf zugleich stattfinden.

Die Lasten zurückgeben, die dein inneres Kind für andere trägt

... wenn jemand sehr im inneren Kind hängt und den Wechsel in die erwachsene Kraft nicht schafft; wenn jemand die Lasten der Familie oder des Partners trägt; Befreiung und Wechsel in die Selbstbestimmung.

(aus Buch: »Die Heilung des inneren Kindes«, Schirner, Darmstadt, 2008.)

Wie immer machst du es dir so bequem, wie dir das heute möglich ist, atmest ein bisschen, vielleicht in den Bauch, wenn du das kannst. Wenn nicht, dann verfolge deinen Atem in Gedanken. Spüre, wie er in deinen Körper hineinströmt, wie er wieder hinausfließt. Begleite deinen Atem in Gedanken in deinen Körper hinein und aus ihm heraus, ohne zu kontrollieren, wohin er fließt. Wenn du willst, dann stelle dir ein farbiges Licht vor, gold, vielleicht rosa oder irgendeine andere Farbe, die dir jetzt in den Sinn kommt. Atme dieses Licht in dich ein, lasse es durch alle Zellen strömen, und lasse es los, wenn du es wieder ausatmest. Wenn du willst, dann stelle dir vor, wie beim Ausatmen alles aus dir herausströmt, was du nicht mehr brauchst, als hätte das farbige Licht es aus deinen Zellen gelöst. Du entspannst dich mehr und mehr, kommst mehr und mehr zur Ruhe. Nun bitte deinen Schutzengel, dir zu erscheinen.

Egal, ob du an Engel glaubst oder nicht, stelle dir einfach vor, du hättest jetzt, in dieser Minute, einen Schutzengel an deiner Seite. Er hat große Flügel und leuchtet hell.

Du fühlst dich sehr wohl und geborgen an seiner Seite, vielleicht umarmt er dich oder strahlt dich nur mit seinem Licht an.

Lasse dich berühren von der Kraft dieses Engels, öffne dich dafür, seine Liebe und Fürsorge wirklich zu spüren. Er bietet dir an, wenn du das willst, einzutreten in sein Energiefeld, dich ganz und gar in ihn hineinzustellen, wie in eine Lichtsäule oder eine Wolke aus reiner Liebe. Heilende, zutiefst reinigende und trostspendende Energie durchströmt dich, während du dich in seine Kraft hineinbegibst. Du kommst zur Ruhe, und du spürst, du bist und du warst nie allein, dieser Engel war immer an deiner Seite und wird dich auch weiterhin auf deinem Weg begleiten. Du selbst, dein Energiefeld, war und ist immer geschützt, und das spürst du nun auch. Bitte deinen Engel, dich zu reinigen und zu heilen – bitte ihn darum, dein Bewusstsein so zu verändern, dass du den stabilen Erwachsenen in dir wahrzunehmen beginnst. Vielleicht strömt diese Kraft auch erst jetzt, genau jetzt, in dich ein. Nimm sie an, erlaube der Kraft des gesunden Erwachsenen, in dich einzufließen.

Vielleicht nimmst du auf einmal eine Klarheit und Nüchternheit wahr, die du noch nicht kennst, eine Art Wissen darum, dass du deinen Aufgaben gewachsen bist, eine vernünftige und sich selbst vertrauende Kraft. Der stabile Erwachsene weiß, was zu tun ist, und er weiß, wen er fragen kann, wenn er Hilfe braucht.

Wenn du diese Energie spürst, und sei es auch nur einen Hauch davon, dann stelle dir bitte eine Situation vor, in der du als Kind völlig überfordert warst – oder eine Situation, in der dir deine Aufgaben aus der Hand genommen wurden, in der du zu viel Hilfe bekommen hast, dir zu wenig zugetraut wurde. Dein inneres Kind weiß genau, was es braucht. So erlaube, dass die Situation jetzt von selbst vor deinem inneren Auge entsteht, dass sie dir einfällt, auch wenn sie ganz anders ist, als du erwartet hättest.

Spüre noch einmal, wie du dich gefühlt hast. Vielleicht spürst du das zum ersten Mal ganz bewusst. Nimm wahr, wie das Kind aussieht, wie verzweifelt es versucht, alles zu schaffen, wie allein und hilflos es in Wahrheit ist und wie tapfer es versucht, die Situation zu tragen. Vielleicht bekommst du gar ein Gefühl für den Auftrag, den das Kind zu erfüllen versucht, vielleicht erkennst du das Drehbuch, das zugrunde liegt, die ungeschriebenen Gesetze, denen das Kind gehorchen muss.

Sieh es an, und dann gehe hin zu ihm. Lasse den stabilen Erwachsenen, der du auch bist, in die Situation eingreifen, und nimm das Kind in den Arm oder an die Hand. Gehe hin, und gib ihm genau das, was es jetzt braucht. Gib ihm die kleine Hilfestellung, und sage ihm, dass du ihm zutraust, sein Projekt erfolgreich durchzuführen, wenn das für dich richtig ist. Wenn es völlig überfordert ist, dann gehe hin, und sage ihm, dass es aufhören darf, die Situation zu kontrollieren, dass es spielen gehen darf (und soll!), dass du dich von nun an um diese Angelegenheit kümmerst. Und dann tu das, gehe als Erwachsener in die Situation hinein, und erledige, was zu tun ist. Wenn das Kind aber, was am wahrscheinlichsten ist, eine Aufgabe zu erfüllen versucht, die es gar nicht erfüllen kann, weil es nicht dafür verantwortlich ist, dann nimm es in den Arm, und gehe zu dem, für den es die Aufgabe erfüllt. Gehe hin zu deiner Mutter oder zu deinem Vater, gib ihnen ihre Last zurück. Auch sie haben einen Schutzengel, auch sie können und dürfen um Hilfe bitten, auch ihre inneren Kinder brauchen nicht alles allein zu machen.

Sage dem Kind ausdrücklich, dass es von nun an nicht mehr die Lasten der Eltern zu tragen braucht, ja, sage ihm, dass du nicht mehr willst, dass es die Lasten der Eltern trägt, und bitte die Schutzengel deiner Eltern, ihnen zur Seite zu stehen. Entlasse das Kind aus der Rolle des Retters, nimm ihm alles ab, was es auf seinen schmalen Schultern zu tragen versucht, und gib es dorthin zurück, wohin es gehört, in aller Achtsamkeit und in allem Respekt vor dem Schicksal desjenigen. Verneige dich vor dem, dem du diese Last zu Füßen oder in die Hände legst, und sage ihm:

»Mein inneres Kind hat diese Last voller Liebe zu tragen versucht, aber jetzt gebe ich dir dein Schicksal zurück. Ich verneige mich vor deinem Schicksal, und ich gehe jetzt in mein Leben. Ich lasse deines bei dir und trage mein eigenes Schicksal voller Liebe und Achtsamkeit.«

Und dann nimm dein inneres Kind an die Hand, und gehe mit ihm an einen Ort, an dem es glücklich und sicher sein kann: ein wunderbares Spielzimmer, ein traumhaft schöner und geborgener Zaubergarten, … Vielleicht nimmst du es einfach in den Arm. Sage ihm bitte ausdrücklich, dass es sich nicht mehr um die Angelegenheiten anderer zu kümmern braucht, weil es niemandem hilft. Die inneren hilfreichen Kinder sind sehr hartnäckig, sie lassen fast nicht los, sind es so sehr gewöhnt, die Aufgaben anderer zu erfüllen, so sehr in ihrer Rolle gefangen, dass sie fast zwanghaft wirken können. Gehe bitte sehr energisch mit ihm um, wie ein liebender, verantwortungsvoller Vater, eine kraftvolle, fürsorgliche Mutter.

Vielleicht spürst du den Widerstand des inneren Kindes. Es will die Aufgabe des Vaters, der Mutter möglicherweise um jeden Preis lösen. Sage ihm, dass es seine Eltern so sehr lieben darf, wie es will, dass es deren Aufgaben aber nicht übernehmen sollte, weil das die Schutzengel tun. Es verhindert die Lösung der Aufgaben, indem es versucht, das stellvertretend zu tun. Wenn du ihm das erklärst, wird es rasch loslassen, denn es ist ja am Wohle aller interessiert.

Fühle die Erleichterung, und schaue von nun an bitte in jeder Situation, in der du dich überfordert fühlst, oder immer dann, wenn du spürst, du weichst der Aufgabe aus, ob das innere Kind ganz automatisch wieder beginnt, deine Probleme zu lösen, die Verantwortung zu übernehmen.

Sage ihm bitte, dass dafür der Schutzengel, die geistigen Führer und Lehrer des anderen zuständig sind. Und wenn du willst, dann kannst du den anderen geistig bitten, mit seinem Erwachsenen-Ich zu kommen und sich seiner selbst, des Kindes, das er selbst ist, anzunehmen. Das ist besonders hilfreich, wenn du dich als Kind um ein anderes Kind, um dein Geschwisterchen vielleicht, kümmern solltest oder wolltest. Bitte deine erwachsene Schwester oder deinen erwachsenen Bruder in die Szene hinein. Meistens kommen sie, und kümmern sich selbst um ihr inneres Kind. Sonst beauftrage den Schutzengel, denn dass du es nicht im Stich lassen kannst, ist ja selbstverständlich.

In diesem Bewusstsein kommst du bitte mit deiner Aufmerksamkeit zurück in deinen Körper und spürst gleichzeitig dieses innere geborgene, gehaltene Gefühl.

Kontakt mit dem inneren Kind aufnehmen

*Diese Meditation eignet sich zum Erstkontakt mit dem inneren Kind,
aber auch als immer wiederkehrende Eingangsmeditation,
um mit dem inneren Kind zu arbeiten, um zu erkennen, wie es ihm geht
oder um einfach Zeit mit ihm zu verbringen.*

(aus Buch und CD: »Die Heilung des inneren Kindes«, Schirner, Darmstadt, Buch 2008, CD 2009.)

Schließe die Augen, und atme ein paar Mal tief durch, versuche dabei, soweit es dir möglich ist, deinen Körper wahrzunehmen. Bist du innerlich wie auf dem Sprung, hältst du irgendwo etwas fest, ist dein Gesicht angespannt? Atme sanft und gleichmäßig in die angespannten Körperstellen hinein, verändere sie nicht, nimm sie nur wahr, und bleibe mit deiner Aufmerksamkeit bei dir. Du wirst ganz von allein ruhiger, wenn du deine Aufmerksamkeit nach innen richtest, dich selbst wahrnimmst und dir zuhörst.

Vor deinem inneren Auge entsteht nun eine wunderschöne Landschaft, eine Landschaft, die deiner Seele entspricht. Vielleicht kennst du sie schon, vielleicht entsteht sie genau jetzt vor deinem inneren Auge. Schaue dich in aller Ruhe um, entspanne dich, gehe spazieren … Es gibt einen kleinen Weg, einen Pfad, und du gehst ihn gemächlich und friedlich entlang. Du nimmst die Landschaft mit all deinen Sinnen wahr, entspannst dich, lässt dich verzaubern. Nimm dir Zeit, anzukommen und die Landschaft zu erforschen. Sie ist beinahe magisch, und du fühlst dich augenblicklich wohl und entspannt

Irgendwann kommst du zu einer Lichtung. Hier ist es ganz still, und du spürst, etwas ganz Besonderes erwartet dich … Achtsam näherst du dich der Lichtung.

Auf einmal entdeckst du ein kleines Kind, ein Mädchen oder einen Jungen. (Wundere dich nicht: Als Frau kannst du durchaus auch ein männliches inneres Kind haben oder umgekehrt.) Vielleicht kennst du das Kind schon, vielleicht nicht. Achte besonders darauf, ob es dich kennt und ob es auf dich zukommt. Dieses Kind ist vielleicht sehr verletzt, vielleicht spielt es auch friedlich mit den Tieren auf dieser Wiese oder im Wald, in dem es sich befindet. Schaue es dir in Ruhe an, und gehe bitte mit ihm um, wie du mit einem Kind umgehen würdest, das du sehr liebst und beschützen willst. Frage das Kind, was es braucht, wenn es mit dir spricht, wenn nicht, dann setze dich einfach in seine Nähe, und gib ihm Zeit, dich kennenzulernen.

Frage es besonders, was es braucht, um sich gut und geborgen zu fühlen. Erlaube dem Kind nun, dir ganz genau zu zeigen, an welche Situation es sich erinnert fühlt, was es dir zeigen will, welcher alte

Schmerz in dir berührt wurde. Rede es ihm bitte nicht aus, rede es nicht schön, und erkläre ihm nicht, warum Mama oder Papa so handeln mussten, sondern höre ihm zu. Vielleicht geschieht das zum ersten Mal in deinem und dadurch auch in seinem Leben. Höre ihm zu, und lasse dir seine Seite der Geschichte erzählen, egal, wie du das Ganze als Erwachsener siehst. Übe dich in Mitgefühl und in Geduld. Genau hier setzt Heilung ein. Wiegele die Gefühle des Kindes bitte einmal nicht ab, sondern lasse sie einfach stehen. Du brauchst nichts damit zu machen, lasse sie nur bitte gelten, denn auch sie sind ein Teil deiner inneren Landschaft, egal, ob du sie verstehst oder nicht, und auch egal, ob du sie magst oder nicht.

Erlaube dem Kind, sich dir zu zeigen und mitzuteilen, ohne es zu bewerten oder ihm seine Sicht der Dinge auszureden. Habe bitte Respekt vor diesem Kind, denn alles, was es sagt, stimmt einfach. Vielleicht nicht nur, aber auch. Du brauchst nicht einmal eine Lösung zu finden, höre ihm bitte einfach nur zu. Sage ihm bitte nicht, dass es auch mal den anderen verstehen soll, das tut es ja. Nimm es, wenn du das kannst und willst, in den Arm, oder setze

dich innerlich dazu. Wenn es dir leichter fällt, dann schreibe auf, was dir das Kind zu sagen hat, male vielleicht ein Bild, wenn du das willst, schreibe ein Gedicht oder einen Songtext. Bitte, lasse deinen allzu geschulten kritischen Intellekt aus dem Spiel. Hier hast du ein Kind vor dir, das verletzt ist, warum auch immer, und du kannst es weder mit Argumenten noch mit Vorschlägen beruhigen. Alles, was dieses Kind braucht, ist deinen Schutz und die Möglichkeit, sich zu zeigen und auszudrücken. Es will nur endlich gehört werden.

Das innere Kind zu dir zurückholen

Verantwortung für das innere Kind übernehmen; wenn du dich sehr abhängig von einer Person oder Situation fühlst; wenn du dich immer wieder wie ein Kind verhältst oder eine bestimmte Situation nicht verlassen kannst, obwohl du alles dafür tust; sinnvoll bei Co-Abhängigkeit und um schwierige Beziehungen zu klären.

(aus Buch: »Die Heilung des inneren Kindes«, Schirner, Darmstadt, 2008.)

Mache es dir bequem, schließe die Augen, und bitte dein inneres Kind zu dir. Vielleicht hast du schon einen guten Kontakt zu diesem Kind, vielleicht wäre es jetzt wichtig, das immer wieder zu üben.

Lasse vor deinem inneren Auge eine Situation entstehen, in der du co-abhängig und unfrei reagierst. Erlaube, dass sie einfach erscheint, auch wenn du vielleicht etwas ganz anderes im Sinne hattest.

Stelle dir bitte die Situation vor, in der du mehr Klarheit über das, was dein inneres Kind fühlt, brauchst, und frage das Kind, wie es sich in Bezug auf diese Person, die Beziehung oder die Arbeitsstelle fühlt. Schaue bitte auch, ob sich dein inneres Kind an jemanden klammert, ob es in deinem Partner oder gar deinem Chef, vielleicht den Vater, die Mutter sucht. Es kann sein, dass du erkennst, du selbst würdest zwar gern loslassen und weitergehen oder innerlich distanzierter sein, aber dein inneres Kind steht vor deinem Gegenüber und schaut ihn mit großen Augen an, als könne er (oder sie) es heilen und für immer glücklich machen. Wir wissen, dass das nicht funktioniert, aber das innere Kind weiß es nicht. So schaue bitte ganz ehrlich und ganz genau, ob sich dein inneres Kind einen Erlöser auserkoren hat, ob es sich an den anderen klammert, und frage es, was es braucht und was es sich vom anderen erhofft. Selbst wenn es sich um eine Arbeitsstelle handelt, kann es sein, dass sich das Kind an jemanden geheftet hat und du nun nicht mehr in der Lage bist, frei zu entscheiden, wie du handeln möchtest. Vielleicht hat es sich gar an jemanden geklammert, an den du bislang gar nicht gedacht hast.

Oder hat es Angst vor jemandem? Erinnert dich ein Kollege an deinen strafenden Vater, an deine dich verachtende Mutter? Oft, wenn wir spüren und wissen, dass wir emotional verhaftet sind, ist es das innere Kind, das sich Heilung und Erlösung vom anderen erhofft oder sich vor Strafe, Beschämung und Verachtung fürchtet. Schaue dir also an, wo dein inneres Kind steht, und dann schaue ganz kritisch und klar, ob es bekommt, was es braucht, ob der andere etwas zu geben hat und ob er es überhaupt geben will. Oder, wenn sich das Kind fürchtet, ob es tatsächlich angemessen ist, ob der andere wirklich so viel Macht über dich hat. Meistens sind es alte Wunden und alte Erinnerungen.

Und dann hole dein Kind zu dir zurück, in deine Obhut. Gerade wenn dein inneres Kind Angst hat, gehe bitte zu ihm, sieh, wie es zitternd oder starr vor dem anderen steht und nur auf die Strafe oder Beschämung wartet – nimm es in den Arm, sage ihm, dass es zu dir und nur zu dir gehört, dass du auf es aufpasst und dass du es beschützen kannst. Wenn dich der andere wirklich verletzen will, dann sage ihm aus dem Erwachsenen-Ich heraus, dass du das nicht mehr erlaubst und dass du ihm jede Macht über dich entziehst. Nimm das Kind bitte unbedingt zu dir. Die oder der Erwachsene in dir kann es sehr wohl schützen, und der erwachsene Teil hat auch keine Angst.

Das Kind gehört in deine Obhut. Es braucht nie wieder zitternd vor Angst vor jemandem zu stehen, es braucht sich nie wieder von der Gnade eines anderen abhängig zu machen, denn es hat nun dich.

Selbst wenn der andere deinem inneren Kind geben kann und will, was es braucht, ist es dennoch an der Zeit, das Kind zu dir zurückzuholen, sonst bleibst du abhängig und suchend, fragend, nie ganz frei. So gehe in deinem inneren Bild zu deinem inneren Kind, nimm es in den Arm, und sage ihm Folgendes, so oder in deinen eigenen Worten: »Das ist nicht dein Vater, nicht deine Mutter, mein Schatz, aber ich bin jetzt für dich da. Du darfst diesen Menschen so sehr lieben, wie du willst, aber ich bin der- oder diejenige, der/die für dich sorgt. Du gehört zu mir, und ich bin für dich da. Du darfst mit den anderen spielen, du darfst dich zeigen und Zeit mit ihnen verbringen. Du darfst ihnen, wenn du willst, deine ganze Liebe schenken, aber ich bin für dich da, du gehört zu mir, und ich sorge für dich.«

Es kann sein, dass dein inneres Kind nur ungern mit dir geht. Sage ihm bitte immer wieder, solange es eben nötig ist, dass der andere, dein Gegenüber, nicht sein Vater oder seine Mutter ist, dass es da nicht bekommt, was es wirklich braucht, selbst wenn der andere noch so liebevoll mit ihm umgeht. Wenn es dir noch nicht vertraut, dann beginne bewusst, eine Beziehung mit ihm herzustellen, indem du dir wirklich Zeit nimmst, ihm zuzuhören und, das ist das Wichtigste, dich an das hältst, was es dir sagt.

In deiner Zeit öffnest du bitte wieder die Augen. Es ist sehr hilfreich, dir gleich aufzuschreiben, was du erlebt und verstanden hast, damit du es nicht wieder vergisst.

Die Erlösung des braven Kindes

*... wenn du zu angepasst bist, ängstlich funktionierst, mutlos bist, dich nicht traust,
wild und kühn deinen eigenen Weg zu gehen
und deine eigenen Wünsche und Visionen in die Tat umzusetzen.*

(aus Buch: »Die Heilung des inneren Kindes«, Schirner, Darmstadt, 2008.)

Entspanne dich auf eine Weise, die dir angenehm ist, schließe deine Augen, und stelle dir bitte eine wunderschöne und sehr gesunde Landschaft vor. Die Landschaft ist dir vertraut, und du fühlst dich sehr wohl an diesem magischen inneren Ort. Die Sonne oder der Mond scheint, und die Sterne funkeln. Obwohl es vielleicht dunkel ist, bist du sicher und geborgen in dieser Natur. Du erkennst einen wunderschön gewundenen Pfad. Er schimmert im Licht, und du beginnst, ihn entlangzugehen. Auch er ist dir sehr vertraut. Auf deinem Weg begegnen dir Rehe und andere Waldtiere. Sie bleiben stehen, begrüßen dich und ziehen dann gelassen ihres Weges. Du gehst immer weiter, atmest den betörenden Duft der Blumen, die sich weit geöffnet haben, lauschst den besonderen Geräuschen. Auf einmal kommst du an eine Lichtung, die du nicht kennst, obwohl dir die Landschaft vertraut ist. Hier steht ein kleines Häuschen. Es sieht einladend, aber auch ein wenig geheimnisvoll aus. Voller Vertrauen, denn du weißt, an diesem inneren Ort ist dir jedes Wesen und jede Energie wohlgesonnen, klopfst du an die niedrige Tür. Sie schwingt auf, und du trittst langsam ein. Staunend bleibst du stehen. Du befindest dich nun an einem

wahrhaft magischen Ort. Es ist ein Ort, den du nicht kennst. Er ist heilig und mystisch zugleich, voller Liebe und Kraft, aber auch voller gehüteter Geheimnisse und altem Wissen. Dein Herz schlägt schneller, du bist ein wenig aufgeregt. Hier wartet etwas sehr Besonderes auf dich, das weißt du auf einmal. Aus dem Hintergrund tritt nun ein Wesen hervor, ein sehr mystisches, kraftvolles Wesen. »Ich bin der Hüter deiner inneren Freiheit«, sagt es, »und ich trage die Geheimnisse des Lebens und der Liebe. Wenn du mir dienen willst und mich als gute Kraft anerkennst, dann diene ich dir, indem ich dich kraftvoll und stark sein lasse, voller Selbstvertrauen und in der Lage, dein Leben wahrhaftig zu meistern, weil du die Geheimnisse kennst. Ich schenke dir meine gute Kraft, ich schenke dir Mut und Tatkraft, das zu tun, was dich erfüllt. Ich schenke dir Gelassenheit, Klarheit und die Fähigkeit, deinen Weg voller Selbstbestimmung auf der Erde zu gehen, das, was du spürst und weißt, tatsächlich zu leben. Aber ich brauche dafür deine Bereitschaft, mir ein Opfer zu bringen.«

Du bist vielleicht nicht sicher, ob du sein Angebot annehmen möchtest und bittest das Wesen, dir zu zeigen, was es meint. Es

gibt dir einen kleinen Schluck eines Zaubertrankes, der in der Mitte des Raumes in einem riesigen Kessel kocht und dampft. Voller Vertrauen nimmst du den Zaubertrank an und trinkst davon. Augenblicklich durchströmt dich die Kraft der Selbstbestimmung. Du spürst, wie es ist, vollkommen in deiner Kraft zu sein, wie es ist, dir selbst zu vertrauen, zu wissen, was du tief in dir weißt und zu sagen, was du fühlst. Du spürst, wie es ist, ganz und gar heil zu sein, im Vollbesitz deiner geistigen, spirituellen und weiblichen Kräfte. Dein Bewusstsein öffnet sich, und du erkennst die Kraft deines inneren Kindes, die Kraft, voller Vertrauen und mit überschäumender Lebenslust mit dem Leben zu fließen, zu tanzen, zu fliegen.

Und du spürst, dass du diese Kraft unbedingt in deinem Leben haben willst, weil sie genau das ist, was dir fehlt, um ganz zu werden. Du fragst den Hüter der inneren Freiheit, welches Opfer er von dir verlangt ,und er wird sehr ernst.

»Ich verlange Papas braves Mädchen, Mamas braven Jungen«, sagt er, und du weißt erst gar nicht, was er meint.

»Du kannst nicht mehr gehorsam sein, wenn du mir dienst und meine Kraft in Anspruch nehmen willst. Du kannst nicht anderen gefallen wollen, es deinen Eltern recht machen und deine Urkraft verleugnen, um nicht aufzufallen. Ich verlange, dass du mir dieses kleine allzu brave Kind gibst, dann bekommst du meine Kraft.«

Du zögerst vielleicht, weißt nicht, was du machen sollst, denn du möchtest bestimmt keinen Teil von dir opfern. Doch du spürst vielleicht auch, du bist bereit, dich aus der Rolle der braven Tochter, des angepassten (oder allzu rebellischen!) Sohnes zu lösen.

Auf einmal ist es, als zöge eine Gestalt an deinem Rock oder deinem Hosenbein. Du schaust dich erstaunt um – und da steht es, Papas liebes Mädchen, Mamas ordentlicher Sohn, genau so, wie sich deine Eltern ihr Kind immer gewünscht haben. Vielleicht erkennst du erst jetzt erstaunt oder auch erschrocken, wie du sein solltest, damit du wahrgenommen wirst. »Ich gehe gern zu der inneren Freiheit«, sagt das Kind und lächelt dich an. Und tatsächlich, du spürst, dass die beiden in Verbindung miteinander stehen, als würden sie beide ein Geheimnis kennen, das dir nicht zugänglich ist. Du nickst dem Kind zu. Der Hüter der inneren Freiheit streckt die Arme aus, und das Kind läuft zu ihm.

Augenblicklich verwandelt sich das Kind und wird zu einem freien Naturgeist. Vielleicht ist es eine Elfe, eine Fee, vielleicht ein Zwerglein oder ein anderes Naturwesen. Es lacht dich sehr verschmitzt an, umarmt dann auch dich und verschwindet im hinteren Teil der Hütte, als wäre es hier aufgewachsen.

»Das ist mein Kind«, sagt der Hüter der inneren Freiheit, »das Kind der Naturkräfte, der Erde, es kennt alle Geheimnisse. Ich habe es dir zur Verfügung gestellt, damit du die Rollen spielen kannst, die du spielen wolltest. Nun bist du hier, um deine Kraft wieder in Empfang zu nehmen, und hiermit bekommst du sie.«

Sieh nun, auf welche Weise du den Zaubertrank erhältst. Vielleicht bekommst du einen weiteren Schluck, vielleicht fächelt dir der Hüter etwas davon in die Aura, vielleicht strömt der Dampf in dich ein. Die Kraft des Zaubertrankes beginnt nun, dich auszufüllen, fließt in jede Zelle, in all deine Auraschichten, in den Emotionalkörper, in den Mentalkörper, sie füllt dich vollkommen aus. Dein Gehirn verschaltet sich, sodass dir deine ganz natürliche Selbstbestimmung, deine innere Freiheit wieder zugänglich wird, auch wenn du jetzt noch gar nicht genau weißt, wie sich das anfühlt. Du lässt dich durchströmen von der Energie der Naturkräfte. Du bekommst Zugang zum Geheimnis der Freiheit. Du bekommst

deine spirituelle, emotionale, körperliche und geistige Selbstbestimmung zurück, die Herrschaft über dein Leben. Du wirst nun nie wieder etwas tun können, nur um es jemandem recht zu machen, ohne zu spüren, dass du gegen deine innere Wahrheit handelst, aber das willst du nun auch nicht mehr. Mehr und mehr durchströmt dich die Kraft der inneren Freiheit, und du beginnst vielleicht zu lachen. Es ist auf einmal alles so einfach und klar.

In deiner Zeit kommst du mit deinem Bewusstsein zurück in deinen Körper und in den Raum, in dem du dich befindest, doch du bleibst zugleich im Energiefeld der inneren Freiheit. Du erweiterst dein Bewusstsein und dehnst deine Aufmerksamkeit immer weiter aus, bis du deinen Atem spürst und dich recken und strecken kannst.

Der Zaubergarten des inneren Kindes

Basiswerkzeug, um Sicherheit und Befreiung für das innere Kind zu finden,
das immer wieder angewendet werden kann und sollte,
um alte Traumen und Verletzungen zu heilen; sorgt für neues Erleben
und damit für neue Erfahrungen von Sicherheit, Geborgenheit und Liebe;
bietet eine sicheren Ort für das innere Kind,
besonders, wenn der Erwachsene im Außen funktionieren muss.

(aus Buch: »Die Heilung des inneren Kindes«, Schirner, Darmstadt, 2008
und CD: »Das innere Kind«, Schirner, Darmstadt, 2007.)

Du machst es dir bitte ganz bequem, entspannst dich, atmest ruhig und langsam.

Vor deinem inneren Auge entsteht eine wunderschöne Landschaft, eine Landschaft, die deiner Seele entspricht. Vielleicht kennst du sie schon, vielleicht entsteht sie genau jetzt vor deinem inneren Auge. Schaue dich in aller Ruhe um, entspanne dich, gehe spazieren ... Es gibt einen kleinen Weg, einen Pfad, und du gehst ihn gemächlich und friedlich entlang. Du nimmst die Landschaft mit all deinen Sinnen wahr, entspannst dich, lässt dich verzaubern. Nimm dir Zeit, anzukommen, und die Landschaft zu erforschen. Sie ist beinahe magisch, und du fühlst dich augenblicklich wohl und entspannt.

Irgendwann kommst du zu einer Lichtung. Hier ist es ganz still, und du spürst, etwas ganz Besonderes erwartet dich ... Achtsam näherst du dich der Lichtung.

Auf einmal entdeckst du ein kleines Kind, ein Mädchen oder einen Jungen. (Wundere dich nicht, als Frau kannst du durchaus auch ein männliches inneres Kind haben oder umgekehrt.) Vielleicht kennst du das Kind schon, vielleicht nicht. Achte besonders darauf, ob es dich kennt und ob es auf dich zukommt. Dieses Kind ist vielleicht sehr verletzt, vielleicht spielt es auch friedlich mit den Tieren auf dieser Wiese oder im Wald, in dem es sich befindet. Schaue es dir in Ruhe an, und gehe bitte mit ihm um, wie du mit einem Kind umgehen würdest, das du sehr liebst und beschützen willst. Frage das Kind, was es braucht, wenn es mit dir spricht, wenn nicht, dann setze dich einfach in seine Nähe und gib ihm Zeit, dich kennenzulernen.

Es wird vielleicht Zeit, die Verantwortung für dieses innere Kind zu übernehmen, und du spürst, wie sich der erwachsene Teil in dir innerlich aufrichtet und stärker wird. Du spürst die Mutter, den Vater in dir. Nun erlaube, dass vor deinem inneren Auge eine Situation entsteht, in der du es als Kind sehr schwer hattest, vielleicht einsam warst, hin- und hergerissen, in der du beschämt oder gar geschlagen wurdest. Du findest dich in einer Situation wieder, in der du sehr verletzt wurdest.

Wie alt bist du, wo bist du, was geschieht? Wie geht es dir, wo spürst du die Verletzung, die Enttäuschung, die Angst, die Scham oder auch die innere Zerrissenheit? Fühle, was du fühlst. Schaue dir die Situation an, nimm die Gefühle des Kindes wahr – und dann betritt als Erwachsener die Szene. Stelle dich vor das Kind, nimm es in den Arm, tröste es, und greife ein. Hole das Kind aus der Gefahrenzone, und behüte und beschütze es.

Du bist nun erwachsen. Du kannst das für dein inneres Kind tun, was deine Eltern oder wer auch immer nicht tun konnten. Du bist nun die Mutter, der Vater, die Vertrauensperson deines inneren Kindes.

Wer auch immer dein inneres Kind beschämt oder verletzt, sage ihm, dass du von nun an die Verantwortung für das Kind trägst und dass du nie wieder erlauben wirst, dass es verletzt wird.

Vielleicht gibt es mehrere Situationen, die du dir anschauen möchtest, einige Szenen, in denen dein inneres Kind Hilfe braucht. Nimm es aus der Gefahrenzone heraus, sage ihm, dass seine Gefühle richtig sind, dass es lieben darf, wen es will, dass es schön ist, dass es so lebendig sein darf, wie es das möchte, und dass du nun für das Kind sorgst – oder was immer das Kind

braucht. Deine innere Mutter, dein innerer Vater weiß es.

Nimm es in die Arme, wenn du möchtest und wenn es das zulässt. Und dann sage ihm, dass du einen wunderbaren Oft kennst, einen Zaubergarten, in dem seine tiefsten und geheimsten Wünsche und Sehnsüchte erfüllt werden, in dem es behütet und geschützt ist, nie wieder allein, nie wieder einsam. An diesem Ort wird es nie wieder verletzt werden. Es darf sich endlich entspannen und bekommt, was es braucht. Sage ihm, dass du gekommen bist, um es endlich nach Hause zu bringen.

Du beginnst, den wunderschönen Weg weiterzugehen, und dein inneres Kind begleitet dich. Vielleicht trägst du es, vielleicht nimmt es deine Hand, vielleicht aber springt es auch vergnügt vor dir her. Die Natur wird immer geheimnisvoller, magischer, immer schöner. Du fühlst dich wie in einem besonders geheimen Teil deiner inneren Landschaft, und so ist es auch. Auf einmal kommst du an ein Tor. Ein Wächter steht davor. Er ist groß und machtvoll.

»Was ist dein Begehr?«, fragt er dich mit ernster Stimme, und du antwortest: »Ich bringe mein Kind nach Hause.«

Augenblicklich öffnet sich das Tor, und du betrittst den Zaubergarten des inneren Kindes. Dein inneres Kind hüpft begeistert hinter dir her, vielleicht ist es auch bereits vorausgerannt. Der Zaubergarten ist wunderschön. Hier findest du alles, was das Herz deines inneren Kindes begehrt. Die

Hüterin oder der Hüter dieses Gartens, ein großer, sehr heller Engel, tritt auf dich zu. Er begrüßt dich und das Kind sehr liebevoll und fragt es nach seinen geheimsten Wünschen. Du brauchst sie nicht zu kennen, es genügt, wenn dein inneres Kind weiß, was es braucht. Manchmal ist es sogar besser, wenn du diese Wünsche nicht kennst, damit du sie nicht bewertest und abtust. Nur weil du als Kind nicht bekommen hast, was du brauchst, heißt das noch lange nicht, dass deine Wünsche nicht dennoch vollkommen angemessen waren und sind.

Nun entsteht vor deinem inneren Auge eine Szene, die genau das erfüllt, was dein inneres Kind braucht. Sein innigster, dringendster, geheimster Wunsch wird erfüllt, auf die Weise, die jetzt genau richtig ist. Es kann sein, dass es auf einem Einhorn reitet, mit Engeln fliegt. Vielleicht ist sein innigster Wunsch, Zeit mit liebevollen Eltern zu verbringen, dann sind sie auf einmal da und geben ihm, was es braucht. Vielleicht braucht es Schutz, Spielgefährten, vielleicht eine Bühne, auf der es sich ganz frei und ungehindert zeigen und ausdrücken kann, vielleicht ein Tier, das es begleitet. Vielleicht will es mit den Engeln zurück in das Engelreich fliegen und dort bleiben. Dann bitte es, von dort oben aus gute Kraft in dein Herz zu senden. Vertraue bitte dem Prozess, du bist hier sicher und geschützt.

Was auch immer dein inneres Kind braucht, damit seine und damit deine geheimsten und dringendsten Sehnsüchte gestillt werden, hier und jetzt bekommt es seinen Wunsch erfüllt. Sei bitte ganz offen für die Art und Weise, wie es sich erfüllt. Hier kann wahrhaftig alles geschehen, egal, wie unsinnig es dir auch vorkommen mag. Für das innere Kind ist es genau richtig, und du wirst gleich spüren, wie sich etwas in dir zu erfüllen beginnt, etwas in dir zur Ruhe kommt.

Wenn dein inneres Kind bekommt, was es braucht, dann musst du nicht länger im Außen nach billigen, unzureichenden Ersatzbefriedigungen suchen, verstehst du? Dann kann im Außen kommen, was eben leicht und einfach zu dir kommt, aber es braucht kein dringendes inneres Bedürfnis mehr zu erfüllen.

Sieh dein Kind, wie es erfüllt und glücklich ist, wie es endlich bekommt, was es braucht, und wisse, dass deine Wünsche in diesem inneren Zaubergarten immer erfüllt werden. Hier kann dein Kind heil werden, hier kann es sich erholen, hier ist der Ort, an dem es ganz werden darf und seine Liebe, Zauberkraft und Freude entfalten kann.

Dieser Ort befindet sich mitten in deinem Herzen, und von hier aus kann das innere Kind nun seine Liebe und Glückseligkeit in dein Leben hineinstrahlen lassen.

Wann immer du bemerkst, dass dein inneres Kind Verantwortung für eine schwierige Situation übernehmen will, wann immer dieses hilflose und verzweifelte Gefühl kommt, kannst du es zurück in den Zau-

bergarten schicken, den Hüter des Gartens bitten, für das Kind zu sorgen und deine Aufgaben mithilfe deiner Schutzengel und deines Seelenplanes lösen.

Auch und besonders die verletzten, erstarrten inneren Kinder kannst du in den Zaubergarten schicken. Du wirst dich wundern, wie rasch sie ihre Trotzhaltung aufgeben und endlich zu Hause ankommen.

Spüre bitte ganz deutlich, dass sich der Zaubergarten in deinem Herzen befindet, und bitte das innere Kind, dir seine Energie in dein Herz zu senden. Nimm wahr, wie sich das anfühlt, wie warm und frei dein Herz auf einmal wird. Wann immer du traurig bist, wann immer du dich an eine Situation erinnerst, in der dein inneres Kind sehr verletzt wurde, egal, ob du bereits erwachsen oder selbst noch ein Kind warst, betritt als Erwachsene die Situation, hole dein Kind heraus, und schicke es zurück in den Zaubergarten. Hier findet es für immer Liebe, Schutz und Heilung.

Behalte das warme Gefühl im Herzen, erlaube, dass es sich in deinem ganzen Körper ausbreitet, und nimm deine Umgebung wieder wahr. Bleibe innen angebunden, und öffne deine Sinne gleichzeitig für deine äußere Welt. Recke und strecke dich, und sei ganz zuversichtlich. Du hast nun einen Schutzraum für den verletzlichsten, liebevollsten Teil deines Selbst gefunden!

Die Fürsorge für das innere Kind übernehmen

Emotionale Fürsorge für das innere Kind;
um schmerzhafte Erfahrungen der Vergangenheit zu erlösen;
bewusst Verantwortung für das Erleben des inneren Kindes übernehmen.

(aus: Buch: »Die Heilung des inneren Kindes«, Schirner, Darmstadt, 2008.)

Entspanne dich ein wenig, und erlaube, dass vor deinem inneren Auge eine Situation entsteht, in der du dich verloren, hilflos, hässlich und ausgeliefert gefühlt hast. Vielleicht bist du ein kleines Kind, vielleicht bist du erwachsen, und die Situation ist noch gar nicht lange her, aber es ist dennoch das innere Kind, das wirkt und Hilfe braucht. Sieh dich also in einer Situation, in der dieser Anteil berührt wird, und gehe wirklich hinein. Was tust du gerade, wer ist bei dir, wie alt bist du, und was geschieht? Wodurch wird dieses Gefühl ausgelöst? Kannst du das erkennen? Nimm dich in dieser Situation wahr, lasse einmal alle Gefühle zu, vielleicht zum ersten Mal. Erlaube dir, wirklich all die Scham und Verlorenheit zu spüren. Sage innerlich »Ja« zu allem, was gerade auftaucht, lasse es zu, soweit es dir möglich ist – und dann gehe bitte so, wie du jetzt dasitzt, in die Situation hinein. Gehe zu dem Kind oder dem Erwachsenen hin, nimm dich selbst in den Arm, und führe dich liebevoll aus der Situation heraus. Vielleicht musst du deiner Mutter, dem Vater, dem Chef oder den Schulkindern auf dem Schulhof Paroli bieten, ihnen die Meinung sagen und das kleine Kind endlich energisch beschützen. Du kannst das, du bist der erwachsene Teil. Es ist immer das Kind, das Angst hat, niemals der Erwachsene. Gehe hinein, als wärst du deine eigene Mutter, dein eigener Vater, und führe das Kind oder den hilflosen Erwachsenen, durch den das Kind sich zeigt, aus der Gefahrenzone. Grenze es ab, sage ihm, dass du von nun an für es da bist, und nimm es mit. Sage deinen Eltern, dass du dich nun um das innere Kind kümmerst und dass du ihnen nicht mehr erlaubst, es zu beschämen oder was immer sie getan haben. Dein inneres Kind darf seine Eltern so sehr lieben, wie es das will, aber die Fürsorge übernimmst nun du. Nimm es mit dir, schicke es in den Zaubergarten, wenn es das will, erlöse es aus dieser unhaltbaren Situation, lasse es bitte nie wieder allein. DU bist jetzt da, es braucht nie wieder einsam zu sein.

Das verlorene innere Kind

Bitte sehr achtsam anwenden;
schamanische Reise, um verlorene, abgetrennte Seelenaspekte
des inneren Kindes zurückzuholen.

(aus: Buch: »Die Heilung des inneren Kindes«, Schirner, Darmstadt, 2008.)

Wenn du die Reise für dich selbst durchführen willst: Bitte führe sie nur dann allein durch, wenn du es dir zutraust und weißt, wovon ich rede. Ich muss es deiner eigenen Verantwortung überlassen, das zu tun oder nicht. Ich möchte sie dir hier anbieten, weil es so wichtig ist, das verlorene innere Kind nach Hause zu holen, aber vielleicht möchtest du dich dabei begleiten lassen. Du weißt selbst, was dir möglich ist und was nicht. Lies diese Meditation vielleicht erst einmal durch, und schaue, was in dir berührt wird und ob du das Gefühl hast, diesem inneren Kind schon ein ganzes Stück entgegengegangen zu sein.

Mache es dir ganz bequem, und bitte deinen Schutzengel, deine geistigen Führer und Lehrer, die geistigen Wesen deines Vertrauens zu dir. Bekräftige noch einmal ausdrücklich, dass du bereit bist, dich nun in die Bereiche zu wagen, in denen du dein verlorenes inneres Kind wiederfindest – und dann sieh die dir nun schon bekannte Lichtsäule vor deinem geistigen Auge. Stelle dich hinein, erlaube, dass alles, was schwer ist, abfällt, wie Rauch nach oben steigt, erlaube, dass du von der Kraft durchströmt wirst, die du nun brauchst. Und dann mache dich bereit. Bitte den

speziellen Schutzengel des verlorenen inneren Kindes, dich zu ihm zu führen, egal, wohin. Bitte bleibe im Vertrauen, alles ist in Ordnung, du bist sicher und geschützt in der Lichtsäule und vor allem in der Reinheit deiner Absicht. Rufe das innere Kind, sage ihm, dass du nun in der Lage bist, es bewusst in dich, in deine Energie aufzunehmen, dass all seine Erfahrungen nun vorbei sein dürfen und dass die Zeit gekommen ist, zurückzukehren in das Herz Gottes, wenn es das will. Es kann sein, dass es nun ziemlich dunkel wird, dass du kein Licht mehr erkennen kannst, dass du dich dumpf und traurig zu fühlen beginnst. Lasse es zu, lasse es geschehen. Du wirst geführt. Der Schutzengel deines inneren Kindes führt dich. Schaue dich um. Wo bist du? Vielleicht ist es ein Keller, vielleicht eine ausgebrannte oder dürre Landschaft, vielleicht auch ein Energiefeld, das sich sehr leer und grau anfühlt. Und dann rufe bitte dein inneres Kind, verneige dich innerlich vor ihm, sage ihm, dass es der wichtigste Teil deiner Seele ist, denn ohne diesen Teil hättest du die Erfahrungen von Abspaltung und Trennung nicht machen können. Aber genau deshalb bist du hier, weil du die Energien erforschen willst auch die sehr langsamen, dunklen. Ohne dieses innere Kind, das alles auf sich genommen hat, hättest du nicht überlebt, und du hättest gleichermaßen die Aufgaben, die sich deine Seele gestellt hat, nicht erledigen können.

Rufe dein Kind, bitte es, sich dir zu zeigen, egal, in welchem Zustand es sich befindet, sage ihm, dass du gekommen bist, es abzuholen und nach Hause zu führen. Schicke den Schutzengel voran, lasse dich bei der Suche leiten. Es ist verloren, das heißt, es kann ein bisschen dauern, bis du es gefunden hast. Vielleicht will es auch nicht gefunden werden, weil es so verletzt und traurig ist. Gehe bitte immer weiter, du hast alle Kräfte des Lichtes bei dir. Bitte, wenn du willst, auch Mutter Maria zu dir, bitte immer wieder um Hilfe, und lasse dich tiefer und tiefer hineinziehen in das Reich der verlorenen Seelen, wo auch immer es dich hinführt. Du bist sicher und geschützt, keine Sorge. Rufe das Kind mit dem Kosenamen, den du als Kind hattest. Vielleicht hört es darauf. Vielleicht führt dich die Reise in einen tiefen, dunklen Wald, vielleicht in eine graue Energie, vielleicht auf einen fremden Planeten – gehe mit, lasse dich führen und rufen.

Und dann, in deiner Zeit, findest du auf einmal das Kind. Du siehst es in einiger Entfernung, vielleicht taucht es auf einmal vor deinem inneren Auge auf. Es ist sicherlich sehr scheu, verletzt, krank oder wie verbrannt. Vielleicht ist es ganz dunkel, vielleicht ein Baby, ein Embryo gar. Vielleicht wirkt es wie tot. Nimm es dennoch in den Arm, und bitte den Schutzengel und die Engel der Heilung, ihm genau das zu geben, was es jetzt braucht. Du brauchst nicht zu wissen, was es ist. Lasse den Prozess bitte ganz von allein geschehen. Lasse dich bitte nicht beeindrucken, gehe hin, egal, wie es aussieht, nimm es in den Arm, und frage es, was es braucht. Sage ihm, du bist gekommen, um es nach Hause zu führen. Es kann sein, dass du den Impuls bekommst, es bei dir zu behalten, aber wahrscheinlich ist das nicht der richtige Ort für dieses Kind. Halte es einen Moment, schicke ihm all deine Liebe, danke ihm, dass es all die Erfahrungen ausgehalten und für dich getragen hat. Aber dann gib es seinem speziellen Schutzengel, damit es nach Hause geführt werden kann, heim zu Gott. Es gehört in das Herz Gottes, ganz nah ans weiße Licht, denn es ist ein sehr hoch schwingender Teil deiner Seele. Vielleicht hat es sich abgespalten, weil ein sehr wichtiger Mensch gestorben ist, vielleicht auch ein geliebtes Tier. Erlaube diesem inneren Kind, dorthin zu gehen, wohin es gehen will. Wenn es zur verstorbenen Großmutter oder zum geliebten Vater, der Mutter, der Schwester oder wem auch immer gehört, dann gehört es eben dorthin. Erlaube diesem Teil, dorthin zu gehen, wohin er gehen will, damit er erlöst, frei und voller Lichtkraft sein kann, damit er heil werden und aufatmen kann. Du spaltest ihn nicht ab, wenn du ihm erlaubst, ins Licht zu gehen oder bei der Seele eines geliebten Verstorbenen zu bleiben. Er gehört nach wie vor zu dir. Das ist alles deine Energie, du bist sehr viel weiter und größer, als du vielleicht dachtest. Selbst wenn es sich im Licht auflöst, bist das immer noch du, selbst wenn es die Seele deiner Großmutter in den Himmel begleitet, bist das immer noch du. Das ist alles deine Energie, und von hier aus kann das innere lichte Kind seine Kraft, Liebe und Zartheit in dein Leben und in dein Herz schicken.

Lasse es los, es weiß genau, wohin es gehört, erlaube ihm, genau den richtigen Platz in deinem System einzunehmen, egal, wo das ist – und spüre die Erleichterung, die Freiheit, die Erlösung, wenn dieses innere Kind endlich nach Hause, ins Reich deiner Seele, zurückkehrt. Bleibe noch ein bisschen in der Lichtsäule stehen, lasse dich durchströmen von dem Licht, lasse dich reinigen und heilen. Bitte darum, dass besonders viel Lichtkraft in deinen Emotionalkörper fließt. Es kann sein, dass du einige Erinnerungen bekommst, dass du auf einmal weißt, in welcher Si-

tuation sich das innere Kind abgespalten hat. Wenn du willst und es sich richtig anfühlt, dann rufe dir diese Situationen noch einmal in Erinnerung, fühle, was das Kind gefühlt hat und gehe dann, wie du es nun schon kennst, als Erwachsener in die Situation hinein. Rette das Kind, tu, was zu tun ist, schütze und behüte es, und verteidige es so, wie es nötig ist. Dann schicke es in den Zaubergarten, wenn es dorthin will. Vielleicht löst es sich auch im Licht auf.

Komme dann in deiner Zeit wieder in den Raum, in dem du dich befindest. Hole dich sanft zurück, atme ein paar Mal tief durch, und ruhe dich aus.

Die Heimat des hässlichen Entleins

Angelehnt an das bekannte Märchen;
zur Erlösung von Scham und dem Gefühl, falsch zu sein, irgendwie anders,
nicht dazuzugehören.

(aus: Buch: »Die Heilung des inneren Kindes«, Schirner, Darmstadt, 2008.)

Atme ein paar Mal tief durch, und erlaube dir, nun nichts mehr zu tun. Du brauchst weder besonders entspannt zu sein noch in den Bauch zu atmen. Lasse einmal alle Geschäftigkeiten hinter dir, und halte inne, sinke in dich selbst hinein, und richte deine Aufmerksamkeit nach innen, auf dich selbst.

Stelle dir bitte ein Nest mit Eiern vor, das Nest, von dem du in dem Märchen gelesen hast. Du selbst liegst auch in diesem Nest. Stelle dir bitte vor, du befindest dich in einem der Eier, bist geborgen und warm, fühlst dich beschützt und versorgt. Und dennoch, vielleicht bemerkst du schon jetzt, dass irgendetwas nicht stimmt, dass du irgendwie anders bist, auf eine seltsame Weise nicht dazugehörst. Wie fühlt sich das an? Wo im Körper spürst du das? Welcher Teil in dir erinnert sich an dieses Wissen? Erlaube diesem Teil nun, fühlbarer zu werden, sich zu zeigen. Vielleicht kommt dir eine Erinnerung, vielleicht spürst du Verlorenheit oder eine vage innere Leere und Ungeborgenheit, obwohl alles nach außen hin so normal aussieht. Und nun bitte den Teil in dir, der in diesem Ei liegt, sich zu zeigen. Bitte das hässliche Entlein in dir, sich bemerkbar zu machen, vielleicht als Schatten, als Kind, als ein unbestimmter

innerer Anteil. Wundere dich nicht, wenn er merkwürdig aussieht, oder wenn du ihn gar nicht richtig erkennen kannst. Zu lange musste er sich verbergen und so tun, als gehöre er dazu. Nun, er gehört dazu, aber auf eine ganz andere, neue Weise. Spüre, wie es ist, in diesem Nest zu liegen und zu wissen, du bist hier nicht am richtigen Platz, das ist nicht deine Familie, etwas stimmt nicht. Spüre deine so lange unterdrückte Sehnsucht, endlich nach Hause zu kommen, deine Familie zu treffen, und spüre auch die Hoffnungslosigkeit, den inneren Anteil, der aufgegeben hat, der nicht mehr will, der einfach irgendwie falsch zu sein scheint. Vielleicht kommt dir eine Erinnerung, ein Bild aus deiner Kindheit, in der du dich so gefühlt hast. Bitte erlaube, dass diese Begebenheit noch einmal ganz deutlich fühlbar wird – und dann stelle dir vor, dass du selbst, als Erwachsener, in diese Situation hineingehst und das Kind in den Arm nimmst. Sage ihm, dass du es liebst und dass es stimmt, dass es anders IST und dass du gekommen bist, um es nach Hause zu holen.

Jetzt scheint das Ei größer zu werden. Es weitet sich aus zu einem hellen inneren Ort, den du betreten kannst. Sieh, wie das Ei zu einem geschützten Raum wird, einem

Energiefeld, das heller und heller erstrahlt. Weiter und weiter wird dieser Raum, bis du das Gefühl hast, in einer hohen, lichten Halle oder eine geschützten Höhle zu stehen, je nachdem, was dir lieber ist. Wenn du magst, dann kannst du diese Höhle, diese Halle betreten und das kleine Wesen, das hier wächst, treffen. Tritt also ein in den Raum, in das Ei, in dem das kleine hässliche Entlein liegt und wächst. Kannst du es sehen oder spüren? Wie sieht es aus, und wie geht es ihm? Vielleicht nimmst du es wahr wie ein Kind, wie einen Säugling, vielleicht tatsächlich wie ein Entchen oder wie ein kleines Kind, vielleicht auch ganz anders, wie einen Schatten, einen verlorenen Engel oder etwas vollkommen Fremdes. Gehe hin zu dem Wesen, das in dem Ei wächst, und setze dich dazu. Frage es, was es braucht, wenn du willst, ansonsten bleibe einfach bei ihm sitzen. Schaue, wie es reagiert, wenn es auf einmal nicht mehr allein ist.

Nun bitten wir deine Schutzengel hinzu, deine geistigen Führer und Lehrer und alle Wesen des Lichtes, die dafür zuständig sind – wir bitten darum, dass sich das Ei nun öffnet – ein Lichtstrahl entsteht und durchflutet den Raum, das Innere des Eis. Er wirkt wie ein Leitstrahl. Nimm das kleine Wesen in den Arm, wenn es das erlaubt, und sage ihm, dass es aus Versehen im falschen Nest liegt, dass es selbstverständlich eine Heimat hat und dass es Zeit wird, in diese Heimat zurückzukehren, damit es von dort aus seine Liebe, Kraft und sein Licht in dein Leben hineinstrahlen lassen kann. Der Lichtstrahl erreicht das kleine Wesen, strömt in es ein, und augenblicklich beginnt es, sich zu verändern, seine wahre Gestalt wieder anzunehmen.

Vielleicht erkennst du nun, wozu es überhaupt auf die Erde kommen wollte, welche Aufgaben es erfüllen wollte, wozu es die Erfahrungen des Verlorenseins erdulden musste. Das kleine hässliche Entlein wird zu dem, was es in Wahrheit ist, vielleicht ein stolzer Schwan, ein Engel, eine Elfe, ein lichtvoller Anteil deiner eigenen Seele, vielleicht auch etwas ganz anderes. Du beginnst seine wahre Energie und besonders seine Schönheit zu erkennen und zu fühlen. Voller Freude erhebt sich dieser innere Anteil, und leicht wie eine Feder gleitet er an dem Lichtstrahl entlang oder durch ihn hindurch in seine echte, wahre, geistige Heimat – und du folgst ihm. Bitte diesen Anteil, all die Trauer und das Gefühl des Verlorenseins mit sich zu nehmen, es wird sich im Licht einfach auflösen. Dein Bewusstsein öffnet sich. Du schwebst mit dem nun erlösten Entlein in dessen geistige Heimat – jetzt bist du da. Schaue dich um. Wie sieht es hier aus, wie fühlt es sich an, wo bist du? Ist es dir vertraut? Hast auch du das Gefühl, nach Hause zu kommen? Spüre die Erleichterung, das Aufatmen, die Entspannung, wenn etwas in dir endlich loslassen darf. Vielleicht erkennst du jetzt noch deutlicher, wozu die Erfahrung dient, vielleicht trägst du das Gefühl des Verlorenseins auch für jemanden, den du liebst, vielleicht gehört dieser Seelenanteil gar nicht zu dir? Wohin auch immer er gehört und für wen auch immer du ihn in dir getragen hast, jetzt darf es vorbei sein, er darf

nach Hause zurückkehren und seine Liebe, seine Kraft, seine Freude von hier aus auf die Erde strömen lassen. Nimm die Energie in dich auf, wenn sich das richtig und gut anfühlt. Falls du das fremde Ei für jemand anderen in dir getragen hast, dann verneige dich vor dieser Person, sage ihr, dass du es gern getragen hast, wenn das stimmt, dass es nun aber an der Zeit ist, ihr diese Kraft zurückzugeben, damit sie erlöst und frei im Energiefeld ihrer Seele wirken kann. Wenn der Teil zu dir selbst gehört, dann erlaube ihm, dass er nun den richtigen Platz im unermesslich großen Feld deiner Seele einnimmt. Er muss nicht auf der Erde sein, um seine Kraft zu verwirklichen. Er kann sie dir auch durch den Leitstrahl in deinen Körper schicken. Bitte darum, dass die erlöste Kraft des hässlichen Entleins nun in dich einfließt, wenn es dein eigener Anteil war, und schaue, wie sich das anfühlt. Sicherlich ganz neu und sehr leicht.

Bleibe noch ein bisschen in dieser Energie, wenn du willst, und wenn du so weit bist, dann komme ganz langsam in deine Zeit zurück. Bewege dich, strecke dich ein wenig … du bist dennoch zu Hause, du bist auf der Erde und in diesem lichtvollen, geistigen Raum. Du spürst es vielleicht nicht, aber du brauchst deine seelische und geistige Heimat nie wieder zu verlassen, du kannst überall zugleich sein.

Besondere Anlässe

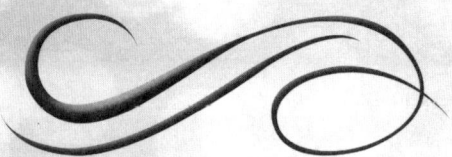

Weihnachten für das innere Kind

Geborgenheit und Liebe für das innere Kind;
bringt den kindlichen Zauber von Weihnachten zurück
und versöhnt mit vergangenen, schwierigen Weihnachtsfesten.

(aus: CD: »Weihnachten für das innere Kind«, Schirner, Darmstadt, 2009.)

Mache es dir bitte bequem, schließe deine Augen, und bitte darum, dass vor deinem inneren Auge eine Lichtsäule entsteht. Sie ist flirrend hell, leuchtend weiß, vielleicht auch strahlend warm und golden, so wie es jetzt für dich richtig ist. Wenn du magst, dann stelle dich in die Lichtsäule hinein, genieße das wundervoll heilende und reinigende Licht, und erlaube ihm, dich zu durchströmen, sodass alles Alte, Schwere nun von dir abfallen oder wie Rauch in der Lichtsäule aufsteigen kann. Du entspannst dich mehr und mehr. Du erlaubst, dass die Bereiche, in denen du dich im Mangel fühlst, noch einmal fühlbar werden, egal, um was es sich handelt. Überall da, wo du das Gefühl hast, du musst viel zu viel geben, viel zu viel tun, um einen kleinen Lohn zu erhalten, sei es Dank, Liebe, Geld oder etwas anderes, spüre bitte noch einmal hinein, lasse deine Gefühle zu, und erkenne, wie schwer es in Wahrheit ist, immer nur zu geben. Spüre deine Müdigkeit, und erlaube auch ihr, wie Rauch in der Lichtsäule aufzusteigen.

Vor deinem inneren Auge entsteht eine wunderschöne Landschaft, eine Landschaft, die deiner Seele entspricht. Es ist Winter, und die Landschaft ist traumhaft schön, wie in einem Märchenland. Es gibt einen kleinen Weg, einen Pfad, und du gehst ihn gemächlich und friedlich entlang. Du nimmst die Landschaft mit all deinen Sinnen wahr, entspannst dich, lässt dich verzaubern. Nimm dir Zeit, anzukommen und die Landschaft zu erforschen. Sie ist beinahe magisch, und du fühlst dich augenblicklich wohl und entspannt.

Irgendwann kommst du zu einer Lichtung. Hier ist es ganz still, und du spürst, etwas ganz Wundervolles erwartet dich ... Achtsam näherst du dich der Lichtung. Hier leuchtet das Licht ganz besonders hell, und du spürst eine wundersame Präsenz.

Und auf einmal entdeckst du ganz in der Nähe ein kleines Kind, ein Mädchen oder einen Jungen. (Wundere dich nicht, als Frau kannst du durchaus auch ein männliches inneres Kind haben oder umgekehrt.) Vielleicht kennst du das Kind schon, vielleicht nicht. Achte besonders darauf, ob es dich kennt und ob es auf dich zukommt. Dieses Kind ist vielleicht sehr verletzt, vielleicht auch spielt es friedlich mit den Tieren auf dieser Wiese oder im Wald, in dem es sich befindet. Schaue es dir in Ruhe an, und gehe bitte mit ihm um, wie du mit einem

Kind umgehen würdest, das du sehr liebst und beschützen willst. Frage das Kind, was es braucht, wenn es mit dir spricht, wenn nicht, dann setze dich einfach in seine Nähe, und gib ihm Zeit, dich kennenzulernen.

Wenn du magst, dann bitte das kleine innere Kind zu dir, und nimm es in den Arm. Sage ihm, dass von nun an alles anders wird, dass es nun endlich bekommt, was es braucht.

Und nun bitte dein inneres Kind, dir eine Szene zu zeigen, in der es bitterlich enttäuscht wurde, ein Weihnachtsfest, bei dem es nicht bekommen hat, was es sich so sehnlich wünschte, obwohl es wirklich wichtig war. Die Szene, in der das Kind erkannt hat, dass es nie bekommen wird, was es wirklich braucht, die Szene, die dafür gesorgt hat, dass du aufgehört hast, der Fülle und dem Leben zu vertrauen.

So erlaube nun, dass du in deine Kindheit geführt wirst und dass dir dein inneres Kind zeigt, was passiert ist, egal, ob du dich bewusst daran erinnerst oder nicht. Es kann sein, dass du nun ein Weihnachtsfest wahrnimmst, das du völlig vergessen hast, weil dir dein Wunsch nicht wirklich wichtig vorkam oder weil du ihn längst innerlich beiseite geschoben hast. Vielleicht aber erscheint auch eine Szene, an die du dich sehr gut erinnerst und die dir immer wieder wehtut, wenn du daran denkst. So gehe hinein in das Weihnachten, und spüre noch einmal die Enttäuschung. Was hast du dir gewünscht, was hast du nicht bekommen? Weißt du es noch? Es kann etwas Materielles sein, ein Spielzeug, viel-

leicht auch ein Tier, ein Hund vielleicht. Es kann aber auch ein Gefühl sein, eine Art von Geborgenheit, die dir gefehlt hat, vielleicht gar deine Mutter oder dein Vater. Spüre noch einmal deine Gefühle – und nun gehe als Erwachsener in diese Situation hinein, nimm das Kind in den Arm, oder gehe zu ihm, und sage ihm, dass es einen Ort gibt, an dem all seine Wünsche und Sehnsüchte erfüllt werden, ganz leicht. Streichle das Kind, wenn es das erlaubt, und spüre, wie etwas in dir aufatmet und sofort Vertrauen fasst. Sage dem kleinen Kind, dass es ein Fehler war, kein irdisches Gesetz. Es hätte seinen Wunsch erfüllt haben müssen. Es war nicht richtig, dass dieser Wunsch unerfüllt blieb. Sage ihm, dass es, wenn es möchte, mit in den Zaubergarten kommen darf und dass du dich sehr darüber freuen würdest.

Wenn das innere Kind so weit ist, dann bitte es, mit dir zu kommen. Es gibt einen Weg in dieser Landschaft, und ihr beginnt, ihn entlangzugehen. Auf einmal hört ihr ein Klingeln, ein Zauberglöckchen. Ein Gefährt rauscht heran und hält neben euch – du traust vielleicht deinen Augen nicht, aber es ist die Kutsche des Weihnachtsmannes. Dein inneres Kind springt sofort in die Kutsche. Es kennt den Weihnachtsmann ganz genau, auch wenn du selbst vielleicht nicht daran glaubst. Du steigst mit ein, denn du spürst, dein inneres Kind weiß genau, was es braucht und will. Du fühlst dich wie in einem besonders geheimen Teil deiner inneren Landschaft, und so ist es auch. Auf einmal kommt ihr an ein Tor. Ein Wächter steht davor. Er ist groß und machtvoll.

»Was ist dein Begehr?«, fragt er dich mit ernster Stimme, und du antwortest wie immer: »Ich bringe mein Kind nach Hause.« Augenblicklich öffnet sich das Tor, und du betrittst den Zaubergarten des inneren Kindes.

Es ist Weihnachten. Ein wunderschöner, reich geschmückter Baum steht hier, Elfen und Engel wuseln geschäftig herum und verteilen die letzten Geschenke unter dem Baum. Er ist genau so geschmückt, wie du es entweder kennst und liebst oder wie du es dir als Kind immer gewünscht hast – der perfekte, ideale Baum, und dein inneres Kind lacht glücklich auf. Nun erscheint der Hüter des Zaubergartens, ein großer, heller Engel. Der Weihnachtsmann und er gehen kurz zur Seite, und du weißt, etwas Wunderbares, sehr Heilsames und Magisches wird gleich geschehen. Der Weihnachtsmann kommt geheimnisvoll lächelnd auf dein inneres Kind zu und flüstert ihm etwas ins Ohr. Du kannst es hören oder vielleicht auch nicht. Es nickt ernst, und der Weihnachtsmann überreicht ihm ein Geschenk in einer zauberhaften Verpackung. Das Kind nimmt es an und öffnet es gespannt – es ist genau das, was du dir als Kind so sehnlich gewünscht und nie bekommen hast, egal, ob du dich noch daran erinnerst oder nicht. Es ist jenes Geschenk, welches einen Unterschied ergeben hätte, hättest du es bekommen, das Geschenk, welches dir das Vertrauen zurückgibt, das Vertrauen, dass alles, was dein Herz wirklich begehrt und braucht, auch für dich da ist. Es ist das Geschenk, das die Wunde des inneren Mangels heilt, das dir die Fähigkeit zurückgibt, zu nehmen und zu vertrauen.

Es ist genau das Geschenk, welches du gebraucht hast, um zu wissen, das, was dir wirklich am Herzen liegt, ist auch für dich da, jenes Geschenk, welches die alten Wunden ein für alle Mal heilt und dein ganzes Leben verändert, weil du spürst, das Leben ist auf deiner Seite, und das, was du brauchst, bekommst du auch, ganz leicht, weil das Leben einfach weiß, was dich erfüllt und ausmacht.

Dieses Geschenk macht alles wieder gut. Es kann etwas Materielles sein, vielleicht ist es aber auch eine Situation, eine Energie, vielleicht gar ein verloren geglaubter Seelenanteil oder etwas anderes, genau die Kraft, die du brauchst, um von nun an im Vertrauen auf die Geschenke des Lebens weitergehen zu können.

Du beginnst zu spüren, dass du auch nehmen darfst, dass es ein ganz natürlicher Fluss ist, zu geben, aber selbstverständlich auch zu nehmen, dass du überhaupt nur dann aus vollem Herzen geben kannst, wenn du dir genauso erlaubst, zu nehmen. Das kleine innere Kind darf, wenn es das will, in Zaubergarten bleiben. Er liegt in deinem Herzen, und es schickt von hier aus seine liebevolle Kraft in dein Herz und in dein Leben. Du selbst kehrst mit deiner Aufmerksamkeit in deiner eigenen Zeit ganz langsam zurück in das äußere Leben. Was immer du brauchst und dir wünschst: Nimm die Wünsche bitte ernst, und halte Ausschau nach jenen Gelegenheiten, die sie erfüllen! Das Leben ist auf deiner Seite, du brauchst nur die Augen offenzuhalten.

Weihnachtsmeditation

Ein Moment der Ruhe ganz für dich allein oder in einer Gruppe; um sich einzustimmen und sich auf das zu besinnen, was einem selbst heilig ist.

(aus: CD: »Weihnachtsmeditation«, Schirner, Darmstadt, 2006.)

Du setzt oder legst dich bequem hin, erlaubst dir, zur Ruhe zu kommen. Es gibt nichts mehr zu tun. Du darfst dir vorstellen, alles, was dich jetzt noch belastet, in ein kleines Päckchen zu verpacken und vor die Tür zu stellen. Jetzt kannst du aufatmen, tiefer und tiefer sinken. Du darfst der Außenwelt erlauben, sich nun für eine Weile ohne dich weiterzudrehen. Du richtest deine Aufmerksamkeit nun nach innen, auf deine Innenwelt. Es ist so wichtig für dich, in deine eigenen Tiefen zu sinken, um Kraft zu schöpfen und zur Ruhe zu kommen. Hier, tief in dir, findest du die Kraft, mit der du deinen Alltag meisterst. Hier, tief in dir, begegnest du deiner eigenen Leichtigkeit, deiner Stille und deiner ganz eigenen Kraft.

Richte nun deine Aufmerksamkeit auf dein Herz. Stelle es dir bildlich vor, oder nimm es auf eine andere Weise wahr. Irgendwo in deinem Herzen gibt es eine Kammer, einen Raum, in dem eine Quelle reiner Liebe sprudelt. Diese Liebe fühlt sich vielleicht anders an, als du es erwartest. Vielleicht spürst du Ruhe und Gelassenheit, Geborgenheit oder einfach ein friedliches Gefühl. Von dieser Kammer deines Herzens aus strömt unablässig Licht nach außen, egal, ob du dieses Licht wahrnehmen kannst oder nicht. Es ist ein Energie-feld, das direkt an die göttliche Lichtkraft angeschlossen ist, das immer weiter nach innen reicht und von hier aus in direktem Kontakt mit der Schöpferkraft selbst steht. Nimm bitte dieses Licht wahr, oder stelle es dir einfach vor. Und jetzt erlaube ihm, in dich selbst hineinzuströmen. Das Licht aus deinem Herzen beginnt, durch deinen ganzen Körper hindurchzufließen, in deine Zellen und zwischen deine Zellen. Es füllt dich vollkommen aus, es strömt aus dem Herzen in dich hinein. Irgendwann spürst du, dass dein Körper schon ziemlich angefüllt ist mit diesem Licht, das aus deinem eigenen Herzen in dich selbst hineinströmt. Dein Körper leuchtet und ist hell und leicht, und das Licht beginnt, zu allen Seiten hin nach außen zu strömen. Es erhellt deine Auraschichten, strömt in den Emotionalkörper, in den Mentalkörper und in die weiteren, feineren Schichten deines Selbst. Irgendwann bist du ganz angefüllt mit diesem Licht, das aus dir selbst herausströmt.

Nun stelle dir bitte eine goldene Eihülle vor, die sich um dich legt, um die äußeren Schichten deiner Aura. Die goldene Hülle stabilisiert dich und erlaubt dir, dich sicher und geschützt zu fühlen. Dein Energiefeld ist nun von außen unantastbar. Du befindest dich innerhalb der schützenden goldenen Schicht, und immer weiter strömt die Liebe aus deinem Herzen in dich selbst hinein, erfüllt das goldene Ei mit einem stabilen Energiefeld von Licht, Liebe und Frieden aus deinem eigenen Herzen heraus.

Sieh nun vor deinem inneren Auge die Krippe, den Stall, Joseph, Maria und das kleine Jesuskind. Vielleicht nimmst du es statisch wahr, wie ein Bild, vielleicht aber auch sehr lebendig und bewegt. Schaue, ob du hineingehen magst, ob du dich traust, das Jesuskind anzuschauen, Maria und Joseph zu begrüßen. Wenn du hineingehst, dann tu das so, wie es sich für dich gut anfühlt – achtsam oder ganz selbstverständlich, zögernd oder freudig erregt. Wie wirst du begrüßt? Fühlst du dich willkommen, oder dauert es eine Weile, bis du dich entspannen kannst? Gehe nun zu dem Kind in der Krippe, und schaue es an. Das ist vielleicht das erste Mal, dass du das kleine Jesuskind bewusst wahrnimmst. Erinnere dich, es ist Weihnachten, es geht um die Geburt eines sehr besonderen Kindes. Das ist ein Grund zu feiern! Schaue, ob du etwas bei dir trägst, das du den Eltern zum Geschenk machen kannst. Vielleicht ist es ein Licht, ein Segen oder einfach deine

Freude über das Kind, die du ihnen zeigen möchtest. Und dann tu nichts mehr, spüre die besondere Energie in diesem Stall, den Frieden, die Ruhe, die heilige Kraft. Nimm dieses Gefühl immer tiefer in dich auf. Lasse dich tragen in dein eigenes Herz hinein, in deinen eigenen inneren heiligen Raum. Vielleicht gibt es Bewegung um dich herum, die Tiere im Stall strecken sich, vielleicht kommen die heiligen drei Könige an, vielleicht erkennst du Engel, oder das Jesuskind bewegt sich in der Krippe … Nimm alles in dich auf. Lasse dich fallen, tiefer und tiefer in den Raum in dir, in dem diese hohe, stille Kraft verankert ist, in dein Herz hinein. Nun schaue, ob du das Jesuskind für ein paar Momente auf den Arm nehmen möchtest, bitte die Eltern darum, es halten zu dürfen, wenn du das willst, und dann traue dich, es hochzuheben. Schaue ihm in die Augen, schaue, wie es reagiert und erkenne, wie weise, gütig und bewusst dieses Kind bereits ist. Vielleicht hat es eine Botschaft für dich, vielleicht willst du ihm etwas sagen? Wenn du willst, dann darfst du das kleine Jesuskind sogar fragen, ob es weiß, welcher Lebensweg auf es wartet. Du darfst, wenn du das willst, von der Kreuzigung erzählen, davon, was du über sein Leben weißt. Und dann sieh, wie das Kind reagiert. Weiß es vielleicht längst, auf was es sich einlässt? Und welche Botschaft steckt für dich dahinter, dass es sich dennoch so bereitwillig zur Erde begeben hat?

Nun nimmst du die Engel wahr, die sich im Stall versammelt haben. Du spürst ihre hohe Anwesenheit, den Frieden und die Stille, die sie mit sich bringen. Öffne dein Herz noch ein Stück weiter, und erlaube dieser heiligen Kraft, in dich einzuströmen. Immer stiller wirst du, immer friedlicher, und jetzt – bist du in deinem Herzen angekommen. Tief in dir gibt es einen eigenen inneren heiligen Raum, vielleicht eine Kapelle, vielleicht einen Stall mit einer Krippe, vielleicht etwas ganz anderes. Aus der heiligen Stille in dir heraus beginnst du nun, diesen inneren Raum zu erkennen und wahrzunehmen. Du spürst ihn, siehst ihn, weißt auf einmal, wie er aussieht. Ganz still ist es hier, sehr licht und rein. Du beginnst zu spüren, was Weihnachten für dich ganz persönlich bedeutet. Du spürst, welche besondere Kraft diese Zeit für dich bereithält. Auf einmal weißt du, wie du dieses Fest begehen möchtest, auf welche Weise du diese Stille, die Kraft und die Reinheit dieser Energie erleben willst. Vielleicht möchtest du einfach einen ruhigen Spaziergang unternehmen, vielleicht brauchst du Raum und Zeit für dich ganz allein, vielleicht kannst du dich auch auf ein großes Familienfest einlassen, wenn du innerlich in dieser ganz einzigartigen Energie bleibst. Du öffnest dich weiter und weiter für die Botschaft dieser heiligen Zeit. Du erlaubst den Engeln nun, mit dir in Kontakt zu treten und dir das zu geben, was du im Moment gerade brauchst. Sie zünden nun

das heilige Licht in dir an. Du bekommst Zugang zu der hohen Frequenz der Christus-Energie, die in diesen Tagen besonders stark und rein auf die Erde strahlt. Frieden durchströmt dich und die klare, weiße Christuskraft. Sie erfüllt dich und lässt dich stärker, friedlicher und lichtvoller sein. Du verstehst, um was es an Weihnachten in Wahrheit geht.

Bleibe nun innerlich bei dem Kind im Stall. Wenn du magst, halte es entweder weiter im Arm, oder lege es zurück in die Krippe. Bleibe in der stillen Kraft der heiligen Christusenergie. Verneige dich, wenn du willst, vor Jesus, Maria und Joseph, und dehne dein Bewusstsein nun so aus, dass du gleichzeitig wieder in den Raum zurückkehrst, in dem du dich befindest. Du spürst deinen Körper, bleibst aber angebunden an die hohe Frequenz des Lichtes. Du erweiterst dein Bewusstsein, indem du innerlich angebunden bleibst und dich einfach ein wenig mehr öffnest, um nun auch wieder deinen Körper zu spüren. Du brauchst dich nie wieder aus einer Energie zu verabschieden, wenn du mit deiner Aufmerksamkeit zu deinem Körper zurückkehrst. Du erweiterst diese Aufmerksamkeit einfach ein bisschen. So bleibe in dem Stall, wenn du willst, bleibe in deinem Herzen, in deinem inneren heiligen Raum, und spüre nun deine Füße, deine Hände, deinen Atem. Du kannst überall zugleich sein, du brauchst dich nur zu erweitern und auszudehnen. Du bleibst bei den Engeln und bei Jesus im Stall, während du nun die Augen öffnest, dich umschaust und das Zimmer wahrnimmst, in dem du dich befindest.

Geburt eines Kindes

Den Seelenstrahl des Kindes bewusst verankern, um es besser zu verstehen und zu nähren.

(aus: Buch: »Meditation, Entspannung, Konzentration für Jugendliche«, Schirner, Darmstadt, 2009 und CD: »Schamanische Fantasiereisen für Kinder«, Schirner, Darmstadt, 2011.)

Liebe Eltern, könnt ihr euch vorstellen, dass ihr eine Vereinbarung mit den Seelen eurer Kinder getroffen habt? Und wie wäre es, wenn diese Vereinbarung folgendermaßen lauten würde:

»Ich unterstütze dich dabei, deine Seele in einen Körper zu bringen. Ich wärme, nähre und gebäre dich. Ich stelle meinen Samen oder meine Eizelle zur Verfügung und biete dir die Möglichkeit, als Mensch zur Erde zu kommen. Ich bin bei dir und gebe dir Raum, dich zu entfalten. Ich lehre dich alles, was ich dich über das Leben auf der Erde lehren kann, und schütze dich, wie ein Gewächshaus die kleinen Pflanzen schützt. Ich nähre dich, solange es nötig ist, und ich stehe als Kanal für all die Energien zur Verfügung, die du brauchst, um auf der Erde anzukommen, so lange, bis du sie selbst in dir halten kannst. Ich erlaube dir, einen Seelenstrahl, der all die Liebe und Fürsorge enthält, die du brauchst, durch mein Herz in dein neu entstehendes Erdenherz zu senden.

Ich stelle mein Herz für all das, was du auf der Erde brauchst, zur Verfügung, so lange, bis dein eigenes Herz herangereift ist. Ich erlaube dir, meinen Körper, meine Energie und meine Herzenskraft zu nutzen, um dich hier zu verankern, indem ich als Kanal für all die Energien fungiere, die du dir selbst durch mich schicken willst. Du wählst, welche Energien du brauchst, und ich öffne mich dafür, sie dir zukommen zu lassen, indem ich dir mein Herz und meine Lichtbahnen zur Verfügung stelle. Wenn du diese Energie selbst in dir halten kann, lasse ich diesen Kanal wieder los. Ich weiß, ich brauche die Kraft, die du zum Leben brauchst, nicht aus mir selbst heraus zu ziehen. Meine Liebe zeigt sich darin, dass ich für deine Energie zur Verfügung stehe, dass ich deinen Seelenstrahlen erlaube, mein Herz zu nutzen. Du kannst dir, wann immer du es brauchst, die Energie holen, die durch mich aus deiner eigenen Seele und den zu dir gehörigen geistigen Reichen zur Erde fließen will. Ich verspreche dir, mein Herz zu öffnen und offen zu halten. Ich verspreche dir, aus dem Herzen heraus zu handeln und deinen Seelenstrahl um Rat zu fragen. Mein Dienst ist: Ich trete innerlich beiseite und bin Kanal für deine Seele, und indem ich deinem Seelenstrahl erlaube, mich zu führen, weiß ich immer, was für dich richtig ist. Ich bitte deinen Schutzengel, dein Hohes Selbst und dein Bewusstsein, mich zu dem Vater, zu der Mutter zu machen, die du brauchst, indem ich für diese besondere Energie zur Verfügung stehe.«

Wenn wir wirklich als Kanal für die Seelenenergie unserer Kinder zur Verfügung stehen, wenn sie sich also durch uns selbst die Energien schicken, die sie brauchen, um auf der Erde anzukommen, dann fühlen wir uns viel deutlicher und sicherer geführt. Die allzu große Abhängigkeit, aber auch das Gefühl, ein riesiges Opfer zu bringen, hört auf, weil wir wissen, die Seelen der Kinder sorgen für sich selbst. Sie nutzen uns dabei als Vermittler.

Den Seelenstrahl deines Kindes verankern

(aus: Buch: »Meditation, Entspannung, Konzentration für Jugendliche«, Schirner, Darmstadt, 2009.)

Bitte deinen Schutzengel und/oder dein Krafttier und die Schutzengel und/oder die Krafttiere deines Kindes zu dir, und erlaube dir, ihre warme, liebevolle Präsenz zu spüren. Vor deinem inneren Auge entsteht nun eine Lichtsäule, die sich sehr kraftvoll und warm anfühlt, und du trittst ein in diese Lichtsäule. Sie bildet das Tor zu der Ebene, der Dimension, in der du die Seele deines Kindes triffst. Lasse dich durchströmen von all dem Licht, lasse dich nähren, dich mit Kraft versorgen und dich beruhigen und stärken.

Bitte den Schutzengel und das Krafttier deines Kindes, bei dir zu sein und dich über dein Herz mit der Seele deines Kindes zu verbinden, so, wie das für euch beide richtig und stimmig ist. Nun bitte die Seele deines Kindes, dir genau die Energie, den Lichtstrahl zu schicken, der durch dich für dein Kind auf der Erde zur Verfügung stehen will und sollte. Bitte darum, dass also genau die Frequenz, die Farben durch dein Herz fließen, die dein Kind wie Muttermilch aus seiner eigenen Seele heraus nähren. Erlaube diesem Lichtstrahl, in dein Herz hineinzuströmen, und nimm seine Farbe oder seine besonderen Eigenschaften wahr, vielleicht als Gefühl, als Gedanke, als körperliche Empfindung oder als plötzliches inneres Wissen. Bitte nun darum, dass dieser Strahl stabil in dir verankert wird – und dann sieh in Gedan-

ken dein Kind vor dir. Schicke ihm einen Lichtstrahl aus deinem Herzen heraus, genau den Lichtstrahl, der aus seiner Seele in dich einströmt. Du bist nun Vermittler zwischen der Seele deines Kindes und seinem Herzen. Schaue, was geschieht, wenn du es mit seiner eigenen Energie anfüllst. Natürlich fließen auch deine persönliche Liebe, Fürsorge und Energie in das Herz des Kindes, aber der Seelenstrahl ist in diesem Fall besonders wichtig. Wie fühlt es sich für dich an, zu wissen, du bist Vermittler zwischen der Seele deines Kindes und seinem menschlichen Ausdruck? Erlaube nun deinem Herzen, auf diesen Seelenstrahl zu reagieren, indem du ihm versprichst, deinen Impulsen zu folgen. Entscheide dich dafür, diesen Seelenstrahl immer dann um Rat zu fragen, wenn du nicht weißt, wie du handeln sollst. Damit bittest du die Seele des Kindes selbst, es zu führen und zu leiten, und wer weiß besser, was dein Kind braucht und erleben und lernen darf und muss, als seine eigene Seele? Entscheide dich, deinem Herzen zu folgen, indem du dem Seelenstrahl erlaubst, über dein Herz mit dir zu kommunizieren.

Und dann bitte den Schutzengel, das Krafttier des Kindes zu dir, bitte beide, sich stabil mit deinem Herzen zu verbinden und dir immer genau die Impulse zu geben, die dem allerhöchsten Wohl deines Kindes dienen. Das heißt nicht, dass du ihm

alles recht machen sollst! Der Seelenstrahl deines Kindes weiß genau, wann es richtig ist, ihm nachzugeben, aber auch, wann es welche Art von Führung braucht. Vor allem aber kann das Kind aus dieser geistigen Quelle trinken, wann immer das nötig ist. Es verbindet euch auf eine neue, vielleicht nie gekannte Weise und stellt die stetige Versorgung mit seelischer Energie sicher. Du brauchst nie wieder all die mütterliche oder väterliche Energie aus dir selbst heraus zu schöpfen. Du erlaubst einfach dem Seelenstrahl, in das Herz deines Kindes zu fließen, und es hat alles, was es braucht.

Komme dann in deiner Zeit durch die Lichtsäule wieder zurück, und bringe die Anbindung an den Strahl deines Kindes mit in diese physische Dimension, in deine irdische Präsenz.

Ruhe dich noch ein wenig aus, und spüre diese neue Energie, die du für dein Kind hütest.

Lösungen finden, sich für neue Wege öffnen

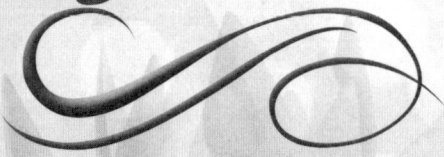

Lösungen finden

Loslassen, höhere Kräfte rufen; das Thema von einer höheren Warte aus betrachten.

(aus: Buch: »Meditation, Entspannung, Konzentration für Jugendliche«, Schirner, Darmstadt, 2009.)

Entspanne dich indem du dich hinsetzt oder hinlegst, die Augen schließt, dich ausruhst und es dir gut gehen lässt. Komme zur Ruhe, lasse los. Du darfst nun tiefer in dich hineinsinken und Zeit mit dir selbst verbringen.

Jetzt bitte deine Schutzengel zu dir. Vielleicht sind es mehrere, vielleicht ist es nur einer. Spüre ihre Wärme und Fürsorge. Es gibt sehr viele unterschiedliche Weisen, Engel wahrzunehmen. Bitte sie, sich dir so zu zeigen und zu nähern, dass du sie wirklich wahrnehmen und spüren kannst. Wenn du sie spürst, dann richte dein Augenmerk auf das, was in dir schwer ist, worüber du dir Gedanken und Sorgen machst. Konzentriere dich auf die ungelösten Probleme und Fragen deines Lebens. Stelle dir vor, wie du all diese Schwierigkeiten in ein Päckchen, vielleicht auch in ein großes Paket, hineinpackst. Vielleicht schreibst du alles auf einen Zettel und legst es in das Päckchen. Vielleicht erkennst du eine dunkle Wolke, vielleicht ein Symbol oder einen Gegenstand, ein Werkzeug. Packe dein Päckchen sorgfältig, und achte darauf, dass du alles hineinlegst, was du erlösen willst, wofür du eine Lösung brauchst.

Nun bitte deinen Schutzengel, das schwere Paket von dir zu nehmen, und sieh, was geschieht. Er nimmt es dir ab, und augenblicklich löst es sich auf. Und plötzlich beginnen kleine Fragezeichen oder Lichtfunken in der Lichtsäule aufzusteigen. Du siehst die Fragezeichen oder die Lichtfunken aufsteigen, und etwas in dir beginnt, sich zu entspannen und aufzuatmen. Du weißt, Lösungen sind bereits auf dem Weg zu dir. Und auf einmal beginnen, wie in einer Schneekugel, Lichtfunken zu dir herabzurieseln, und du weißt, hier bekommst du die Antworten auf die Fragen deines Lebens. Es kann ein bisschen dauern, bis die Lichtfunken in deinem Bewusstsein angekommen sind und echte Lösungen erkennbar werden. Übe, deinen Geist offenzuhalten. Du kennst die Lösungen nicht, sonst hättest du sie längst für dich gefunden und umgesetzt. Nun aber strömen Antworten auf dich ein in Form von Ideen, Gedanken, inneren Bildern. Vielleicht fällt dir auf einmal der Text eines Liedes ein, das du magst, und du erhältst auf diese Weise eine Antwort. Nun komme langsam mit deiner Aufmerksamkeit in den Raum zurück, in dem du dich befindest, und wisse, der Prozess in dir findet statt, auch wenn du dich nicht darum kümmerst. Sei in den nächsten Tagen offen für innere Impulse. Mehr gibt es nicht mehr zu tun.

Der Rosengarten am Ende des Lebens

... um zu überprüfen, ob du dein Leben erfüllend und für dich passend gestaltest; Hilfe bei wichtigen Entscheidungen.

(aus: Buch: »Die Heilung des inneren Kindes«, Schirner, Darmstadt, 2008.)

Vor deinem inneren Auge erscheinst du selbst – als alter Mensch. Sieh dich vielleicht in einem Lehnstuhl sitzen, im Bett liegen, vielleicht auch ganz gesund und rüstig im Garten spazieren gehen. Bitte deinen Schutzengel jetzt schon, bei dir zu sein. Es gibt in Wahrheit keine Zeit. Du kannst dich durchaus vorsorglich schützen und lieben.

Und nun gehe bitte zu der oder dem Alten hin. Setze dich dazu, frage sie, was sie braucht und was du schon jetzt für sie tun kannst. Sage ihr, dass du für sie sorgen wirst, dass du für sie da bist, dass sie sich keine Sorgen zu machen braucht. Setze dich zu ihr, und spüre deine Liebe zu diesem alten Menschen, der du bist, wie zu einer geliebten Großmutter oder einem Großvater. Umarme sie, versprich ihr, für sie und ihre Gesundheit zu sorgen, sage ihr, dass sie nie allein sein wird, und schicke ihr einen Lichtstrahl. Hülle sie in Liebe, in Licht, zaubere ihr einen Rosengarten, in dem sie spazieren gehen kann.

Schreibe ihr einen Brief, wenn du willst, und schicke ihn dir selbst mit dem Hinweis, ihn erst in zwanzig, dreißig oder vierzig Jahren zu öffnen. Schreibe dir, wie sehr du sie liebst, wie sehr du ihr dankst für all das, was sie durchlebt hat und dass du ihr schon jetzt all deine Liebe und Fürsorge schickst.

Und dann öffne dich dafür, ganz konkrete Hinweise darauf zu bekommen, was du nicht nur energetisch, sondern auch im Außen tun kannst, damit du dich selbst liebevoll und sicher versorgt und gesund weißt. Versprich ihr, für sie da zu sein, auch und gerade dann, wenn sie wirklich Hilfe braucht. Versprich ihr, zu lernen (falls du es noch nicht kannst), dich für das Annehmen von Hilfe zu öffnen. Vielleicht gibt es ein paar Angewohnheiten, die du ändern darfst, um gesund und voller Kraft zu bleiben, nicht aus Angst, sondern aus Liebe und Fürsorge für dich selbst.

Versprich ihr, in aller Liebe für sie da zu sein, ihr zur Seite zu stehen und dafür zu sorgen, dass sie möglichst gesund bleibt und immer hat, was sie braucht.

Wenn du willst, dann frage sie, was du jetzt schon tun kannst, welche Energie du ihr schicken darfst. Vielleicht ist es etwas anderes als das, was du im Moment glaubst. Sie weiß es selbst am besten, denn sie hat ein anderes Bewusstsein als du heute.

Sieh jetzt, wie du im Gegenzug ein Geschenk von ihr bekommst: Sie verspricht dir, dir von nun an mit Rat und Tat, mit der Weisheit deines eigenen gelebten Lebens, zur Seite zu stehen. Sie weiß, an welchen Stellen du vielleicht zu zögerlich gehandelt hast, denn sie hat es erlebt. Sie weiß, wie dein Lebensplan aussieht, denn sie hat ihn hinter sich, sie hat ihn erfahren. So frage sie von nun an, wenn du vor einer Entscheidung stehst, wie sie sich wünscht, dass du entschieden hättest. Frage sie, auf welche Art von Leben sie zurückschauen will, und sorge dafür, dass sie die Erfahrungen macht, die sie sich wünscht, gemacht zu haben. Verstehst du? Sorge dafür, dass du nicht am Ende des Lebens dastehst und bedauerst, was du alles nicht gemacht hast, sondern frage sie, was dein Leben erfüllt. Verpflichte dich, ihr zu folgen, nimm sie an als überaus weise, gute Kraft in dir, die nicht vage in die Zukunft schauen kann, sondern die die Zukunft ist! Schöpfe aus ihr heraus, wenn du Gelassenheit, Trost, Frieden und Sicherheit brauchst – die Sicherheit und Weisheit, die du dir gerade erwirbst.

Vielleicht will sie dir einen Brief schreiben? Vielleicht hat sie ein paar wichtige Gedanken? Sie sieht die Dinge wirklich anders als du, du kennst das bereits aus den Übungen mit dem inneren Kind. Setze dich hin, nimm dir etwas zu schreiben, und beginne einen Brief aus der Zukunft an dich. Schreibe dir selbst über alles, was du jetzt wissen solltest. Sie hat dir mit Sicherheit etwas zu sagen. Stecke diesen Brief wirklich in einen Umschlag, und sende ihn an dich.

Schließe die inneren Kreise in dir, nimm das Kind in dir als lebendige, lichtvolle Kraft, die weise Alte in dir als gelassene, sichere und verlässliche Ratgeberin. Sorge für alle Teile in dir, in der Vergangenheit, in der Zukunft, in der Gegenwart – denn all das findet jetzt statt, jetzt und jetzt und jetzt. Es sind Energien und Kraftquellen in dir, die du genau jetzt in dir trägst, aus denen du schöpfen und die du gleichermaßen nähren darfst. Versprich ihr, die volle Verantwortung für ihr Wohlbefinden zu übernehmen, die du für das innere Kind bereits so meisterhaft trägst.

Bitte deine Schutzengel, dir zu zeigen, was sie braucht, damit sie in jeder Hinsicht versorgt und in Fülle und Liebe leben kann, und bitte darum, dir bereits jetzt die Impulse zu geben, die wirksam in die Zukunft hineinreichen.

Bitte deine Schutzengel, dich daran zu erinnern, die Weise in dir um Rat zu fragen,
lasse dich an ihre Kraft erinnern. Du kannst
bereits jetzt eine wundervolle, liebende
und tragende Beziehung zu dem Menschen herstellen, der du einmal sein wirst –
und natürlich bist du nie allein, arm oder
hilflos, denn du bist ja da! Erinnere dich bitte immer wieder: Es gibt in Wahrheit keine
Zeit. Alles, was du jetzt für dich tust, wirkt.
Du gestaltest deine Zukunft, indem du
jetzt, in diese Sekunde, Liebe, Fülle, Licht
und Kraft hineinschickst. Schicke dir selbst
eine Lichtsäule, Trost und Frieden. Schicke
dir selbst, wenn du willst, bereits jetzt all
das, was du später brauchst, damit es da
ist, wenn du auch körperlich in der Zukunft
ankommst! Du bereitest dir jetzt den Rosengarten für später, du pflanzt ihn heute.
Jetzt. Es gibt im Bewusstsein keine Zeit. Du
kannst dir selbst energetisch begegnen,
auch wenn du körperlich noch nicht angekommen bist. So gehe davon aus, dass
auch die Alte bereits existiert, und gib ihr,
was immer du ihr voller Liebe und Mitgefühl und Dankbarkeit geben möchtest –
sie trägt all das, was du gerade durchlebst,
sie hat alles hinter sich. Ihr gebühren Liebe,
Dankbarkeit und Hochachtung vor ihrem –
deinem! – eigenen Weg.

Dein Seelenplan

... um deutlich zu erkennen, ob dein Weg der für dich richtige ist;
um zu spüren, wozu du überhaupt auf der Erde bist und was du wirklich willst.

(aus: Buch und CD: »Channel werden für die Lichtsprache«, Schirner, Darmstadt, Buch 2010, CD 2008.)

So atme ein paar Mal tief durch, mache es dir bitte bequem, und schließe deine Augen. Gehe in Gedanken an einen schönen Platz in der Natur, gehe ein bisschen spazieren, stimme dich ein, deinen Platz auf der Erde zu finden.

Nun sieh in einiger Entfernung einen Lichtkegel oder eine Lichtsäule, die aus deinem Seelenplan heraus auf die Erde scheint, eine ganz bestimmte Farbe oder Frequenz hat, vielleicht sogar einen Ton oder eine Melodie. Dieser Lichtkegel bildet einen stabilen Kreis auf der Erde. Er hat einen Durchmesser von vielleicht zwei oder drei Metern, vielleicht ist er auch ein bisschen größer oder kleiner, jedenfalls so, dass es dir genau richtig erscheint. Du spürst Vorfreude, dieses Licht fühlt sich auch auf die Entfernung so vertraut an, so heimelig, dass du darauf zugehen willst. Je näher du dieser Lichtsäule kommst, desto wohler und aufgeregter fühlst du dich. Du spürst, hier wartet etwas sehr Wichtiges auf dich. Du stehst nun am Rande dieses Lichtkegels, traust dich vielleicht nicht, einzutreten. Du spürst, es ist etwas sehr Besonderes, und es wird dein Leben verändern. Dennoch entscheidest du, dich nun mitten in den Kreis hineinzustellen. Du kannst nicht anders. Es

fühlt sich so gut an, deinem Platz auf der Erde zu begegnen. Du trittst also in die Lichtsäule, in den Lichtkegel hinein, stellst dich in die Mitte des Lichtkreises, den sie auf die Erde wirft.

Augenblicklich durchströmt dich Energie, reines Licht, Licht in genau der Frequenz, die dir entspricht, und du spürst, wie dein Herz reagiert, du spürst, wie es schneller zu schlagen beginnt, wie deine Herzenswünsche aktiviert werden, denn das Licht dieses Lichtkegels strömt direkt in dein Herz hinein. Es durchströmt deinen ganzen Körper, aber es ist anders als die Lichtsäulen, die du schon kennst. Es ist das Licht deines eigenen Seelen- und damit Lebensplanes. Du spürst dich selbst, während du an diesem Platz stehst. Du wirst verbunden mit dem, was du dir vorgenommen hast zu lernen und zu tun. Du erkennst deinen eigenen Plan, deine eigenen Schöpfung. Du bekommst ein Gefühl dafür, wozu du überhaupt hier bist und was du wirklich willst. Du bist vollkommen sicher und geborgen in diesem Lichtkreis und stehst hier ganz für dich. Du kannst natürlich anderen Menschen begegnen. Alle haben aber ihren eigenen Lichtkreis, niemand kann und wird deinen betreten, außer du erlaubst es ihm ausdrücklich. Nimm nun die Energie dieses einmaligen Lichtes in dich auf. Das ist deine Frequenz. Diesen Lichtkreis gibt es nur ein einziges Mal auf der Erde, und er gehört dir. Niemand anderes kann etwas damit anfangen. Du nimmst ihn niemandem weg.

Wenn du ihn nicht betrittst, dann bleibt er leer. Es ist dein Platz auf der Erde, und es ist Zeit, dass du ihn einnimmst. Spüre die Kraft und die Selbstverständlichkeit dieses Platzes. Öffne dich immer mehr, öffne besonders dein Herz, und spüre, wie es immer deutlicher auf die Informationen, die in diesem besonderen Licht gespeichert sind, reagiert. Immer deutlicher spürst du deine Herzenswünsche, und immer deutlicher spürst du, dass deine Herzenswünsche die Antwort auf die Frage sind, was du auf der Erde tun sollst und wozu du hier bist. Ein bestimmter Herzenswunsch kristallisiert sich nun immer deutlicher heraus, du spürst ihn nun ganz klar. Vielleicht kennst du ihn schon, vielleicht hast du ihn verdrängt, vielleicht aber wunderst du dich auch, weil er dir so neu und ungewohnt erscheint. Lasse ihn zu, und stelle dir nun bitte vor, dieser Herzenswunsch wäre bereits erfüllt. Stelle dir das vor wie ein Energiefeld, das sich ein bisschen von dir entfernt in der Zukunft befindet. Du siehst es als Lichtkreis in deiner Landschaft. An diesem Platz ist dein Herzenswunsch erfüllt. Du hast das erreicht oder bekommen, was du dir ganz tief wünschst. Du stehst also in deiner Lichtsäule und siehst deinen erfüllten Herzenswunsch als Energiefeld, als Lichtkreis oder als Leuchten in der Landschaft. Nun

schaue, ob sich deine Lichtsäule, dein Platz auf der Erde darauf zubewegt. Wenn du erfüllt leben willst, wenn du deinem Plan gemäß leben willst, dann ist es deine Aufgabe, dem Lichtkreis zu folgen, nicht seine, dir hinterherzuscheinen.

Schaue also, ob sich dein Lichtkreis auf das Ziel zubewegt. Vielleicht ist es auch längst in dem Lichtkreis angekommen, vielleicht wandert der Lichtkreis nun auf das Ziel zu, vielleicht aber auch wandert er zu einem dritten Platz. Gehe einfach mit, und sei sicher, dass dein Seelenplan weiß, was er tut und wie er dich zur Erfüllung führt. Wenn dich dein Platz auf der Erde zu einem dritten Ort führt, dann gehe mit, und spüre, wie es sich anfühlt. Vielleicht ist dein Ziel mit einer bestimmten Person verbunden. Dann muss sie auch einen Schritt machen, damit sie dich in dem Energiefeld des erfüllten Zieles treffen kann. Vielleicht aber ist auch dein Ziel zu sehr an bestimmte Umstände gebunden. Dann erlaube, dass es sich so erfüllt, wie es richtig ist. Erlaube, dass sich das Energiefeld des erfüllten Zieles so verwirklicht, wie es für alle Beteiligten am besten ist. Erfüllt wird es auf jeden Fall, wenn dein Lichtkreis auf das Ziel zuwandert, aber auf welche Weise, das kannst du noch nicht wissen. Sieh, wie dein Platz auf der Erde, dein Lichtkreis mit dem erfüllten Ziel verschmilzt, und bleibe nun energetisch hier stehen. Lasse all deine Vorstellungen, wo und mit wem sich dein Ziel erfüllen soll, los. Hier auf diesem Platz findest du genau die Frequenz, die es auf die Erde ziehen wird, so wie es stabil und richtig ist. Weißt du, wenn es von auße-

ren Umständen oder gar von bestimmten Personen abhängt, dann ist es zu instabil, dann musst du es kontrollieren und dich anstrengen. Wenn du es aber fliegen lässt, wenn es sich verwirklichen darf, wie es will, dann gehört es zum Schöpferplan, und du musst dich nicht mehr darum kümmern, dass es aufrechterhalten wird. Dann brauchst du dich nicht anzustrengen, du brauchst es nicht zu kontrollieren. Es bleibt stabil in deinem Leben, weil es zu deinem Seelenplan gehört, zu deinem Weg, wie auch immer es sich dann verwirklicht. Wenn du willst, dann kannst du nun entscheiden, von nun an deinem Platz auf der Erde zu folgen, wohin auch immer er dich führt, denn du weißt nun, hier verwirklichen sich all deine Herzenswünsche, hier bist du immer von Energie durchströmt. Wenn du in deinem Lichtkreis bleibst und ihm folgst, dann wirst du dich nie wieder fragen, ob du überhaupt dein Leben lebst, du wirst nie wieder unsicher sein, wenn du Entscheidungen treffen möchtest, weil du weißt, dass sich alles so fügt, wie es richtig ist. Hier in diesem Lichtkreis kannst du wahrhaft loslassen, selbst wenn du nicht weißt, wohin er dich führt, denn du spürst, es ist dein Platz, und du bist bereits erfüllt, einfach weil du hier stehst.

Bleibe von nun an auf deinem Platz auf der Erde. Lasse dich von ihm leiten. Du brauchst dieses Energiefeld nie wieder zu verlassen.

Spirituelles Wachstum und Bewusstsein, neue Erfahrungen sammeln

Abgespaltene Seelenaspekte zurückholen

... um dich vollständiger zu fühlen; um kraftvoller und lebendiger zu werden;
um verlorene Energien zu sich zurückzuholen.

(aus: Buch und CD: »Endlich gut genug«, Schirner, Darmstadt, Buch 2012, CD 2013.)

Entspanne dich, atme ein paar Mal tief durch, und erlaube dir, die folgenden inneren Bilder in deiner Fantasie zu erschaffen, sie zu fühlen oder auf andere Weise wahrzunehmen.

Du brauchst in diesem Raum niemandem zu gefallen, für niemanden zu sorgen und es niemandem recht zu machen. Du bist hier ganz und gar nur für dich. So erlaube dir jetzt mit allem, was berührt worden ist, da zu sein, sei es körperlich, emotional oder geistig. Sei da mit dem, was gerade ist, und lasse es für einen Moment einfach sein, wie es gerade ist, egal, ob es dir gefällt oder nicht. Erlaube auch deinem perfektionistischen Anteil, da zu sein.

Vor deinem inneren Auge entsteht ein Tor, das du durchschreitest, wie du es schon oft geübt hast oder wie es jetzt heute hier für dich ganz neu ist. Du gehst durch dieses Tor hindurch, wie immer es aussehen mag. Hinter diesem Tor befindet sich ein Weg, ein Weg, der dich nach unten oder nach oben führt, ein Weg, der ansteigt oder hinabfällt. Und es fällt dir ganz leicht, diesen Weg zu gehen. Während du diesen Weg gehst, hältst du Rückschau auf dieses Leben, das du als Mensch in diesem Körper gelebt hast. Dir wird bewusst, was du alles

erreicht hast, was du alles verwirklicht hast, wie viel deiner Seelenkraft tatsächlich hier auf der Erde in Wechselwirkung mit dem ist, was dir begegnet, wie viel du von dem, was dich ausmacht, hier tatsächlich auf die Erde bringst, in Wort, in Tat, auch als innere Haltung. Und du erinnerst dich: Du bist auf die Erde gekommen, damit deine Seelenkraft in Austausch kommt mit anderen, mit all den Erfahrungen und der Materie. Du wolltest wissen, wie fühlt sich das an, wie sieht es aus, was für ein Bewusstsein entsteht, wenn deine Lichtkraft mit diesem so ganz anderen Pol, dieser ganz anderen Energie in Kontakt kommt, sich durch sie ausdrückt, und in vielen Bereichen deines Lebens ist dir das sicherlich wundervoll gelungen.

Du bist erfüllt. Vielleicht ist es nicht immer so leicht, wie du es gern hättest, aber du spürst: Ja, es ist meine Kraft, die ich hier auf der Erde in Form in Wort, in Handlung bringe. Der Weg führt dich immer tiefer hinab oder immer weiter nach oben, und jetzt wird dir bewusst, in welchem Lebensbereich du deine Energie noch nicht in Austausch mit der Erde gebracht hast, jedenfalls nicht erfüllend. Vielleicht hast du dich von einigen Anteilen auch völlig abgespalten, lebst sie einfach gar nicht, um nicht in Schwierigkeiten zu geraten. Das kann vollkommen in Ordnung sein, wenn du damit in Frieden bist.

Auf einmal bemerkst du am Wegesrand eine Gestalt.

Dein Weg führt dich zu dieser Gestalt hin. So gern du womöglich auch an ihr vorbeigehen würdest, du spürst, hier und jetzt ist es wichtig, sich diese Gestalt anzuschauen. Und so bleibst du stehen und nimmst wahr, wie es dir geht, wenn du erkennst, diese Gestalt ist der Anteil deines Selbst, der sich womöglich sehr anstrengt, mutlos, hoffnungslos geworden ist, erstarrt ist, gar nicht weiß, wer er eigentlich ist, was er auf der Erde will oder soll, der Teil in dir, der unerfüllt ist, nicht im Fluss oder auf dem Weg ist, sondern der am Wegesrand sitzen geblieben ist, nicht weiß, ob er wieder nach Hause gehen will oder den Weg zu Ende ausprobieren möchte.

Es ist dein eigenes verletztes Selbst, das hier sitzt, sehr machtvoll und präsent oder klein und beschämt. Schaue dir einfach an, wie es ist, losgelöst von deinen Vorstellungen. Lasse dich berühren von diesem Anteil, der sehr privat sein kann, aber auch mit dem Kollektiv in Verbindung stehen kann. Setze dich zu ihm, und sage ihm: »Ich weiß im Moment auch keine Lösung. Aber du gehörst zu mir, und ich sehe dich.«

Genau jetzt rufe bitte deine Schutzengel oder dein Krafttier, und frage, was du für diesen Teil tun kannst.

Vielleicht ist er zutiefst entmutigt. Vielleicht ist die Zeit, für das, was er bringen will, noch nicht reif, vielleicht ist es nicht die richtige Dimension, nicht der richtige Planet. Du spürst womöglich, das, was dieser Anteil hier wollte, funktioniert auf der Erde nicht, nicht auf die Weise, wie du dir das gewünscht oder vorgestellt hast. Das macht nichts. Lasse dir jetzt bitte Zeit, zu verstehen, was dieser Anteil braucht, was er will, und höre ihm zu. Bleibe da. Bleibe in Kontakt mit ihm. Während du in tiefem Kontakt bist, bemerkst du auf einmal eine zweite Gestalt. Diese zweite Gestalt kommt auf dich zu. Du erkennst, sie ist der gleiche Anteil – in seiner erlösten Form, voller Kraft, voller Freude, voller Licht, irdisch oder eben nicht – so wie du wärst, wärst du erfüllt. Und indem du diesen Aspekt jetzt in seiner erlösten, erfüllten Form fühlst, kannst du erkennen, welchen Weg du gehen darfst, was eventuell fehlt, was zu viel ist. Mehr und mehr nähert sich nun der erlöste Anteil dem unerlösten an, und du erkennst, du spürst die Unterschiede – vielleicht wird dir dadurch einiges klar, vielleicht auch nicht …

Nun beginnen die beiden Aspekte miteinander zu kommunizieren oder gar zu verschmelzen. Während das geschieht, verstehst du, wozu es nötig war, diesen Bereich auf unerfüllte Weise zu leben, so lange nicht zu wissen, wer du bist, deine ureigene Kraft nicht so auf die Erde bringen zu können, wie es zu dir gehört und zu dir passt. Ein neues Bewusstsein entsteht in dir. Jetzt erkennst du womöglich, die Zeit war noch nicht reif. Vielleicht hat-

test du Vorstellungen, die nicht mit dem übereinstimmten, wie sich diese Kraft auf der Erde leben lässt. Vielleicht waren deine Emotionen zu sehr daran gebunden, diesen Bereich tatsächlich in die Tat umzusetzen und auf eine bestimmte Weise zu leben. Manchmal wollen wir etwas zu sehr, und das zeigt, wir sind zu stark damit identifiziert. Wir vergessen darüber, dass wir in Wahrheit freie, geistige Wesen sind. Mehr und mehr wird das Wesen am Wegesrand jetzt zu einem kraftvollen Teil deines Selbst, und du spürst, es gehört zu dir. Und irgendwann ist es ganz selbstverständlich, dass dieser Anteil aufsteht und den Weg mit dir zusammen weitergeht, dorthin, wohin der Weg euch eben führt. Und es ist, als hättest du ein Stück von dir selbst zurückbekommen. Du brauchst noch lange nicht zu wissen, wie sich dieser Anteil in die Tat, ins Leben umsetzen lässt, aber er gehört wieder zu dir, ist Teil von dir, Teil deiner Erfahrungen und begleitet dich. Und jetzt gehe einfach deinen Weg weiter, so wie er eben ist, mit allem, was zu dir gehört …

Komm, wenn du so weit bist, in diesen Raum zurück, und nimm dir Zeit, aufzuschreiben, was du erlebt hast.

Die Kraft des Glaubens

*... um zu überprüfen, woran du glaubst und deinen Glauben bewusst neu auszurichten;
um negative Glaubenssätze zu erkennen und loszulassen.*

(aus: Buch: »Wilde Frau sein«, Schirner, Darmstadt, erscheint 2013.)

Stelle dir bitte vor, dass dein Glaube wie eine unermesslich kraftvoll leuchtende Kugel aus Licht ist. Sie ist strahlender und machtvoller als alles, was du bisher erlebst hast.

Und nun schaue, wo sich diese Kugel aus Licht in dir aufhält.

Ist sie dir bewusst? Rollt sie irgendwo herum, lässt sie sich von allem anziehen, was dir ein leichtes Leben verspricht? Oder gibt es eine Macht, der du sie in die Hände gelegt hast? Oder hast du diesen Glauben bereits verschenkt? Wenn ja, dann schaue bitte genau hin – was ist das für eine Macht? Schwingt sie in Übereinstimmung mit den liebevollen göttlichen Gesetzen? Ist sie an deinem höchsten Wohl und am höchsten Wohl aller interessiert? Wem hast du möglicherweise ein bisschen voreilig oder leichtfertig diese so lebendige Kraft zukommen lassen? Ob du das in allen Einzelheiten spürst oder nicht, ist vielleicht nicht so wichtig. Nimm die Lichtkugel einfach wieder zu dir zurück, und wähle neu. Nimm sie bitte bewusst in deine Hände oder in dein Herz, fordere sie zurück, und spüre, wie sich das anfühlt.

Das ist dein Glaube, dein Licht, dein Potenzial, die Kraft, mit der du schöpferisch am Leben teilhast.

Und nun bitte die reine göttliche Energie zu dir, vielleicht in Form eines Engels, eines Lichtes – wie auch immer du es dir gut vorstellen kannst.

Spüre die Präsenz der göttlichen Ordnungskraft, die liebevolle Anwesenheit einer ihrer Stellvertreter. Bitte eine spirituelle Kraft deines Vertrauens zu dir, und lasse das Licht deines Glaubens zu ihr hinströmen. Schaue, ob es sich gut anfühlt, ihr diese Lichtkugel in die Hände zu geben oder ob du sie lieber selbst halten möchtest.

Werde dir bitte dieser Energie bewusst. Halte sie in den Händen, und erkenne ihre Macht. Nimm deine Verantwortung wahr.

Wenn es sich gut anfühlt, dann lasse sie nun in einer Lichtsäule sicher und geschützt aufsteigen ins Herz Gottes, in die Zentralsonne, oder wie immer du dir den Kern allen Seins, die Ursprungsquelle aller Liebe und Erfüllung, vorstellst. Sowie die Lichtkugel deines Glaubens in der Urquelle allen Seins, in der göttlichen Liebe, angekommen ist, sendet die Quelle einen stabi-

len, pulsierenden Lichtstrahl in dein Herz. Von nun an bist du fest und sicher angeschlossen an die reine Kraft der göttlichen Ordnung und Wahrheit.

Wenn der Lichtball deines Glaubens mit dieser Ursprungsquelle verschmilzt, bist du unantastbar und zuverlässig eingebunden in den heiligen Strahl göttlicher Kraft, und du wirst spüren, ob eine Energie der göttlichen Ordnung entspricht oder sich verbogen und verzerrt anfühlt.

Von nun an kannst du deinen Wahrnehmungen und Urteilen leichter trauen. Du bist nun in der Lage, Energien zu erkennen und einzuschätzen.

Kontakt mit dem Schutzengel aufnehmen

Mache es dir bitte ganz bequem, stelle dir eine Lichtsäule vor, ein wundervoll leuchtendes Licht, das auf die Erde fällt, wie ein Sonnenstrahl, der dich wärmt und in dem du dich einfach wohlfühlst.

Du stellst dich hinein in dieses Licht und fühlst seine Wärme, die Leichtigkeit, die in dir entsteht. Genieße diese Wärme, lasse dich ausfüllen und innerlich erleuchten, als würde ein Licht in dir angeknipst. Von innen heraus scheint dieses Licht nach außen, du leuchtest und glühst. Das fühlt sich wunderbar an, alles in dir wird warm, und du atmest vielleicht tief auf. Nun stelle dir einen Engel vor. Es ist egal, wie du ihn dir vorstellst, es gibt kein Richtig oder Falsch, stelle dir einfach deinen Lieblingsengel vor. Wenn du ein inneres Bild hast, wenn du also diesen Engel innerlich von Augen hast, selbst wenn es nur ganz undeutlich ist, dann bitte ihn darum, zu dir in die Lichtsäule zu kommen. Du siehst, wie er in die Lichtsäule eintritt und mit ihr verschmilzt. Und jetzt spüre, was mit dir passiert. Verändert sich das Gefühl von Wärme? Wirst du irgendwie ruhiger? Vielleicht ändert sich auch gar nichts. Sei ganz offen. Es ist gut, wie es ist. Bitte nun diesen Engel, dich auf eine Weise zu berühren, die du wahrnehmen kannst, wenn das möglich ist. Wieder fühlst du in dich hinein und bemerkst, was sich verändert. Erinnere dich bitte, es gibt kein Richtig oder Falsch, alles ist gut und darf genau so sein, wie es nun mal ist.

Genieße nun diese Ruhe, bleibe noch ein bisschen in der Lichtsäule stehen, und lasse dir von deinem Schutzengel Kraft und Wärme schenken. Falls du ihn gut wahrnehmen kannst, hast du nun sogar die Möglichkeit, ihm Fragen zu stellen. Lasse dir Zeit, und nimm wahr, was er antwortet. Vielleicht hörst du es wie eine Art Stimme in deinem Kopf, du erlebst die Antwort als einen besonders klaren Gedanken oder du weißt es auf einmal einfach.

Wann immer du nun Kontakt mit diesem Schutzengel haben möchtest, stelle dich einfach in eine Lichtsäule, und bitte ihn, dich da zu treffen. Die Lichtsäule dient dazu, dass du selbst aufnahmebereit wirst. Der Schutzengel braucht sie nicht, er ist sowieso immer da.

Wenn du willst, dann verlasse nun die Lichtsäule, und komme mit deiner Aufmerksamkeit in den Raum zurück, in dem du dich befindest. Aber du kannst genauso gut einfach in der Lichtsäule stehen bleiben und dennoch gleichzeitig deinen Körper wieder spüren – wie es dir lieber ist.

Triff den Engel, der du bist

Neue spirituelle Erfahrung; Leichtigkeit; sich selbst als Engel wahrnehmen;
die eigenen Flügel ausprobieren und kennenlernen;
um spirituell zu wachsen und sich selbst neu zu erleben.

(aus: Buch: »Meditation, Entspannung, Konzentration für Jugendliche«, Schirner, Darmstadt, 2009.)

Du setzt oder legst dich bequem hin, erlaubst dir, zur Ruhe zu kommen. Es gibt nichts mehr zu tun. Du darfst dir vorstellen, alles, was dich jetzt noch belastet, in ein kleines Päckchen zu verpacken und vor die Tür zu stellen. Jetzt kannst du aufatmen, tiefer und tiefer sinken, du darfst der Außenwelt erlauben, sich nun für eine Weile ohne dich weiterzudrehen. Du richtest deine Aufmerksamkeit nun nach innen, auf deine Innenwelt. Du atmest vielleicht tief auf. Ein Funken von Freude und Leichtigkeit steigt in dir auf. Es gibt nichts mehr zu tun …

Eine Lichtsäule erscheint. Du stellst dich in diese Lichtsäule hinein. Wie dunkler Rauch steigt nun alles auf, was dich schwer sein lässt. Du nimmst wahr, wie du leichter und leichter wirst. Auf einmal wirst du so leicht, dass du in der Lichtsäule zu schweben beginnst. Du steigst in Spiralen immer höher und höher. Das fühlt sich wundervoll an. Die Lichtsäule trägt dich und durchströmt dich mit ihrem kraftvollen Licht. Auf einmal spürst du, du bist irgendwo angekommen. Der Raum öffnet sich, und du weißt, du bist in der Welt der Engel angekommen. Du betrittst das Reich der Engel, auch wenn du noch nie hier warst und gar nicht

weißt, wie es aussehen könnte. Vielleicht spürst du dieses Reich auch eher, als dass du es siehst. Es ist weit, frei, liebevoll und sehr luftig. Ein Engel tritt auf dich zu und führt dich in eine Art Zimmer, einen wundervoll ausgestatteten Raum mit goldener Energie. Ein goldener Engel tritt nun auf dich zu. Auch er begrüßt dich. Er führt dich zu einer Liege und sagt dir, dass du dich bitte auf den Bauch legen sollst. Du machst es dir bequem. Auch wenn du nicht weißt, was auf dich zukommt, fühlst du dich doch wohl und sicher, weil der Engel so liebevoll ist. Er berührt dich am Rücken – und auf einmal hast du das Gefühl, dir würden Flügel wachsen. Größer und größer werden sie, und das fühlt sich zu deinem Erstaunen sehr gut an, vertraut irgendwie, so, als hättest du schon einmal Flügel gehabt. Probeweise bewegst du deine Flügel ein wenig und bemerkst, dass du genau weißt, wie das geht.

Der Engel streichelt deine Flügel, streicht sie glatt und sagt dir, dass du ein bisschen mit ihm fliegen darfst, wenn du das willst. Du nickst, auch wenn du nicht weißt, ob du das kannst. Vorsichtig stehst du nun auf, doch es fühlt sich ganz leicht und natürlich an, auf einmal Flügel zu haben. Ihr kommt an einem großen Spiegel vorbei, und nun kannst du sie auch sehen. Wundervoll schimmernd, in einer zauberhaften Farbe, liegen sie auf deinem Rücken – und auf einmal bist du richtig glücklich, fühlst dich frei wie vielleicht schon lange nicht mehr. Der Engel führt dich aus dem Zimmer heraus in eine sehr schöne Landschaft. Du bewegst probeweise die Flügel noch ein wenig mehr – und auf einmal, du weißt vielleicht gar nicht genau, wie du in die Luft gekommen bist, fliegst du mit dem Engel.

Das fühlt sich wunderbar an, sehr leicht und frei. Du siehst von oben auf dich selbst herab, auf dein Leben, siehst deine Eltern, die Schule, alles, was dich bewegt – und auf einmal weißt du, was zu tun ist, was wirklich wichtig für dich ist oder wie dein nächster Schritt aussieht.

Mit absoluter Klarheit erkennst du deinen Weg, zumindest den Schritt, der nun ansteht. Vielleicht erkennst du auch, es ist alles auf dem Weg und entwickelt sich in aller Ruhe, es gibt gar nichts zu tun, alles läuft.

Ihr fliegt gemeinsam, solange ihr das wollt, und du weißt, du kannst jederzeit hierher kommen, der Engel holt dich ab, du brauchst dir nur die Lichtsäule vorzustellen. Gerade deshalb fällt es dir nun leicht, wieder in die Lichtsäule einzutauchen und ganz langsam zur Erde hinabzusinken. Wann immer du dich schwer fühlst oder dein Leben von oben betrachten möchtest, bittest du ihn, dich abzuholen und dir

deine Flügel zu geben. Vielleicht bringst du sie auch ganz heimlich mit zur Erde. Glücklich und eins mit dir und deinem Engeldasein kehrst du nun in deinen Körper zurück. Augenblicklich wird er von diesem neuen Bewusstsein durchströmt, deine Zellen beginnen, die neuen Informationen umzusetzen, und ein Prozess der Veränderung nimmt seinen Anfang.

Vielleicht kribbelt es auf einmal, oder du wirst müde. Vielleicht wirst du auch hellwach und bist frisch und munter. Ruhe dich aus, oder mache jetzt das, was dir guttut.

Wünsche erkennen und erfüllen

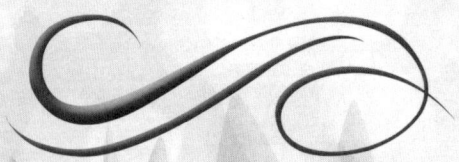

Deine Sterntaler aufsammeln

... um deine dir zustehende Fülle anzuerkennen und zu nutzen.

(aus: Buch: »Die Heilung des inneren Kindes«, Schirner, Darmstadt, 2008.)

Mache es dir bitte bequem, schließe deine Augen, und bitte darum, dass vor deinem inneren Auge eine Lichtsäule entsteht. Sie ist flirrend hell, leuchtend weiß, vielleicht auch strahlend warm und golden, so wie es jetzt für dich richtig ist. Wenn du magst, dann stelle dich in die Lichtsäule hinein. Genieße das wundervoll heilende und reinigende Licht, und erlaube ihm, dich zu durchströmen, sodass alles Alte, Schwere nun von dir abfallen oder wie Rauch in der Lichtsäule aufsteigen kann.

Du entspannst dich mehr und mehr. Du erlaubst, dass die Bereiche, in denen du dich im Mangel fühlst, noch einmal fühlbar werden, egal, um was es sich handelt. Überall dort, wo du das Gefühl hast, du musst viel zu viel geben, viel zu viel tun, um einen kleinen Lohn zu erhalten, sei es Dank, Liebe, Geld oder etwas anderes, spüre bitte noch einmal hinein, lasse deine Gefühle zu, und erkenne, wie schwer es in Wahrheit ist, immer nur zu geben. Spüre deine Müdigkeit, und erlaube auch ihr, wie Rauch in der Lichtsäule aufzusteigen. Wenn du magst, dann bitte das kleine innere Kind, das glaubt, immer geben zu müssen, damit es geliebt wird, zu dir, und nimm es in den Arm. Sage ihm, dass von nun an alles anders wird, dass es nun endlich bekommt, was es braucht.

Und nun bitte ausdrücklich eine gute Kraft deines Vertrauens hinzu, eine Kraft der Erfüllung und Fülle, so wie du diese Kraft für dich siehst: eine Energie, ein geistiges Wesen, von dem du glaubst, dass es wirklich dafür sorgt und ausdrücklich daran interessiert ist, dass du bekommst, was du brauchst. Es kann ein Engel sein, vielleicht ein anderes spirituelles Wesen, ein Naturgeist, vielleicht aber auch ein Charakter aus einem Film, ein Mensch, der tatsächlich gelebt hat, eine Figur aus einem Roman. Vielleicht ist es gar das kleine Sterntalermädchen selbst. Es spielt keine Rolle, es geht darum, dass es eine Kraft ist, der du wirklich uneingeschränkt vertraust. Verstehst du, meistens rufen wir irgendwelche göttlichen Kräfte auf den Plan, und dann vertrauen wir ihnen nicht, weil wir glauben, wir seien nicht gut, nicht heilig, nicht dies oder jenes genug. So bitte eine Kraft, der besonders dein inneres Kind bereits vertraut – und erkenne vielleicht erstaunt, wer da kommt. Wer auch immer die Kraft ist, der du von nun an deine Sorge um Fülle und Erfüllung anvertraust, nimm sie an, wie sie dir erscheint, und wisse, es ist ganz besonders dein inneres Kind, das Vertrauen fassen muss, weniger du selbst. Warum bittest du nicht einfach die Fee der Wünsche, dir zu erscheinen? Keine Sorge, du hast mehr als nur drei Wünsche frei. Von nun an wird dir alles, was du brauchst und was dich glücklich macht, begegnen, weil diese gute Kraft nun bei dir ist. So sieh, wer erscheint, und bitte diese Kraft, von nun an bei dir zu sein.

Bitte sie auch, dafür zu sorgen, dass du bereit wirst, deine persönlichen Sterntaler zu erkennen und anzunehmen.

Und nun, da diese Kraft bei dir ist, bitte dein inneres Kind, dir eine Szene zu zeigen, in der es bitterlich enttäuscht wurde, ein Weihnachtsfest, einen Geburtstag, eine andere Gelegenheit, bei der es nicht bekommen hat, was es sich so sehnlich wünschte, obwohl es wirklich wichtig war, die Szene, in der das Kind erkannt hat, dass es nie bekommen wird, was es wirklich braucht, die Szene, die dafür gesorgt hat, dass du aufgehört hast, der Fülle und dem Leben zu vertrauen.

So erlaube nun, dass du in deine Kindheit geführt wirst und dass dir dein inneres Kind zeigt, was passiert ist, egal, ob du dich bewusst daran erinnerst oder nicht. Es kann sein, dass du nun ein Weihnachtsfest oder einen Geburtstag wahrnimmst, den du völlig vergessen hast, weil dir dein Wunsch nicht wirklich wichtig vorkam oder weil du ihn längst innerlich beiseite geschoben hast. Vielleicht aber erscheint auch eine Szene, an die du dich sehr gut erinnerst und die dir immer wieder wehtut, wenn du daran denkst. So gehe hinein in diesen Geburtstag, in das Weihnachten, und spüre noch einmal die Enttäuschung, Was hast du dir gewünscht,

was hast du nicht bekommen? Weißt du es noch? Es kann etwas Materielles sein, ein Spielzeug, vielleicht auch ein Tier, ein Hund vielleicht. Es kann aber auch ein Gefühl sein, eine Art von Geborgenheit, die dir gefehlt hat, vielleicht gar deine Mutter oder dein Vater. Spüre noch einmal deine Gefühle – und nun gehe als Erwachsener in diese Situation hinein, nimm das Kind in den Arm, oder gehe zu ihm, und sage ihm, dass es einen Ort gibt, an dem all seine Wünsche und Sehnsüchte erfüllt werden, ganz leicht. Die Fee der Wünsche ist da und streichelt das Kind, wenn es das erlaubt, und du spürst, wie etwas in dir aufatmet und sofort Vertrauen fasst. Sie sagt dem kleinen Kind, dass es ein Fehler war, kein irdisches Gesetz, du hättest deinen Wunsch erfüllt haben müssen, es war nicht richtig, dass dieser Wunsch unerfüllt blieb. Sie sagt dir, dass du, wenn du möchtest, mit in den Zaubergarten kommen darfst und dass sie sich sehr darüber freuen würde.

Wenn das innere Kind so weit ist, dann stelle dir nun bitte eine traumhaft schöne Landschaft vor, und bitte es, mit dir und der Fee der Wünsche zu kommen. Es gibt einen Weg in dieser Landschaft, und ihr beginnt, ihn entlangzugehen. Dein inneres Kind und die Fee der Wünsche begleiten dich. Vielleicht trägst du es, vielleicht nimmt es deine Hand, vielleicht aber springt es auch vergnügt vor dir her. Die Natur wird immer geheimnisvoller, magischer, immer schöner. Du fühlst dich wie in einem besonders geheimen Teil deiner inneren Landschaft, und so ist es auch. Auf einmal kommt ihr an ein Tor. Ein Wächter steht davor. Er ist groß und machtvoll.

»Was ist dein Begehr?«, fragt er dich mit ernster Stimme, und du antwortest wie immer: »Ich bringe mein Kind nach Hause.«

Augenblicklich öffnet sich das Tor, und du betrittst den Zaubergarten des inneren Kindes. Diesmal sieht er anders aus. Es ist Weihnachten!

Ein wunderschöner, reich geschmückter Baum steht hier, Elfen und Engel wuseln geschäftig herum und verteilen die letzten Geschenke unter dem Baum. Er ist genauso geschmückt, wie du es entweder kennst und liebst oder wie du es dir als Kind immer gewünscht hast – der perfekte, ideale Baum, und dein inneres Kind lacht glücklich auf. Nun erscheint der Hüter des Zaubergartens, der große, helle Engel, den du vielleicht schon kennst. Die Fee der Wünsche und er gehen kurz zur Seite, und du weißt, etwas Wunderbares, sehr Heilsames und Magisches wird gleich geschehen. Die Fee der Wünsche kommt geheimnisvoll lächelnd auf dein inneres Kind zu und flüstert ihm etwas ins Ohr. Du kannst es hören oder vielleicht auch nicht. Es nickt ernst, und die Fee der Wünsche überreicht ihm ein Geschenk in einer zauberhaften Verpackung.

Das Kind nimmt es an und öffnet es gespannt – es ist genau das, was du dir als Kind so sehnlich gewünscht und nie bekommen hast, egal, ob du dich noch daran erinnerst oder nicht. Es ist das Geschenk,

welches einen Unterschied ergeben hätte, hättest du es bekommen, das Geschenk, welches dir das Vertrauen zurückgibt, das Vertrauen, dass alles, was dein Herz wirklich begehrt und braucht, auch für dich da ist. Es ist das Geschenk, das die Wunde des inneren Mangels heilt, das dir die Fähigkeit zurückgibt, zu nehmen und zu vertrauen. Es ist genau das Geschenk, welches du gebraucht hast, um zu wissen, das, was dir wirklich am Herzen liegt, ist auch für dich da, jenes Geschenk, welches die alten Wunden ein für alle Mal heilt und dein ganzes Leben verändert, weil du spürst, das Leben ist auf deiner Seite und das, was du brauchst, bekommst du auch, ganz leicht, weil das Leben einfach weiß, was dich erfüllt und ausmacht.

Dieses Geschenk macht alles wieder gut. Es kann etwas Materielles sein, vielleicht aber ist es auch eine Situation, eine Energie, vielleicht gar ein verloren geglaubter Seelenanteil oder etwas anderes, genau die Kraft, die du brauchst, um von nun an im Vertrauen auf die Geschenke des Lebens weitergehen zu können.

Du spürst, wie etwas in dir ankommt, heilt, zur Ruhe kommt, und du wirst bereit, die Geschenke des Lebens nun anzunehmen. Die Fee der Wünsche zeigt dir nun sehr behutsam und liebevoll, wo deine Sterntaler liegen, welche du vielleicht übersehen hast, wo immer noch Gelegenheiten auf dich warten, die du ergreifen kannst und darfst. Du spürst und weißt auf einmal, dass deine Sterntaler nur durch dich gelebt werden können. Für andere sind sie wertlos. Wenn du sie nicht aufhebst, dann nutzt niemand ihre heilsame, erfüllende Strahlkraft, weil sie nur für dich diese besondere Energie haben. Du entspannst dich mehr und mehr, und du erkennst, dass es viel mehr Reichtum und Fülle in deinem Leben gibt, als du bisher angenommen oder erkannt hast. Du beginnst, dich dir selbst gegenüber zu verpflichten, die Sterntaler von nun an achtsamer zu behandeln. Du beginnst zu spüren, dass du auch nehmen darfst, dass es ein ganz natürlicher Fluss ist, zu geben, aber selbstverständlich auch zu nehmen, dass du überhaupt nur dann aus vollem Herzen geben kannst, wenn du dir genauso erlaubst, zu nehmen.

Das kleine innere Kind darf, wenn es das will, im Zaubergarten bleiben. Er liegt in deinem Herzen, und es schickt von hier aus seine liebevolle Kraft in dein Herz und in dein Leben. Du selbst kehrst mit deiner Aufmerksamkeit in deiner eigenen Zeit ganz langsam zurück in das äußere Leben, bleibst aber innerlich angebunden an die Lichtsäule und das Wissen um deine Sterntaler, ja? Von nun an ist die Fee der Wünsche immer bei dir und deinem inneren Kind. Was immer du brauchst und dir wünschst: Nimm die Wünsche bitte ernst, und halte Ausschau nach jenen Gelegenheiten, die sie erfüllen! Das Leben ist auf deiner Seite, du brauchst nur die Augen offen zu halten.

Dein eigener Rhythmus
und deine Herzenswünsche

*Unbewusste Wünsche, Enttäuschungen und Sehnsucht bewusst machen
und in die Erfüllung bringen; den eigenen Rhythmus finden;
Herzenswünsche aus der Verdrängung zurück ins Herz holen.*

(aus: CD: »Meditationen für Zwischendurch«, Schirner, Darmstadt, 2007.)

Mache es dir ganz bequem, schließe deine Augen, tauche ein in die unendlichen Weiten deines inneren Raumes. Entspanne nach und nach alle Teile deines Körpers, besonders die Schultern, den Bauch und das Gesicht. Lasse nun auch deine Beine, deine Füße los. Tiefer und tiefer sinkst du hinein in dich selbst, in die Weiten deines Seins. Du lässt alles hinter dir, tauchst ein auf den Grund deines Seins. Hier ist es weit, frei und licht. Du betrittst einen inneren Raum aus Licht, einen Raum, in dem du dich selbst spürst und doch nicht spürst, in dem es licht und frei ist, geborgen und geschützt und dennoch grenzenlos.

Von irgendwoher in diesem Raum spürst du auf einmal ein Pulsieren, wie einen Herzschlag, ein rhythmisches Leuchten, das dir sehr vertraut erscheint und das dich aufatmen lässt. Tiefer und tiefer lässt du dich hineinsinken in diesen Rhythmus, in dieses Fließen. Es ist dir sehr angenehm, und auf eine ganz besondere Weise spürst du dich selbst in diesem Pulsieren. Der Rhythmus beginnt, dein Sein zu erfassen. Er dehnt sich aus, deine Aurakörper beginnen, darauf zu reagieren. Vielleicht ist der Rhythmus schneller, als du erwartet hast, vielleicht auch langsamer. Es ist dein tief in dir angelegter ureigener Rhythmus. Es ist deine Frequenz, dein ganz individuelles Gefühl für Raum und Zeit, für Geschwindigkeit und für das Fließen des Lebens.

Nun beginnt das Pulsieren, auch deine Zellen zu erfassen. Harmonisch folgen deine Zellen nach und nach diesem Fließen. Deine Moleküle und Atome richten sich nach diesem ganz besonderen Rhythmus aus, und er ist dir sehr vertraut, es fühlt sich richtig an, ruhig, frei und gesund. Alle Anspannung fällt von dir ab, die Zellen kommen in einen idealen Gleichklang miteinander, schwingen in genau der Geschwindigkeit, die deiner Energie entspricht. Tiefer und tiefer entspannst du dich, während du dich selbst immer besser wahrnehmen und spüren kannst, denn in diesem Rhythmus ist auch dein Gefühl für dich selbst verankert. Nun bitte darum, in ein Energiefeld geführt zu werden, das in genau deinem Rhythmus schwingt, vielleicht ein Feld aus Farben, Formen, Klängen, vielleicht ist es eine bestimmte Landschaft, das Meer, vielleicht segelst du wie ein Adler hoch in den Lüften oder befindest dich einfach in einem besonderen Gefühlszustand. Immer mehr und mehr durchströmt dich dein eigener Rhythmus, mehr und mehr verbinden sich alle Teile in dir zu einem großen, harmonisch miteinander schwingenden Ganzen. Mehr und mehr dehnst du dich aus. Du fühlst dich wie in einer Schutzhülle aus Energie, einem Schutzraum, in dem du dich ganz und gar entspannen kannst, in dem du deinen eigenen Rhythmus ungehindert erlebst und spürst.

Nun sieh vor deinem inneren Auge die Erde, oder stelle sie dir vor. Sachte sinkst du hinab zur Erde. Vielleicht steigst du auch auf, und du nimmst dein Energiefeld, das im ewig gleichbleibenden, für dich genau richtigen Rhythmus schwingt, mit. Leise und sanft verankert sich dieses Energiefeld nun auf der Erde, strömt ein in die höheren Sphären der Erde, fügt sich ein in all die anderen Harmonien und Töne, in all die anderen Frequenzen und Rhythmen, bildet mit den anderen zusammen ein harmonisches Ganzes.

Du schwingst nun voll und ganz in deinem eigenen Takt, bist entspannt und ruhig …

Stelle dir nun bitte vor, deine Herzenswünsche wären wie Perlen, wie kostbare, schimmernde Perlen oder funkelnde Edelsteine. Richte deine Aufmerksamkeit wieder auf deinen Körper, und nimm bitte wahr, wo sich deine Herzenswünsche befinden – vielleicht sind sie überall verstreut, befinden sich im Kopf, im Bauch, in den Beinen … Vielleicht spürst du nun die

Sehnsucht nach Erfüllung, vielleicht spürst du deutlich, wie wenig diese Wünsche erfüllt sind, vielleicht erkennst du auch, wie wenig du dich bislang getraut hast, deine Wünsche zuzulassen und wahrzunehmen. Was immer in dir aufsteigt, lasse es nun bitte zu, denn deine Herzenswünsche sind der Schlüssel zu deinem Seelenplan. Während du sie achtsam und aufmerksam in dir ausfindig machst, beginnen sie, dorthin zu fließen, wo sie hingehören – in dein Herz. Vielleicht erkennst du nun, sie sind ein bisschen trüb oder blass. Lasse es zu. Nach und nach strömen alle Perlen oder Kristalle in dein Herz, bis es ganz voll ist von all deinen Herzenswünschen. Hier ist genau der richtige Ort, hier sind sie gut aufgehoben. Spüre alles, was du spürst. Lasse deine Gefühle zu. Wenn du traurig wirst, ist es in Ordnung. Es wird nun einfach Zeit, diese Wünsche ernst zu nehmen und ihre Dringlichkeit zu fühlen. Vielleicht wunderst du dich über einige Wünsche, vielleicht scheinen dir einige, von denen du dachtest, sie wären wichtig, zu fehlen – sei sicher, die Perlen oder Kristalle, die hier ankommen, sind die Wünsche, die für dein Leben im Moment wesentlich sind und deren Erfüllung vielleicht schon lange ansteht.

Nun gehe in Gedanken mit diesem vollen Herzen an einen weißen, traumhaft schönen Meeresstrand. Blau und türkis schimmert das Wasser, und du spürst unbändige Lust, hineinzugleiten. Delfine schwimmen fast bis an Land und holen dich ab. Du gehst Schritt für Schritt in das wundervolle Wasser hinein. Es reinigt dich, belebt und erfrischt dich, gibt dir neuen Lebensmut und Hoffnung. Die Delfine stupsen dich mit ihren Nasen an. Du musst lachen, so lustig sind sie. Dann bedeuten sie dir, dich zu entspannen und dich von ihnen führen zu lassen. Du brauchst dazu gar nichts zu tun, als es zu erlauben. Sie schwimmen unter dich und beginnen, dich zu tragen, heben dich an die Oberfläche, ganz leicht und blitzschnell. Du lässt alles los, gibst dich ihnen völlig hin, erlaubst dir, nichts mehr zu tun und nimmst die Unterstützung ganz und gar an. Tiefe Ruhe durchströmt dich. In genau der richtigen Geschwindigkeit durchpflügen sie die Wellen. Du brauchst nicht mehr zu tun, du wirst getragen. Du spürst, wie sich ein Glücksgefühl in dir auszubreiten beginnt, fühlst dich glücklich und frei ... In einiger Entfernung taucht nun eine Insel auf. Sie schimmert grün in der Sonne. Die Delfine tragen dich an Land. Du trocknest dich ab und genießt die Wärme, die Freiheit, die Leichtigkeit ... Die Insel ist bewaldet, wunderschön saftig und grün, so gesund und schön, wie du selten eine Landschaft erlebt hast ...

Du beginnst, die Gegend zu erkunden, und auf einmal siehst du ein Schimmern zwischen den Bäumen. Dein Herz beginnt, schneller zu schlagen, du erinnerst dich an etwas ... Du gehst auf das Schimmern zu und erkennst nach und nach, dass es sich um eine goldene Kapelle handelt, einen wunderschönen, in der Sonne leuchtenden, einladenden Ort der Kraft und Stille. Während du darauf zugehst, erfassen dich die Stille und Heiligkeit der Kapelle. Beinah ehrfürchtig gehst du dennoch weiter und spürst den Ernst und die Kraft, gleichzeitig die Leichtigkeit und Freude dieses Ortes. Nun stehst du vor dem Eingang und spürst den unermesslichen goldenen Schimmer der Liebe, den diese Kapelle ausstrahlt. Du bist vielleicht nicht sicher, ob du hineingehen darfst, doch das Strahlen und Leuchten zieht dich in seinen Bann. Du trittst also vorsichtig ein. Eine golden glänzende Gestalt, ein Engel vielleicht, begrüßt dich und heißt dich willkommen in der Kapelle deines Herzens. Die Welle der Liebe, die von diesem Wesen ausgeht, erfasst dich ganz und gar und erleichtert dich so tief, dass du auf einmal Vertrauen zum Leben fassen kannst. Du bekommst Hoffnung. Vielleicht gibt es doch eine Möglichkeit, glücklich und zufrieden, in Erfüllung und Leichtigkeit, zu leben?

Das Wesen führt dich zu einem wunderschön geschmückten Altar. Ein farbiger Lichtstrahl fällt auf die Mitte des Altars, mitten hinein in eine goldene Schale. Er vibriert und funkelt vor Lebendigkeit, wechselt die Farben, wirkt so kraftvoll und lebendig, dass du lächelst oder gar auflachst. Am liebsten würdest du die Hand hineinhalten, und vielleicht tust du das sogar. Augenblicklich kribbelt deine Hand vor lauter lebendiger Kraft.

»Dies ist die Schale der Erfüllung«, sagt das goldene Wesen, »sie wartet schon sehr lange auf deine Wünsche«. Berührt holst du nach und nach die Edelsteine oder Perlen aus deinem Herzen und legst sie in die Schale hinein. Vielleicht holst du gar das ganze volle Herz aus dir heraus und bettest es vorsichtig in die warm schimmernde Schale. Sowie das Licht auf deine Wünsche fällt, beginnen sie sich zu verändern. Einige lösen sich sofort auf, steigen wie Kristallfunken in dem Lichtstrahl nach oben. Das sind die Wünsche, deren Erfüllung nun ansteht. Einige andere bleiben gut aufgehoben und sicher in der Schale liegen. Sie brauchen noch etwas Zeit, und auch das fühlt sich sehr gut und richtig an. Du weißt, hier ist genau der richtige Ort für deine Herzenswünsche, hier ist die Verbindung zur Führung deines Lebens, zum Seelenplan.

Wenn du deine Wünsche in diese Schale legst, dann werden sie genau zum richtigen Zeitpunkt und auf genau die richtige Weise erfüllt, so wie es dir und deiner Erfüllung und Entfaltung dient. Von nun an, beschließt du, wirst du alle Herzenswünsche in diese Schale legen, sie nicht mehr in deinem Körper verstecken, um die Sehnsucht nicht zu spüren, sondern sie zulassen und auf ihre Erfüllung vertrauen, so wie das im Sinne der Schöpfung richtig und sinnvoll ist.

Ruhe dich nun aus, genieße das goldene Schimmern der Kapelle, und irgendwann, wenn du genug hast, holen dich die Delfine wieder ab, tragen dich an den Ort, von dem aus du in aller Ruhe mit deiner Aufmerksamkeit zurückkommen willst, sehr sanft und still … Du erinnerst dich an den Raum, in dem du liegst, spürst deinen Körper, besonders dein Herz – und spürst, etwas hat sich verändert, du bist in deinem Rhythmus angekommen, deine Her-

zenswünsche sind in sicheren Händen … entspannt, gelassen und frei kannst du von nun an weitergehen und dich deiner irdischen Bestimmung widmen … frei, gelassen und in deinem eigenen Tempo …

Trost und Erlösung

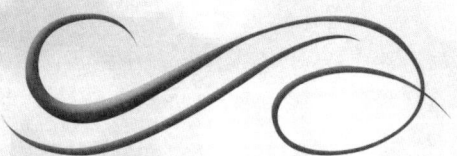

Die Erlösung der Drachen

... um zerstörerische Kräfte zu befrieden, persönlich und global;
kann auch als Meditation bei Schreckensnachrichten genutzt werden.

(aus: Buch: »Schatz, ich muss dir was sagen«, Schirner, Darmstadt, 2011.)

Es gibt nichts mehr zu tun, du brauchst niemandem zu gefallen und es niemandem recht zu machen. Ruhe dich einfach aus.

Nun erlaube, dass vor deinem inneren Auge ein Tor entsteht, vielleicht eine Tür, ein Portal oder eine Spalte in einem Felsen – ein Tor, dass dich in die Anderswelt hineinführt, in jene Welt, in der die Dinge viele Bedeutungen haben. Wenn du kein Tor erkennen kannst, dann stelle dir einfach eines vor. Du gehst hindurch und befindest dich tatsächlich in einer anderen Welt, selbst wenn sie dir sehr vertraut erscheint. Hier herrschen andere Gesetze, und die Dinge haben eine andere, tiefere Bedeutung.

Du befindest dich in einer Landschaft, die dir jetzt, in diesem Moment guttut, ein Herbstwald, ein Sandstrand, eine Frühlingswiese – die Erde ist wunderschön, und sicher findest du genau die Natur, die heute zu deiner Stimmung passt. Du bemerkst den Eingang zu einer Höhle – es ist ein Gang, der in die Erde hineinführt. Du betrittst diesen Gang und beginnst, ihm zu folgen. Sachte führt er dich in angenehmen Kurven tief in die Erde hinab. Es ist ganz einfach, ihm zu folgen. Du fühlst dich

vielleicht sogar überraschend sicher und geborgen, als kehrtest du in den Schoß der Erde zurück. Tiefer und tiefer führt dich der Gang hinab. Der Tunnel ist sanft beleuchtet. Es ist, als schicke die Erde ihre Liebe wie Licht auf deinen Weg. Du fühlst dich immer wohler. Es ist gerade so warm oder kühl, wie es dir angenehm ist. Dieser Tunnel scheint wie für dich geschaffen worden zu sein. Er hat genau die richtige Höhe, ist aus genau dem richtigen Material gebaut – es ist, als schenke dir die Erde deinen persönlichen Weg mitten in ihr Herz. Du nimmst ein Leuchten wahr, fühlst es eher, als dass du es siehst, mit allen Sinnen spürst du das Herz der Erde schlagen. Es hat genau den gleichen Rhythmus wie dein eigenes Herz, und du fühlst dich auf eine vielleicht noch nie gekannte Weise im Gleichklang mit Mutter Erde. Noch ein Stück tiefer führt dich der Gang hinunter – und nun öffnet sich der Raum in eine große Höhle.

Die Energie ändert sich, du spürst noch die Geborgenheit, die die Erde dir geschenkt hat, doch etwas Neues, Großes wartet auf dich.

Du schaust dich um. Du weißt, hier in dieser Höhle gibt es etwas Wichtiges, sehr Wesentliches für dich zu tun. Bitte deine

Schutzengel zu dir, deine Seelenführer und deine Krafttiere, und bitte sie, dich jetzt zu dem Drachen zu führen, den du zu hüten versäumt hast – wenn der richtige Zeitpunkt für dich gekommen ist, und du die Kraft hast, dich jetzt um ihn zu kümmern. Vielleicht bestand deine Art, ihn zu hüten, darin, ihn festzuketten. Du wirst wichtige Gründe dafür haben – doch jetzt erlaube, dass du ihm ganz neu begegnest. Rufe deinen Drachen, traue dich, aus deinem Herzen einen Ruf auszusenden, mit dem du ihm zeigst, dass du da bist. Komme ganz in die Stille, konzentriere dich mehr und mehr auf dein Herz, und rufe deinen Drachen. Vielleicht berührt dich das sehr, vielleicht bekommst du Angst, vielleicht spürst du Kälte und Versteinerung – lasse es sein, wie es ist, auch wenn es sich nicht gut anfühlt. Genau deshalb willst du den Drachen ja erlösen. Natürlich fühlt es sich nicht gut an.

Lasse dich immer tiefer in die Höhle hineinführen, folge nur dem Ruf deines Herzens und der Antwort deines Drachens. Auf einmal nimmst du eine Präsenz wahr, du siehst ihn vielleicht noch nicht, aber du spürst eine Anwesenheit – sei bitte ganz und gar offen für deine Wahrnehmungen. Wie geht es deinem Drachen? In welchem Zustand findest du ihn vor? Vielleicht ist er sehr verletzt, vielleicht auch wütend und voller Groll und Angst. Nähere dich ihm vorsichtig, achtsam. Schicke aus deinem Herzen Liebe und Hochachtung, Anerkennung und Respekt in seines. Warte, was er dir antwortet. Rufe die große Drachenmutter zu dir, und bitte sie, sich ihres verletz-

ten Kindes anzunehmen, und bitte sie um Vergebung dafür, dass du deinen Drachen nicht gehütet hast. Bitte sie, den Drachen, der zu dir gehört, zu heilen. Vielleicht gibt es noch andere Drachen in dieser Höhle, die auch erlöst werden wollen. Bitte die Drachenmutter, zu tun, was jetzt nötig ist und was getan werden darf. Bitte die Engel, die zu den Drachen gehören, sich wieder mit ihnen zu vereinen, wenn der Engelanteil abgetrennt wurde. Je dunkler ein Drache wirkte, je weniger er gehütet wurde, desto weiter hat er sich vielleicht von dem Engel entfernt, der zu ihm gehört. Nimm wahr, wie sich der Engel mit dem Drachen verbindet, wie er ihm sein Herz zurückgibt, und dann befreie ihn von den Fesseln, die er vielleicht trägt. Tu, was nötig ist, damit dein Drache frei wird und mit dir zusammen fliegen kann. Vielleicht erkennst du, warum du ihn in diese Höhle verbannt hast, warum es sicherer war, ihn hier festzuhalten. Jetzt ist die Zeit gekommen, in der sich Engel und Drachen wieder verbinden und vereinen. So darf dein Drache von nun an in Frieden und in all seiner Kraft und Schönheit und in Freiheit wirken. Spüre, welche Energie du bekommst, wenn er an deiner Seite ist, und nimm dir Zeit für diesen Prozess. Vielleicht ist es ein sehr kleiner Drache, ein Kind noch, vielleicht gar ein Drachenei, das zu dir gehört, vielleicht aber auch ein großer, machtvoller Drache. Frage ihn, welche Energien er dir bringt, vor allem aber, was er braucht, damit er sich gut gehütet fühlt. Frage ihn, auf welche Weise du mit ihm umgehen darfst, was es für dich zu tun gibt, und werde bereit, die Kraft dafür in dich einfließen zu lassen. Du spürst, wie groß die Verantwortung ist, wenn du ein Drachenhüter bist, wie achtsam du mit dunkler und heller Lichtkraft umgehen solltest und wie mächtig der Drache an deiner Seite ist.

Führe ihn achtsam aus der Höhle. Vielleicht gibt es außerhalb der Höhle einen Wasserfall, unter dem sich der Drache reinigen will, vielleicht erhebt er sich gleich in die Lüfte oder will sein Feuer speien und seine Raum einnehmen. Lasse ihn tun, was er braucht, um neu geboren zu werden, und sei bei ihm. Verbinde dich mit seinem Herzen, und halte diese Lichtbindung zu ihm. Einen Drachen zu hüten, heißt, dein Herz mit seinem zu verbinden – von nun an hast du einen sehr kraftvollen und mächtigen Gefährten, aber auch eine sehr machtvolle Herausforderung an deiner Seite.

Halte die Herzensverbindung, und komme in deiner Zeit durch das Tor zurück in den Raum, in dem du dich befindest – bleibe aber verbunden mit der Kraft deines Drachen.

Die Heilung des Emotionalkörpers I

Umfassende Reinigung von emotionalen Verletzungen; innerer Frieden und neue Leichtigkeit.

(aus Buch: »Endlich gut genug«, Schirner, Darmstadt, 2012.)

Schließe deine Augen, atme ein paar Mal tief durch, spüre die Unterlage, nimm wahr, wie gut dein Körper von der Erde getragen wird und wie sicher du dich in diesem Moment fühlen darfst.

Lasse los, entspanne dich, so gut es dir im Moment möglich ist. Und dann erlaube, dass vor deinem inneren Auge ein Licht entsteht, eine Lichtsäule, ein Energiefeld, in dem du dich warm, geborgen und von Licht durchströmt fühlst. Es kann golden sein, vielleicht auch kristallin funkelnd, silbrig schimmern oder eine andere Farbe haben, so wie es für dich im diesem Moment richtig ist. Lade nun deinen oder deine Schutzengel ein, den Prozess zu begleiten. Außerdem bitten wir dein höheres Selbst, ganz bewusst anwesend zu sein.

Öffne dich dafür, diese ganz besondere Klarheit zu erleben, die dein höheres Selbst ausstrahlt, und bitte deine Schutzengel, dich an jener Stelle zu berühren, an der du ihn oder sie – wenn es mehrere sind – tatsächlich spürst und bemerkst, im Herzen vielleicht oder an den Schultern. Du entspannst dich mehr und mehr, lässt immer tiefer los, fühlst dich geborgen und frei. Nun bitte deinen Emotionalkörper, das Energiefeld, jenes Werkzeug, mit dem du

Schwingungen als Gefühle wahrnimmst, sich dir zu zeigen: als Bild, als Gefühl, als Symbol, so wie du es am besten wahrnehmen kannst. Es kann sein, dass dein Emotionalkörper sehr müde ist, schwer, von Schlacken durchzogen; vielleicht bekommst du das Gefühl, wie ein alter Mann, eine alte Frau zu sein, oder da ist vielleicht ein großes, dunkles Feld; möglicherweise siehst du einen Engel, dessen Flügel müde geworden sind, oder ein trauriges, einsames Kind, oder du nimmst eine schwere Rüstung oder einen alten Mantel wahr. Vielleicht ist dein Emotionalkörper auch sehr leicht und frei; dann freue dich darüber, und entspanne dich einfach noch ein bisschen im Licht.

Wenn er aber müde und schwer ist, dann frage ihn, ob er bereit ist, dein irdisches Energiefeld, deinen Körper, zu verlassen und sich auszuruhen. Du bekommst einen neuen, keine Sorge. Sage ihm »Danke« für den unermesslich wertvollen Dienst, den er der Schöpfung erwiesen hat, indem er zur Verfügung stand für all die schweren Energien. Sage ihm aber auch, dass er jetzt nicht mehr hilfreich und dienlich ist, weil du nun neue, leichtere und lichtere Energien fühlen willst. Manchmal ist es ein bisschen schwierig, den Emotionalkörper zum Gehen zu bewegen, weil er so pflichtbewusst ist – und weil du dich so sehr mit ihm identifiziert hast. Mache dir und ihm bitte klar: Er ist ein Werkzeug, das bist nicht DU. Es wird einfach Zeit für ihn, sich auszuruhen und sich in Licht reinigen zu lassen oder sich aufzulösen; dein Emotionalkörper ist ein Energiefeld, ein Werkzeug, kein Teil deiner Essenz.

Bitte deinen Schutzengel, sich des Emotionalkörpers anzunehmen und ihn genau dorthin zu führen, wo er sich ausruhen oder in Licht auflösen kann. Das kann ein bisschen dauern; sei geduldig, und erlaube ihm immer wieder zu gehen. Er hat seine Dienste mehr als lange genug getan. Stück für Stück verabschiedet sich dieses Werkzeug nun von dir, nimmt all die Schwere, alle alten gefühlten Erfahrungen, deine und die der anderen, mit sich. Es ist, als würde ein grauer Schleier aus dir herausgezogen, aus deinen Zellen, deinem Herzen, deinem Gehirn, sogar aus den Knochen. In deinem Emotionalkörper wurde seit Anbeginn deiner Inkarnationen alles gespeichert, was du je gefühlt hast. Damit du wirklich frei wirst, ein neues inneres und vielleicht auch äußeres Leben zu führen, ist es sinnvoll, dieses Energiefeld loszulassen, nicht mehr zu reinigen, sondern wirklich und

wahrhaftig vollkommen loszulassen. Dein herkömmlicher Emotionalkörper schwingt in einer bestimmten Frequenz, die er immer wieder herzustellen versucht. Aber sie ist ein wenig zu niedrig für das, was dich erwartet. Mit diesem Emotionalkörper kannst du die neue Energie nicht wirklich wahrnehmen. So brauchst du neue Werkzeuge.

Nach und nach spürst du, wie er geht, wie du freier wirst, und noch während das geschieht, senkt sich ein luftig leichter, silbrig schimmernder, hauchfeiner Schleier über dich und in dich hinein – dein neuer Emotionalkörper, ein Energiefeld, das auf die Frequenz »Freude« ausgerichtet ist.

Es ist, als bekämst du ein Seidenkleid, ein sehr feines, leichtes, engelgleiches Gewand, eine Lichtwolke, mit der du auf eine ganz neue Art fühlen kannst. Du spürst vielleicht Hochachtung und Liebe, eine Art Fürsorge für dieses neue Energiefeld, und du weißt auf einmal: Du wirst nie mehr erlauben, dass es verschmutzt wird. Von nun an stehst du für die schweren Energien anderer nicht mehr zur Verfügung. Von nun an, spürst du, wirst du dich auf Licht, Freude und Liebe konzentrieren. Du weißt vielleicht noch nicht genau, wie das geht, aber du spürst, wie eine neue Kraft in dich ein-strömt, Entschlussfreudigkeit, Willenskraft. Du wirst nicht mehr erlauben, dass dieser so anrührend feine Emotionalkörper über Gebühr belastet und beschwert wird. Wie eine Mutter, wie ein Vater spürst du den Wunsch, dieses feine Energiefeld zu schützen und sorgsam mit ihm umzugehen.

Und nun erlaube, bitte darum, dass dein Schutzengel diesen neuen Emotionalkör-per sanft berührt, ihn mit Liebe und Schutz durchströmt. Mit diesem Emotionalkörper kannst du die feine, leichte Energie von En-geln sehr gut spüren. Ganz einfach beginnt er, in der Frequenz der Engel zu schwingen. Liebe und Wärme durchströmen dich, und auf einmal wird dir klar: Die Engel wa-ren schon immer da! Dein Werkzeug, mit denen du sie fühlen kannst, war nur zu schwer und zu müde. So konntest du sie nur ganz entfernt wahrnehmen.

Nun bitte darum, dass dein höheres Selbst deinen Emotionalkörper berührt, und spü-re die Reinheit und Klarheit dieses hohen Chakras.

Mehr und mehr verbindet sich dein neuer Emotionalkörper mit deinem physischen Körper, wird über die Chakren mit deinen anderen Auraschichten verknüpft; mehr und mehr durchfließen dich diese neue Leichtigkeit und innere Freiheit.

Entspanne dich noch tiefer, und wisse: Das Leid darf nun aufhören. Du bist nicht mehr in Resonanz mit all der Schwere. Sie hat sich verabschiedet. Eine neue Art zu Füh-len erwartet dich.

Ganz sanft und in deiner Zeit erlaubst du dir, deinen Körper zu fühlen. Deine Umgebung beginnt von ganz allein, sich bemerkbar zu machen. Du nimmst wieder die Geräusche der Außenwelt wahr. Gedanken beginnen, sich auf das Nächstliegende auszurichten. Dein Gehirn schaltet von »Entspannung« auf »Tatkraft«, die Nervenzellen verändern ihre Botschaften – befreit, erfrischt und le-bendig, voll neuer Schöpferkraft erhebst du dich in deiner Zeit und erlaubst, dass sich dir das Leben von einer vollkommen neuen Seite zu zeigen beginnt.

Die Heilung des Emotionalkörpers II

... um emotionalen Ballast loszulassen und emotionale Heilung zu erleben.

(aus: Buch und CD: »Channel werden für die Lichtsprache«, Schirner, Darmstadt, Buch 2010, CD 2008.)

Du entspannst dich auf eine dir angenehme Weise, nutzt eine Atemtechnik oder was du sonst so gelernt hast. Nun stellst du dir deinen Emotionalkörper wie einen großen, edlen Kristall vor, einen Diamanten oder einen anderen funkelnden Edelstein. Unser Emotionalkörper ist ein unendlich wertvolles und wichtiges Werkzeug, und so behandeln wir ihn von nun an auch, in Ordnung? Du schaust dir diesen Kristall genauer an. Sicher hat er Einschlüsse oder ist ein wenig trüb. Nun nimmst du ihn in beide Hände und stellst dir eine Lichtsäule vor. Diese Lichtsäule durchströmt die Perlenschnur deiner Chakren. Sie schafft eine Verbindung zwischen den einzelnen Perlen, sodass du wie in einem Aufzug nach oben reisen kannst. Stelle dir bitte vor, dass du immer höher steigst. Du schwebst mit deinem Kristall in den Händen in immer höher schwingende Energiefelder, bis alles nur noch licht und leicht ist, so licht und leicht, wie dir das im Moment möglich ist. Wenn du angekommen bist, wenn du also das Gefühl hast, höher kannst du nicht mehr steigen, dann schaust du dich in dem Energiefeld, in dem du dich befindest, ein wenig um. Es ist vielleicht sehr hell und leicht, vielleicht nimmst du Farben wahr oder auch gar nichts, das macht nichts. Es ist wirklich Übungssache, diese Dinge zu spüren, und hier geht es zunächst um eine Absichtserklärung. Die kommt auf jeden Fall an der richtigen Stelle an, auch wenn du es selbst vielleicht nicht richtig spüren kannst. Stelle dir nun einen wunderschönen Platz in diesem Energiefeld vor, vielleicht eine Quelle, einen Lichtstrom, eine grüne Wiese. Vielleicht möchtest du dir auch einen Engel vorstellen. Sieh dir den Kristall in deinen Händen noch einmal an. Er versetzte dich in deinem irdischen Leben in die Lage, Gefühle zu spüren. Und nun sei bitte ganz ehrlich: Was willst du? Was soll damit geschehen? Möchtest du, dass er gereinigt wird und funkelt und strahlt, dass er zum hell leuchtenden Instrument für alle Gefühle wird? Oder willst du ihn in Wahrheit gar nicht mehr haben? Keine Gefühle mehr spüren, weil es sowieso meistens wehtut? Was immer deine Wahrheit ist, lasse sie zu, denn sie ist nun einmal, wie sie ist. Mache nun mit dem Kristall das, was du mit ihm machen möchtest. Vielleicht willst du ihn einfach wegwerfen, vielleicht in die Quelle legen, falls du dir eine vorstellen kannst, vielleicht möchtest du den Kristall einem Engel geben, vielleicht willst du ihn unter einem Baum vergraben ... tu einfach damit, was du willst, und sei sicher, dass du bereits dabei bist, die göttliche Ordnung wirken zu lassen. Erlaube dir wirklich und ausdrücklich, ihn wegzuwerfen, wenn du genug von all den Gefühlen hast. Die göttliche Ordnung wirkt genau durch die Impulse, die du gerade bekommst. Kontrolliere sie nicht. Lasse sie zu, denn hier und jetzt setzt bereits Heilung ein. Du kannst getrost für eine Weile ohne ihn leben, wenn du ihn nicht mehr willst. Wenn du ihn gereinigt haben willst, dann bitte darum, und gib ihn ab. Lasse den Prozess geschehen, soweit dir das möglich ist. Nun formuliere bitte eine Absicht. Welchen inneren Raum möchtest du von nun an betreten und erforschen? Sei dabei bitte nicht bescheiden, denn auch Bescheidenheit ist eine Spielart des Egos. Wenn du den Raum »Liebe und Erfüllung« betreten willst, dann traue dich, das zu sagen. Wenn du »Erfolg und Sicherheit« willst, dann gib es zu. Was willst du erleben und verwirklichen? Leichtigkeit, Fülle, Zufriedenheit, Glück, strahlende Gesundheit, Liebe, einfach mehr Energie? Wenn dir nichts einfällt, dann betritt den Raum, über dem »Mein von der göttlichen Ordnung geplanter nächster Schritt« steht. Nun lasse zu, dass mit dem Kristall das geschieht, was geschehen will. Vielleicht sinkst du nun ohne ihn zurück, die Lichtsäule hinab, so weit, bis du wieder in deinem Körper angekommen bist, vielleicht bekommst du ihn auch gereinigt zurück. Was immer damit geschieht, mache dir keine Gedanken, es ist genau richtig so. Wenn du willst, dann bleibe mit deiner Aufmerksamkeit nun in diesem hohen, lichten Raum – und dehne sie aus. Dehne deine Aufmerksamkeit so weit aus, dass du gleichzeitig wieder deinen Körper wahrzunehmen beginnst, dass du vielleicht gar die Lichtsäule mit deinen Chakren spürst, während du die Augen aufschlägst und dich in der Welt der Formen zurechtfindest. Damit übst du, an vielen Stellen zugleich zu sein, dann musst du nicht in deinen Chakren herumreisen, sondern du lernst, sie alle auf einmal wahrzunehmen. Du nutzt die nächstgrößere Taschenlampe, beleuchtest mehrere Schwingungsebenen gleichzeitig. Recke und strecke dich nun ein bisschen, und sei sicher, dass du einen großen Schritt gewagt hast.

Die Erlösung des menschlichen Selbst

Bei Müdigkeit, Schwere, verlorenem Lebenswillen, Krankheiten, Depressionen;
bei Sehnsucht, nach Hause zu gehen;
bei Verlust und schwerem Schicksal; Reinigung von vergangenem Schicksal.

(aus: CD: »Meditationen zur Selbstliebe«, Schirner, Darmstadt, 2010.)

Wie immer machst du es dir bitte bequem und gehst in deiner Vorstellung durch ein Tor. Nun bitte den Teil in dir, der all diese irdischen Erfahrungen aushalten muss, sich dir zu zeigen. Das ist der menschliche, sehr verletzte Teil in dir, der enttäuscht ist, keine Kraft mehr hat, nicht mehr kämpfen will und vielleicht sehr müde ist. Es ist der Teil, der voller Liebe und Bereitschaft immer wieder bereit ist, sich zu opfern, die wirkenden Energien zu fühlen, am eigenen Leib zu erfahren, alles, was du entscheidest und was dir widerfährt, in Erfahrungen umzusetzen. Bitte frage diesen Teil in dir, ob er eigentlich noch gern auf der Erde ist. Es gibt in uns Bereiche, die so verletzt sind, dass sie genug haben, nicht mehr hier sein wollen. Es ist nun Zeit, sie gehen zu lassen. Sie brauchen sich nicht mehr mit letzter Kraft aufrecht zu halten. Sieh, wie verletzt dieser Teil ist, wodurch er es ausdrückt. Vielleicht sitzt der menschliche Anteil einfach in einer Ecke, oder du nimmst nur ein graues Energiefeld wahr. Vielleicht begegnet dir eine müde Kriegerin, ein müder Krieger. Schaue hin, und nimm diesen Teil bitte voller Mitgefühl in die Arme. Er ermöglicht deiner Seele all diese Erfahrungen. Wenn du erkennst, dass dieser Teil nicht mehr auf der Erde sein will, dann schicke ihm bitte

eine hell strahlende Lichtsäule, indem du dir einfach eine vorstellst. Eine Lichtsäule ist ein sehr schnell schwingendes Energiefeld, das aus dem Bereich der ungeteilten göttlichen Ordnung bis hinein in das Herz der Erde reicht. Du siehst vielleicht einen runden Lichtkegel auf dem Boden, vielleicht durchströmt die Lichtsäule auch den Boden und reicht weit in die Erde hinein. Sie ist hell und nach außen hin deutlich definiert, hat also klar umrissene Ränder. Nun bitte einige Engel zu dir. Du spürst sie als Wärmestrahlung oder als angenehmes, entspanntes Gefühl. Bitte den verletzten, müden, menschlichen Teil, in diese Lichtsäule zu gehen, damit er aufsteigen kann. Danke ihm aus ganzem Herzen, und entlasse ihn aus seinem Dienst. Keine Sorge, das, was hier bleiben soll, bleibt hier. Aber dieser zutiefst erschöpfte menschliche Anteil darf nun gehen, er hat genug erlebt und erlitten. Du spürst ja selbst, wie müde du bist. Es gibt jetzt einen anderen, besseren Ort für diesen menschlichen Anteil. Erlaube ihm, an den spirituellen Ort zu gehen, der jetzt für ihn richtig ist. Die Engel führen ihn dorthin, du brauchst nicht zu wissen, wo das ist. Sieh, wie er reagiert. Ist er erleichtert, schaut er sich um? Was geschieht? Und wie fühlst du dich selbst? Es ist sehr sinnvoll, die Anteile nach Hause zu schicken, die nicht mehr hier sein wollen. Sie haben genug getragen oder ermöglicht. Es ist einfach Zeit, nach Hause zu gehen.

Komme nun in deiner Zeit zurück, bleibe aber verbunden mit dem Wissen und dem Bewusstsein, aus dem heraus du gerade eben die Dinge erlebt hast.

Wir erweitern unser Bewusstsein, indem wir nicht mehr von Ebene zu Ebene schweben, sondern in allen Ebenen gleichzeitig bewusst anwesend sind.

Luzifers wahre Gestalt

Erlösung des Dunklen, Unbewussten;
eigene schwere und dunkle Seelenanteile zurückholen;
im wahrsten Sinne des Wortes Erlösung für den Teufel bzw. das, was man mit dem Teufel,
dem Dunklen, verbindet.
Bitte unbedingt erst lesen, bevor diese Meditation angewendet wird!

(aus: Buch und CD: »Channel werden für die Lichtsprache«, Schirner, Darmstadt, Buch 2010, CD 2008.)

Wie immer entspannst du dich, bittest, wenn du willst, um Schutz, bittest vor allem deine hohen geistigen Führer und Lehrer, bei dir zu sein. Wenn du meinst, es sei nötig, dann bitte um einen Lichtkreis um dich herum, wie die Bannkreise, die wir früher gezogen haben.

Nun bitte Luzifer, dir zu erscheinen – in seiner wahren Gestalt. Es kann sein, dass du ihn nun dennoch als Teufel siehst. Dann schaue ihn dir genau an, und erinnere dich an dein eigenes Licht. Weil du dein eigenes Licht kennst, kannst du ihm jetzt seines zurückgeben. Stelle dich vor ihn, sage ihm, dass du das Spiel mit Licht und Dunkelheit erkannt hast und bereit bist, ihn nun in seiner wahren Gestalt zu treffen. Bitte ihn außerdem, dir alles zurückzugeben, was du ihm in den verschiedenen Inkarnationen gegeben hast, damit er dir deine Wünsche erfüllt. Erkenne den Pakt mit ihm, den Pakt mit dem Teufel, den wir alle irgendwann geschlossen haben, weil das zu den Basiserfahrungen jeder Seele gehört. Ohne diesen Pakt kannst du nicht wirklich in die Dualität eintauchen. Lasse dir die Seelenanteile zurückgeben, die du ihm

geschenkt hast oder die er als Preis von dir gefordert hatte, dafür, dass er dir mit seiner dunklen Macht zur Verfügung steht und deine Wünsche erfüllt. Vielleicht hast du ihm sogar ein Kind geopfert. Dann bitte darum, dass dessen Seele nun wieder frei wird. Schaue, was passiert, ob er reagiert oder dich nur anschaut, dir vielleicht sogar noch mehr Angst macht. Falls das passiert, dann lasse alles los, was du ihm je gegeben hast. Schenke ihm die Seelenanteile, und bitte darum, dass sie im Energiefeld der göttlichen Liebe neu geformt werden und dir zur Verfügung stehen. Wir kämpfen mit niemandem mehr, auch nicht mit dem Teufel.

Und nun, nun ist die Zeit gekommen, deinen Teil des uralten Paktes zu erfüllen: Erinnere ihn an den Engel, der er ist. Du kannst und du brauchst ihn nicht zu erlösen, nur zu erinnern. Sage ihm: »Du bist Licht. Ich erinnere dich, wie es vereinbart war, daran, dass du eine Lichtgestalt bist, und ich bitte dich, zeige dich mir in deiner lichtvollsten Form.«

Bitte ihn also, dir in seiner wahren Gestalt zu erscheinen – voller Mitgefühl. Wenn du magst, dann verneige dich vor ihm, achte sein Schicksal. Er hat den dunkelsten Weg gewählt, den man nur wählen kann, damit wir alle die Erfahrungen mit Dualität machen können. Verneige dich vor dem Schicksal, das er auf sich genommen und in dem er sich verfangen hat – dann erlaube ihm, sich zu verwandeln. Nun beginnt er entweder, lichter zu werden, sich in seiner wahren Lichtgestalt zu zeigen. Dann erkennst du gleich einen sehr hohen Engel, einen Engel, der ein so kraftvolles Energiefeld trägt, dass du dich wahrscheinlich noch einmal verneigen willst.

Wenn das geschieht, dann bitte ihn, wenn du magst, dich mit seiner Kraft zu unterstützen, denn das ist seine Energie. Er trägt die Schöpferkraft der Erde in seinem Energiefeld – so wie du es unterdessen auch tust. Seine verführerische Macht, mit der er uns binden konnte – und genauso war es auch verabredet – besteht darin, dass er Zugang zum Schöpferfeld der Erde hat, und wir glaubten, nur durch ihn könnten sich unsere Wünsche verwirklichen. Nun haben wir selbst den Zugang gefunden. Das heißt aber nicht, dass wir Luzifer nicht bitten dürften, uns zu unterstützen – aus Liebe zum göttlichen Schöpferplan, nicht mehr aus Angst und aus egoistischen Motiven heraus. Wenn du Luzifer in seiner wahren Gestalt siehst und seine Strahlkraft und Größe erkennst, verlierst du augenblicklich die Angst vor ihm und begegnest ihm voller Hochachtung. Jetzt kannst du ihn noch einmal bitten, alles loszulassen, was er von dir noch festhält, wenn das nicht sowieso längst geschehen ist.

Vielleicht aber bleibt er dunkel und angsteinflößend. Dann bitte um Segen für ihn und für dich. Lasse die Meditation los, und führe sie später noch einmal durch, denn dann gibt es in dir noch Stellen, die daran festhalten, dass er dunkel und »böse« ist. Das macht nichts, aber dann ist es jetzt noch nicht die richtige Zeit für eine Erlösung.

Die Engel des Mitgefühls

... immer dann, wenn Gnade und Mitgefühl gebraucht werden;
bei schweren Schicksalen und zur Erlösung von schwierigen Themen
für sich selbst und auch für andere.

(aus: Buch und CD: »Channel werden für die Lichtsprache«, Schirner, Darmstadt, Buch 2010, CD 2008.)

Mache die Augen zu, und bitte die Engel oder Wesenheiten des Mitgefühls zu dir. Ein perlmuttfarbenes Licht erscheint, eine Art Raum entsteht, ein Zimmer, ein Raumschiff, eine Lichtkugel, die mit diesem perlmuttfarbenen Licht gefüllt ist. Tritt ein, setze dich hin, und schütte den Wesen, die sich hier befinden und auf dich warten, dein Herz aus. Manchmal ist Mitgefühl die einzige Antwort, die das Universum zu bieten hat. Erzähle ihnen alles, und erlaube dir, das Mitgefühl in dein Herz einströmen zu lassen. Weine, wenn du willst, lasse all deine Gefühle zu, auch die Wut und das Opfergefühl, das Selbstmitleid und das Nicht-Verstehen. Erzähle ihnen, wie gemein alles ist, wie enttäuscht du bist, wie sehr du dir gewünscht hast, erfüllt und glücklich zu sein und wie sehr du das Gefühl hast, das Leben, das Schicksal hätte sich geirrt. Es kann sein, dass du irgendwann und irgendwo, auf einem fernen Planeten und in einer anderen Dimension verstehst, wozu das alles diente, aber es ist im Moment mehr als gleichgültig. Erzähle ihnen alles, und lasse nichts aus. Nimm die Wärme und das Verständnis an, lasse das Mitgefühl zu, und lasse dir den schweren Stein, den du im Herzen trägst, herausnehmen, ganz vorsichtig. Du brauchst die Situation deines Lebens nicht zu verstehen. Bleibe in der Kugel des Mitgefühls, und ruhe dich aus, weine, lasse alles zu. Manchmal scheint das Leben einfach gemein zu sein, und manchmal sieht es aus, als würde sich das Schicksal irren. Und vielleicht stimmt das manchmal sogar, egal, was alle anderen sagen und egal, welche Gesetze gelten. Lasse das Mitgefühl zu, lasse es zu, dass wir manchmal nichts verstehen und abhängig sind von reiner Gnade. Vielleicht kannst du die Wesen sehen, mit denen du redest. Vielleicht spürst du auch nur das Energiefeld von Barmherzigkeit und Gnade. Dann sei sicher, dass Kwan Yin, die Göttin des Mitgefühls, bei dir ist. Sie streicht dir über den Kopf und hört dir zu, sie versteht alles, sie kennt alles, sie tröstet dich, einfach, weil sie da ist. Die Tränen, die du weinst, werden zu perlmuttfarbenen Perlen, und die Wesen sammeln sie auf. Irgendwann verlassen sie mit dir gemeinsam den Raum. Sie steigen auf zum Hüter deines Schicksals und nehmen dich in ihrer Mitte mit. Du näherst dich nun dem Hüter deines Schicksals, vielleicht ist es auch das Schicksal selbst, die Wesenheit, die verantwortlich dafür ist, dass sich die Dinge so erfüllen, wie sie sich letztlich erfüllen, die ausgleicht und darauf achtet, dass alle geistigen Gesetze erfüllt werden. Vielleicht nimmst du auch die Göttin Justitia wahr. Sie hält eine Waage in der Hand und hat die Augen geschlossen, sorgt unbestechlich dafür, dass sich die Waagschalen des Karmas ausgleichen. Wie auch immer du dieses Wesen siehst, du stehst nun vor ihm. Die Engel des Mitgefühls und der Gnade sind bei dir. Sie reichen ihm die Perlen, die du geweint hast, selbst wenn du keine echten Tränen vergossen hast und bitten für dich um Gnade. Sie legen die Perlen in die Waagschale, falls das Schicksal eine in der Hand hält, legen auch den schweren Stein hinein, den sie dir aus dem Herzen genommen haben, und das Schicksal nimmt ihn an. Die Perlen verwandeln sich in Lichtfunken und strömen in dein Herz zurück. Es wird leichter und freier, du kannst wieder durchatmen und schaust nun das Schicksal direkt an. Du spürst die Klarheit und Kraft dieser Wesenheit, und auf einmal wirst du ruhig.

»Ich bitte um Gnade«, sagst du. Du weißt auch nicht, warum, aber es scheint richtig zu sein. Das Schicksal nickt, und nun geschieht etwas, was du nicht allein erreichen kannst:

Die Waagschalen deines Karmas gleichen sich aus. Egal, wie viele Inkarnationen du hattest, wie sehr du auch versucht hast, dein Karma auszugleichen, letztlich ist es die Gnade, die dich erlöst. Sie gehört zur Absprache dazu, sie ist ein untrennbarer Bestandteil deines Prozesses. Gnade ist nicht nur ein Geschenk Gottes, sondern auch ein unverzichtbarer Meilenstein auf deinem Weg zur Freiheit, zum Licht. Augenblicklich fällt alles von dir ab. Du steigst vom Rad des Schicksals, dein noch unerlöstes Karma löst sich auf, und du schwebst wie in einer Energiewolke in ein sehr helles Licht. Hier bekommst du Kraft, du wirst angefüllt mit Liebe und Licht, mit Lebensenergie und einer ganz neuen Art, die Dinge wahrzunehmen. Dein Herz beginnt, sich auf den Herzschlag des Universums selbst einzustimmen. Es öffnet sich, und Energie aus dem Herzen des Universums strömt in dein Herzchakra. Erlaube dir, bewusst tief und sanft zu atmen, wenn sich dein Herz mit den Energien einer höheren Liebe und einer höheren Absicht verbindet. Du spürst für einen Moment lang die Liebe des Lebens zu sich selbst, zu allem, was existiert. Du spürst, dass du ein untrennbarer Teil dieser Liebe bist und weißt, dass du dich nun für immer angeschlossen fühlen wirst. Bleibe in diesem Zustand, ruhe dich aus, nimm diese tiefe Ruhe an, solange du willst. Tiefe Dankbarkeit durchströmt dich vielleicht. Du fühlst dich frei und gelöst, erkennst, dass von nun an alles anders werden darf, leichter und freier.

In deiner Zeit kommst du nun zurück in den Raum, in dem du dich befindest, bleibst aber innerlich angeschlossen an das hohe Feld von Licht und Liebe.

Diese Meditation kannst du auch für andere durchführen. Dann bitte um Gnade für denjenigen, um den es geht. Beeinflussen kannst du sein Leben sowieso nur so weit, wie es die Seele erlaubt. Und wer weiß, vielleicht bietet diese Bitte um Gnade genau die Erfahrung, die Liebe, die er sich zu erfahren wünscht?

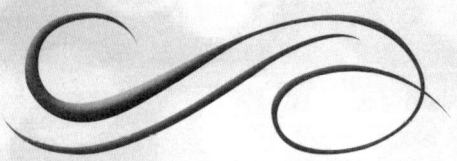

Schutzmeditationen

Die sichere Burg

... wenn du besonders viel Schutz brauchst
und einen inneren traumatisierten Anteil retten und schützen willst.

(aus: Buch und CD: »Die Heilung des inneren Kindes«, Schirner, Darmstadt, Buch 2008, CD 2009.)

Entspanne dich, ruhe dich aus. Es gibt nichts mehr für dich zu tun. Du bist in Sicherheit.

Bitte nun eine spirituelle Kraft deines Vertrauens, bei dir zu sein, seien es Mutter Maria, Jesus Christus, ein oder mehrere Erzengel, Gottheiten oder Göttinnen, die Kraft der göttlichen Ordnung oder deine inneren spirituellen und emotionalen Selbstheilungskräfte. Erlaube diesen, zu wirken.

Stelle dir nun eine Burg vor, eine absolut stabile und sichere Festung. Sie hat eine Zugbrücke und einen sehr verlässlichen Wächter. Bitte die heilenden Kräfte, den verletzten inneren Anteil in diese Burg zu bringen, in einen sicheren Raum, in dem er nie wieder beschämt werden kann, und ziehe dann die Zugbrücke hoch. Niemand, wirklich niemand, darf dieses innere Wesen angreifen. Nur ausdrücklich erlaubte Gäste sind hier willkommen. Egal, wie diejenigen, die draußen bleiben müssen, auch reagieren mögen, sie haben ihr Recht darauf, diesen Anteil deines Selbst zu sehen, verwirkt. Schaue, wer sich eventuell noch in der Burg herumtreibt, und wirf sie hinaus, ja, auch und insbesondere deine Eltern. Dieser innere Anteil ist wahrscheinlich wie gelähmt und völlig handlungsunfähig. Vielleicht aber spürst du dennoch einen Hauch von Erleichterung, wenn er in der Burg angekommen ist. Setze dich als Erwachsener dazu, falls du das Gefühl hast, dieser innere Anteil vertraut dir und fühlt sich wohl mit dir. Sage ihm, dass du ihn wahrnimmst und dass er hier sicher und geschützt ist. Er braucht die Burg nie wieder zu verlassen, wenn er das nicht will. Vielleicht aber will dieses innere Wesen auch gehen, die Erde, deinen Körper verlassen und zurückkehren ins Reich deiner Seele. Es spaltet sich dadurch nicht ab, es wechselt nur die Frequenz. Keine Sorge, es gehört nach wie vor zu dir. Dann bitte den Schutzengel dieses inneren Anteiles, ihn zu begleiten auf seinem Weg zurück ins Licht. Verneige dich vor ihm, und danke ihm, dass er dir mit seiner speziellen Energie diese Erfahrungen überhaupt erst ermöglicht hat. Das mag sich merkwürdig anhören, wenn du es aber auf der Seelenebene nicht entschieden hättest, hättest du diese Erfahrungen nicht gemacht. Deshalb danke diesem überaus mutigen, licht- und liebevollen Teil deiner Seele, dass er es auf sich genommen hat, dich mit all dem in Kontakt zu bringen – und dann lasse ihn gehen.

Die Herzkammer der Liebe

... wenn du Trost und Ruhe brauchst, dich in deinem eigenen Herzen ausruhen möchtest.

Du setzt oder legst dich bequem hin, erlaubst dir, zur Ruhe zu kommen. Es gibt nichts mehr zu tun. Du darfst dir vorstellen, alles, was dich jetzt noch belastet, in ein kleines Päckchen zu verpacken und vor die Tür zu stellen. Jetzt kannst du aufatmen, tiefer und tiefer sinken. Du darfst der Außenwelt erlauben, sich nun für eine Weile ohne dich weiterzudrehen. Du richtest deine Aufmerksamkeit nun nach innen, auf deine Innenwelt. Es ist so wichtig für dich, in deine eigenen Tiefen zu sinken, um Kraft zu schöpfen und zur Ruhe zu kommen. Hier, tief in dir, findest du die Kraft, mit der du deinen Alltag meisterst. Hier, tief in dir, begegnest du deiner eigenen Leichtigkeit, deiner Stille und deiner ganz eigenen Kraft.

Richte nun deine Aufmerksamkeit auf dein Herz. Stelle es dir bildlich vor, oder nimm es auf eine andere Weise wahr. Irgendwo in deinem Herzen gibt es eine Kammer, einen Raum, in dem eine Quelle reiner Liebe sprudelt. Diese Liebe fühlt sich vielleicht anders an, als du es erwartest. Vielleicht spürst du Ruhe und Gelassenheit, Geborgenheit oder einfach ein friedliches Gefühl. Von dieser Kammer deines Herzens aus strömt unablässig Licht nach außen, egal, ob du dieses Licht wahrnehmen kannst oder nicht. Es ist ein Energiefeld, das direkt an die göttliche Lichtkraft angeschlossen ist, das immer weiter nach

innen reicht und von hier aus in direktem Kontakt mit der Schöpferkraft selbst steht. Nimm bitte dieses Licht wahr, oder stelle es dir einfach vor. Und jetzt erlaube ihm, in dich selbst hineinzuströmen. Das Licht aus deinem Herzen beginnt, durch deinen ganzen Körper hindurchzufließen, in deine Zellen und zwischen deine Zellen. Es füllt dich vollkommen aus. Es strömt aus dem Herzen in dich hinein. Irgendwann spürst du, dass dein Körper schon ziemlich angefüllt ist mit diesem Licht, das aus deinem eigenen Herzen in dich selbst hineinströmt. Dein Körper leuchtet und ist hell und leicht, und das Licht beginnt, zu allen Seiten hin nach außen zu strömen. Es erhellt deine Auraschichten, strömt in den Emotionalkörper, in den Mentalkörper und in die weiteren, feineren Schichten deines Selbst. Irgendwann bist du ganz angefüllt mit diesem Licht, das aus dir selbst herausströmt.

Nun stelle dir bitte eine goldene Hülle vor, die sich um dich legt, um die äußeren Schichten deiner Aura. Die goldene Hülle stabilisiert dich und erlaubt dir, dich sicher und geschützt zu fühlen. Dein Energiefeld ist nun von außen unantastbar. Du befindest dich innerhalb der schützenden goldenen Schicht, und immer weiter strömt die Liebe aus deinem Herzen in dich selbst hinein, erfüllt das goldene Ei mit einem stabilen Energiefeld von Licht, Liebe und

Frieden aus deinem eigenen Herzen heraus.

Bleibe in diesem Zustand, und verlasse ihn nicht, während du gleichzeitig mit deiner Aufmerksamkeit zu deinem Körper zurückkehrst, deinen Atem wahrnimmst, den Raum erkennst, in dem du dich befindest …

Du spürst nun den Schutz und den inneren Frieden und nimmst gleichzeitig deine Außenwelt wahr. Deine Aufmerksamkeit ist gleichermaßen nach innen und nach außen gerichtet.

Das goldene Ei

Geborgenheit, Rückzug, zu sich selbst kommen; Raum und Zeit für sich in sich finden.

(aus: Buch: »Meditation, Entspannung, Konzentration für Jugendliche«, Schirner, Darmstadt, 2009.)

Mache es dir ganz bequem, schließe deine Augen, und erlaube dir, dich auszuruhen. Du brauchst nichts mehr zu tun, du darfst dich ganz und gar entspannen, so gut, wie du das eben heute kannst. Nun stelle dir bitte vor, du liegst in einer Art goldener Eihülle. Diese Hülle kann sehr fest und stabil sein, vielleicht ist sie auch weich und dehnbar oder eher wie ein Lichtschein – sie ist genau so, wie es sich für dich gut anfühlt und wie du es heute brauchst. Du hast genug Platz in dieser Eihülle, um es dir ganz gemütlich zu machen und dich auszuruhen. Das Besondere in diesem Ei ist, dass dich niemand stört, dass du vollkommen unangreifbar bist. In der Hülle scheint ein wundervoll goldenes Licht, das dich durchströmt und dir Kraft gibt. Es fließt überall dorthin, wo es gebraucht wird, und hilft deinem Körper, Kraft zu schöpfen und neue Energie zu tanken. Du spürst, wie du dich mehr und mehr entspannst, und du atmest auf, denn hier bist du wirklich sicher und geschützt. Wie ein Schmetterling sicher und geborgen in seinen Kokon eingehüllt ist, während ihm Flügel wachsen, so kannst auch du dich immer dann in diese goldene Hülle zurückziehen, wenn dich die Welt da draußen nervt oder wenn du zu viele Ansprüche erfüllen musst. Dieser Ort ist dein persönlicher Rückzugsort. Hier wirst du genährt und bekommst genau die Energie, die du brauchst, um zu wachsen und dich zu entfalten. Stelle dir vor, dass dein Schutzengel dieses Ei liebevoll in seinen Händen hält und mit seiner Liebe erfüllt. Es gibt einen Lichtstrahl, der direkt vom Himmel oder aus der Erde kommt, was dir lieber ist, und der in diese Eihülle hineinfließt und dich fortwährend mit Energie versorgt, damit du alles entfalten kannst, was durch dich auf die Erde kommen will. Du hast in dieser Hülle die Möglichkeit, dich völlig zu entspannen, dich von allen Außenreizen abzuschirmen. Nutze sie immer dann, wenn dir alles zu viel wird oder du das Gefühl hast, dich selbst gar nicht mehr so richtig wahrzunehmen, immer dann also, wenn du eine Tür brauchst, die du hinter dir zumachen kannst. Die Eihülle verändert sich, sie ist immer genau so dick, wie du sie brauchst. Mal ist sie nur ein dünner Schleier, wenn du ein bisschen Schutz brauchst, mal ist sie undurchdringbar, wenn dir alles über den Kopf wächst.

Bleibe nun noch ein bisschen liegen, ruhe dich aus, und wenn du so weit bist, dann komme zurück in den Raum, in dem du dich befindest. Du weißt, diese Hülle ist immer bei dir, und du kannst sie jederzeit nutzen, egal, ob du allein bist oder mit anderen zusammen.

Die Lichtsäule

Schutz, Reinigung und Abgrenzung; um sich selbst wieder zu spüren;
auch sehr gut als Ausgangspunkt für verschiedene innere Reisen geeignet
oder als Werkzeug im Alltag.

Stelle dir bitte eine Lichtsäule vor. Sie ist hell und leuchtend, in wunderschönen Farben oder in Weiß, je nachdem, wie es sich für dich am besten anfühlt und wie es heute für dich richtig ist. Nimm einfach die Farben, die dir zuerst in den Sinn kommen. Der erste Impuls ist immer richtig.

Nun schaue, ob du dich entscheiden kannst, dich einmal probehalber in diese Lichtsäule hineinzustellen. Sie ist wie eine Lichtdusche oder wie ein strahlender Spot, der auf eine Bühne fällt, und du trittst ein in diesen gleißenden Lichtkegel. Er ist wirklich sehr hell, aber das fühlt sich sehr, sehr gut an, warm, geborgen und kraftvoll. Nun stelle dir bitte vor, dass alles Schwere von dir abfällt. Das Licht strömt in deinen Körper und in deine Zellen, überallhin, und es reinigt dich von allem, was dir nicht mehr dient und was du nicht mehr brauchst. Es ist, als lägest du in der Sonne, und das Licht wärmt dich durch und durch, ohne dabei zu heiß zu sein. Du stehst einfach in diesem Licht, und das Licht sorgt von ganz allein dafür, dass alles Schwere wie Rauch aufsteigt oder wie eine Last von dir abgleitet. Solange du in dieser Lichtsäule stehst, kann nichts Schweres an dich herankommen. Du bist geschützt und schwebst ein wenig über den Dingen, fühlst dich lichter und freier als sonst. Das ist die Aufgabe der

Lichtsäule. Sie macht dich leicht und erlaubt dir, alles, was dich belastet, hinter dir zu lassen und abzugeben. Nun kannst du, wenn du willst, einen Engel rufen. Probiere es bitte einfach aus, rufe einen Engel, und sieh, was passiert. Es macht nichts, wenn du das Gefühl hast, du bildest dir das nur ein. Wenn es sich gut anfühlt, dann dient es auch.

Jetzt bitte ich dich, gib alles, was schwer ist, alles, womit du nicht klarkommst und besonders alle Fragen an diesen Engel ab. Er kann dir bestimmt ein paar Lösungen zeigen, die Schwere abnehmen und dein Leben ein bisschen leichter machen. Gib also alles, was du selbst nicht lösen kannst, womit du nicht klarkommst, an diese geistigen Botschafter ab, und nimm wahr, wie du dich nun fühlst. Sicher ein wenig erleichtert, oder?

Wenn du willst, dann stelle dir jetzt vor, dass diese Lichtsäule einen äußeren Schutz bekommt, einen Spiegel, der nach außen wirkt, damit man dich nicht sieht, ein besonders helles Lichtfeld – oder du bittest ein paar Schutzengel oder andere Wächter darum, sich um die Lichtsäule herum zu stellen und auf dich aufzupassen. Nimm bitte die kraftvollsten Wächter, die du kennst. Es kann auch dein Krafttier sein.

Rufe einfach eine Energie, die dir das Gefühl von Schutz und Sicherheit vermittelt.
Engel mit Flammenschwertern sind hier
sehr nützlich, aber auch jede andere Kraft,
die für dich funktioniert. Wie fühlt sich das
denn an? Bleibe in der Lichtsäule, spüre die
Strahlkraft, die dich heilt und reinigt und
alles Schwere von dir nimmt, und fühle
gleichzeitig den Schutz.

Wenn du das Gefühl hast, alles ist dir zu
schwer, dann stelle dich bitte von nun an
immer in diese Lichtsäule, und gib das
Schwere an deine Schutzengel ab, oder
lasse es vom Licht auflösen. Wenn du
Schutz brauchst, dann bitte deine Wächter, sich um die Lichtsäule herumzustellen
und dich zu verteidigen, oder stelle dir
eine undurchdringliche Wand vor. Auch
ein Mantel, der dich schützt, kann sehr hilfreich sein.

Diese Meditation kannst du so oft machen,
wie du willst. Sie wird immer genau so sein,
wie du es gerade brauchst. Nutze sie bitte
immer dann, wenn du Schutz und Kraft
brauchst. Das kannst du ganz nebenbei
machen. Es merkt keiner, aber du weißt, du
bist sicher und geschützt.

Noch mehr Schutz findest du im Buch:
»Spiritueller Schutz im Alltag«, Schirner,
Darmstadt, 2009.

Baummeditationen

Bäume, so lehren es die Schamanen der Twisted Hairs, haben ein den Menschen sehr ähnliches Aurafeld und geben uns gern von ihrer Kraft ab – wenn wir sie respektvoll behandeln. So bietet es sich an, diese Energie auch in Meditationen zu nutzen. Hier findest du verschiedene Baummeditationen, die es bislang nur auf CD, nicht in schriftlicher Form gibt.

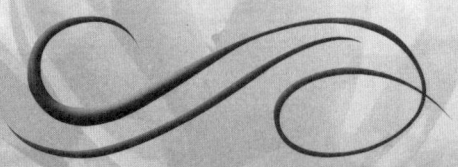

Dein Kraftbaum

Wie es Krafttiere gibt, so gibt es auch Kraftbäume,
die deinen vitalen Zustand spiegeln und die dich nähren;
für Heilung, Selbsterkenntnis und Selbstverantwortung –
und natürlich für alle, die Bäume lieben.

(aus: CD: »Baummeditation«, Schirner, Darmstadt, 2010.)

Es gibt nichts mehr für dich zu tun. Du brauchst während dieser Reise niemandem zu gefallen, nicht einmal dir selbst. Du kannst dir erlauben, dich für diese Reise einmal nur um dich zu kümmern, um Kraft zu sammeln.

So nimm ein paar tiefe Atemzüge. Vor deinem inneren Auge entsteht ein Tor, das dich in die Anderswelt führt, eine Welt, in der die Dinge eine andere, tiefere Bedeutung haben. Du trittst durch dieses Tor hindurch und befindest dich auf einmal in einer jetzt für dich stimmigen Landschaft, einer Wüste, einem Wald, an einem Sandstrand.

Vielleicht bist du sogar unter Wasser oder in einer Oase. So wie es ist, ist es genau richtig. Du nimmst die Energie dieser Natur in dich auf. Sei sicher, es ist genau das, was dir heute guttut. Du weißt, du bist mit dieser Reise auf der Suche nach deinem Kraftbaum. So wie du einen Schutzengel und ein Krafttier hast, so gibt es auch einen Kraftbaum, der genau die Energie für dich hat, die du brauchst, um auf Erden schöpferisch zu sein. Auf einmal, während du in dieser Landschaft spazieren gehst,

kommt dir der Gedanke, es könnte eine gute Idee sein, den Hüter deines Kraftbaumes zu rufen, denn wie sollst du ihn sonst finden? Und so rufe nun den Hüter deines Kraftbaumes voller Vertrauen, dass er auch kommt, wenn du ihn rufst. Und so geschieht es. In dem Moment, in dem du ihn rufst, wirklich aus dem Herzen heraus darum bittest, dass er sich zeigt, spürst du schon seine Energie. Der Hüter deines Kraftbaumes erscheint auf einmal vor deinem inneren Auge, oder du nimmst ihn auf andere Weise wahr.

Er beginnt, dir den Weg zu zeigen. Du spürst auf einmal, etwas Wichtiges, Wesentliches wartet auf dich. Womöglich kennst du die besondere Energie eines Kraftbaumes gar nicht.

Ihr geht weiter, immer weiter. Mehr und mehr lässt du deine Vorstellungen los, mehr und mehr vertraust du darauf, das du genau dorthin geführt wirst, wo es heute für dich richtig ist, dorthin, wo dein Kraftbaum auf dich wartet. Nach und nach entsteht in dir ein inneres Bild, ein Gefühl, Farben vielleicht oder ein inneres Wissen. Der Baum oder die Baumenergie, die für dich gerade jetzt richtig ist, beginnt sich zu zeigen, jetzt, während ihr den Weg entlanggeht. Vielleicht nimmst du eine starke, stabile Eiche wahr, vielleicht eine junge Birke oder einen Baum, den du noch nie gesehen hast.

Möglicherweise aber taucht vor deinem inneren Auge ein abgebrannter oder abgestorbener Baum oder Baumstumpf auf. Falls das so ist, vertraue, alles ist gut, wie es ist.

Bitte den Baumhüter, dir genau die Baummedizin zu geben, die du brauchst. Möglicherweise muss erst etwas Altes in dir sterben oder verbrennen, bevor du bereit bist für deinen Kraftbaum.

Was immer auch die Medizin ist, die du brauchst, du bekommst genau die Kraft, die dich bereit macht für deine wahre Energie. Die Baummedizin fließt in dich ein, während du weitergehst, egal, ob du sie verstehst oder nicht. Nimm sie einfach an, und vertraue dem Prozess. Du bist ein Teil des Lebens, verbunden mit allem, was ist, sei es in der Welt der Formen sichtbar oder nicht. So vertraue der Baummedizin, auch wenn dich ihre Botschaft vielleicht verwundert. Lasse dich durchströmen, und genieße die Kraft des Baumes und aller Informationen, die zu dir kommen wollen. Und nun, auf einmal, steht ihr vor einem riesig großen Baum, deinem Kraftbaum. Das kann dein Lieblingsbaum sein, aber auch ein völlig anderer. Vielleicht existiert er nicht einmal physisch. Energetisch aber ist er für dich deutlich fühlbar. So begrüße

deinen Kraftbaum, und frage ihn, ob du etwas für ihn tun kannst oder darfst, ob er etwas braucht oder ob du etwas wissen solltest. Frage ihn ganz besonders, was er von dir braucht. Öffne dich für deinen Baum, und gib ihm, was er braucht: deine Tränen, dein Blut in seinen Wurzeln, deinen Schweiß, deine Liebe, deine Dankbarkeit, dein Vertrauen, deine Hingabe. Möglicherweise erkennst du, dein Baum ist nicht ganz gesund. Vielleicht gibt es Baumpilze, die überhandnehmen, oder eine dichte Schlingpflanze nimmt ihm die Luft zum Atmen, vielleicht fehlt Wasser. Versorge diesen Baum, tu alles, was nötig ist, damit er gesund wird. Sei bitte ganz offen für seine Bedürfnisse. Rufe den Hüter des Kraftbaumes, er ist ja sowieso bei dir. Bitte ihn, dir zu helfen, deinen Baum zu heilen, zu nähren, mit allem zu versorgen, was er braucht.

Dieser ganz besondere Kraftbaum gehört zu dir. Er hilft dir, die wundervolle, schützende Energie von Mutter Erde anzunehmen und zu nutzen. Er hilft dir, das in Frieden anzuerkennen, was ist. Vielleicht erkennst du schon jetzt seine ganz besondere, einzigartige Energie, die er dir gibt, vielleicht gibt es gar kein Wort dafür. Er gibt dir genau den Halt, die Stabilität, die Verlässlichkeit, die dir im Alltag manchmal fehlt. Wenn du deinem Kraftbaum vertraust, dann vertraust du Mutter Erde. Wenn dein Kraftbaum gut genährt ist, dann bist auch du vital und stark. So spiegelt dir dein Kraftbaum auch, in welchen Bereichen deines Lebens womöglich etwas fehlt – was drückt dir die Luft ab, wo

brauchst du selbst Wasser, wo sind dir andere zu dicht auf den Stamm gerückt, wo gibt es tote Äste, wo fehlt ein Stück, wo gibt es eine Wunde, die Versorgung braucht?

Verbringe Zeit mit diesem Baum. Du tankst dabei neue Lebenskraft, Mut und Zuversicht. Du wirst gestärkt durch die Kraft von Mutter Erde, bekommst Durchhaltevermögen und Geduld.

Wann immer du Sehnsucht nach diesem Baum bekommst, schließe deine Augen, und reise zu ihm. Er wird dir genau den Halt und die Lebendigkeit schenken, die du heute brauchst.

Atme diese Energie ein, und komme dann in deiner Zeit in den Raum zurück, in dem du dich befindest.

Der Weltenbaum

*Erdung, Schöpferkraft, die Ernte einfahren; Wurzeln, Blüte und reife Früchte –
eine Reise, die aus mehreren Teilen besteht und kurz oder lang gehalten werden kann;
verbindet die Seele mit dem Körper,
stärkt die Lebendigkeit und den eigenen schöpferischen Selbstausdruck;
gibt an der Stelle Kraft, an der ein Projekt oder ein Thema festgefahren ist.*

(aus: CD: »Baummeditation«, Schirner, Darmstadt, 2010.)

Erlaube dir zu träumen, nachdem du deine Augen geschlossen hast. Du befindest dich auf einmal in einer wundervollen, einzigartigen Landschaft. Ein großes Steintor zieht dich wie magisch an, und du gehst hindurch. Du stehst in einem Märchenwald. Es gibt riesige Farne, Mammutbäume, rauschende Bäche und von Moos bewachsene Felsen. Ein Weg, der mit Blumen gesäumt ist, führt dich an einem Bach entlang. Du hörst das Murmeln und Glucksen, nimmst das Schimmern wahr, mit dem das Wasser in kleinen Wasserfällen immer wieder über Felsen springt. Die Natur ist so belebend und grün, wie du es vielleicht noch nie gesehen und erlebt hast. Der Weg führt dich in Windungen um riesige Bäume herum. Es sind Mammutbäume, uralt und gigantisch. Du fühlst dich auf eine sehr angenehme Weise klein und geschützt, denn wenn du wolltest, könntest du dich zwischen den Wurzeln eines jeden Baumes verstecken, so groß sind sie. Du genießt diesen Spaziergang durch den Märchenwald, spürst die immense Kraft der Bäume, die Ruhe, den Frieden. Du staunst, nimmst die uralte und stabile Kraft der

Bäume in dich auf. Hinter jeder Biegung erwartet dich ein neuer, ein noch größerer, ein noch schönerer Baum. Auf einmal kommst du zu einem weiteren Tor.

Du hast es weder erwartet noch von Ferne wahrgenommen und bist nicht sicher, ob du hindurchgehen solltest, weil du nicht weißt, was dich dahinter erwartet. Du bleibst stehen. Auf einmal erscheint eine Wesenheit, der Hüter des Zauberwaldes, ein Wesen, dem du auf den ersten Blick und tief aus dem Bauch heraus vertraust. »Dies ist das Tor zu deiner Schöpferkraft«, sagt dir das Wesen. »Es ist Zeit, hindurchzugehen, deshalb ist es erschienen. Aber du hast die Wahl.«

Ganz selbstverständlich entscheidest du dich, hindurchzugehen, denn nun bist du so weit gekommen. Du sehnst dich danach, deine Schöpferkraft in Anspruch zu nehmen, das weißt du schon lange. Und auf einmal stehst du mitten im größten Baum, den du je gesehen hast. Von außen war er nicht zu erkennen, als du vor dem Tor standest, denn in der Welt vor dem Tor gab es diesen Baum nicht. Möglicherwei-

se bist du ein wenig verunsichert – was ist denn das für eine Welt?

Eine tiefe, überaus angenehme Stimme ertönt: »Dies ist der Eingang zum Weltenbaum«, sagt sie. »Du kannst ihn von außen nicht erkennen, weil er in einer anderen Dimension wächst. Hier findest du deine irdische Schöpferkraft, alles, was du brauchst, um auf Erden sicher, geborgen, erfüllt, erfolgreich und im Frieden mit dir selbst zu leben.«

Du bleibst vollkommen gebannt stehen. Noch nie hast du eine solch summende, kraftvolle, friedliche Energie gespürt. Auf einmal bemerkst du, es gibt einen Gang innerhalb des Baumes, der dich nach unten führt, in die Wurzeln. Du weißt, es ist wichtig für dich, jetzt in die Wurzeln hinabzusteigen. Ganz einfach und leicht windet sich der Gang im Stamm nach unten, und auf einmal bemerkst du, wie sich die reine, pure Erdenergie durch die Wurzeln in den Baum hineinziehen lässt. Du siehst und spürst, was du sonst vielleicht nur fühlst: Du siehst die Erdenergie mit eigenen Augen, und du kannst erkennen, wie sie in

die Wurzeln hineinfließt, ähnlich wie Licht, wie Wasser, vielleicht eher wie rotglühende Lava, vielleicht ganz anders, wie Wärme oder Muttermilch. Zum ersten Mal erlebst du den Vorgang der Erdung, des Genährtwerdens in seiner Urform.

Auf einmal spürst du, welche Energie es braucht, damit deine Seele in einem menschlichen Körper auf Erden wirksam werden kann. Die Erdkraft fließt aus dem Herzen der Erde in die tiefsten Wurzeln des Weltenbaumes und erinnert dich daran, wie es ist, tatsächlich geerdet zu sein, voll und ganz verwurzelt und eins mit Mutter Erde. Vielleicht wird dir bewusst, dass du auf eine ganz bestimmte Weise Widerstand gegen das Erden aufgebaut hast, vielleicht spürst du, dass dir diese Selbstverständlichkeit, mit der der Weltenbaum die Erdkraft nimmt, fremd ist. Hier und jetzt erlebst du sie mit jeder Faser deines Seins. Du legst deine Hände auf die Wurzeln, und du spürst das Summen der Erdkraft in den Wurzeln des Weltenbaumes. Noch nie hast du Erdkraft so deutlich, so fühlbar, so physisch wahrnehmbar erlebt. Je länger du dich in diesen Wurzeln aufhältst, desto gesünder und stärker wird deine eigene Anbindung an die Erde.

Etwas in dir entspannt, lässt los, atmet auf. Ein wesentlicher Aspekt deines Selbst kommt in Frieden, zur Ruhe, kommt auf der Erde an. Du spürst den Frieden, den du bekommst, wenn du dich voll und ganz mit Mutter Erde verbindest – weil du ein Mensch bist, weil du ein Teil der Erde bist, ein organisches Wesen. Du hast jetzt die Wahl, du kannst es dir hier in den Wurzeln bequem machen und träumen …

… oder du folgst der Reise weiter.

Du reist in dem Stamm des Baumes wie in einer Lichtsäule nach oben. Die Energie verändert sich, wird lichtvoller, freudvoller, sprühend lebendig. Auf einmal bist du in jenem Bereich des Weltenbaumes, der dir zeigen möchte, wie es ist, zu blühen. Du stehst mitten in einem Blütenmeer, nimmst die Energie dieser Blüten in dir auf. Dieser Weltenbaum zeigt seine Schönheit, seine Vitalität und seine Lebenskraft, seine Freude an seiner eigenen Fruchtbarkeit ganz und gar offen und frei. Jede Blüte ist ein Symbol für pure Lebenslust, für Freude, für Furchtbarkeit. Die Blüten signalisieren ganz frei: Ich bin offen, ich bin frei, ich bin bereit, bestäubt zu werden und das Leben weiterzugeben. »Sieh meine Schönheit«, signalisieren sie dir. Je länger du dich in dieser Energie aufhältst, desto deutlicher wird dir bewusst, in welchen Bereichen deines Lebens du es noch vorziehst, in der Knospe zu verharren. Vielleicht ist die Zeit zum Blühen noch nicht gekommen, viel-

leicht aber hast du Angst, schämst dich, in deiner ganzen Pracht sichtbar zu sein. Du möchtest nicht zurückgewiesen werden, oder du weißt einfach nicht, ob deine Blüte wirklich schön genug ist.

Aus jeder einzelnen Blüte strömt nun der Duft des Mitgefühls in dich ein, der Duft des Mitgefühls und zugleich der Ermutigung. Und mehr und mehr bekommst du Lust, selbst zu blühen, mehr und mehr bekommst du Lust, deine Schönheit zu zeigen, deine Kreativität zu erkennen und deine Schöpferkraft der Welt zur Verfügung zu stellen. Du weißt nicht, ob die Welt sie nimmt. Das weiß die Blüte auch nicht. Sie blüht einfach, weil sie gar nicht anders kann, als zu blühen. Wenn die Lebenskraft ungehindert fließt, wenn deine Schöpferkraft ungehindert fließt, dann kannst du nicht anders, als zu blühen. Hier in dieser Energie des Weltenbaums bekommst du die reinste, ursprünglichste Ermutigung, ganz und gar du selbst zu sein, ganz und gar frei in deiner eigenen Blüte zu stehen, ganz gleich, was die Welt dazu sagt.

Du bist einzigartig. Wenn du nicht blühst, werden sich diese Blüten niemals öffnen. Denn woher weißt du, dass die Welt nicht längst auf deine Blüten wartet? Vielleicht spürst du noch einmal Scham oder Trauer, doch während du in den blühenden Zweigen dieses Weltenbaumes ausruhst und Kraft tankst, beginnt sich etwas in dir zu verwandeln. Etwas Mutloses bekommt auf einmal Lust und Freude daran, sich zu zeigen. Etwas, was längst aufgegeben hat, bekommt auf einmal Hoffnung. Blüten, die vielleicht bislang ganz kleine Knospen waren, beginnen zu reifen, wollen sich zeigen, erkennen, dass sie wichtig sind.

Friede steigt in dir auf, Freude an deiner eigenen Lebendigkeit, deiner eigenen Schönheit, deiner Einzigartigkeit.

Mit wem willst du dich vergleichen? Du bist einzigartig. Warum solltest du nicht gut genug sein? Du bist einzigartig, es gibt keinen Vergleich. Du darfst blühen, wie du willst. Nur du hast diese Blüten. Mache es dir bequem zwischen den Blüten, genieße die Zartheit und die Leichtigkeit, oder folge mir, denn nun zieht dich eine Lichtsäule in einen weiteren Bereich des Weltenbaumes …

Hier reifen die Früchte.

Vielleicht weißt du, wie man sich erdet. Vielleicht weiß du, wie man blüht. Aber weißt du auch, wie man Früchte erntet und seine eigenen Energien mühelos aussät?

Weißt du, wie man auf den richtigen Zeitpunkt wartet und wie man seine Früchte, aber nicht seine eigene Lebenskraft, zur Verfügung stellt? Du bist Nahrung für andere, und du kannst dich selbst neu aussäen. Du vermehrst dich, ganz einfach, die Reifung geschieht von ganz allein. Die Früchte fallen zu Boden, die Samen schlagen Wurzeln. Du vermehrst dich und deine Energie ganz von allein, ohne etwas zu tun. Auf einmal wird dir bewusst, in welchen Bereichen du vergisst, die Früchte zu ernten. Wo hättest du schon längst

Samen sammeln können? Wo hättest du dich schon längst ganz einfach ausbreiten können? Vielleicht erlaubst du, dass deine Früchte immer wieder gefressen werden, oder du pflückst sie viel zu früh, vielleicht vergisst du zu ernten. Vielleicht haben sie schon längst Wurzeln geschlagen und neue Pflänzchen gebildet, aber du nimmst es gar nicht wahr. Bleibe hier, ruhe dich aus zwischen den Früchten, denn hier gibt es nichts zu tun. Die Reifung geschieht von allein. Hier geht es um Geduld, um Geschehen lassen, darum, zum richtigen Zeitpunkt da zu sein.

Genieße die Kraft der Reifung, der Ernte. Vielleicht erkennst du, dass du nur in wenigen Bereichen deines Lebens ernten kannst. Ruhe dich hier aus. Hier reifen die Früchte und erinnern dich, alle Arbeit ist getan. Sie haben geblüht, sind bestäubt, haben die Blüte losgelassen. Jetzt brauchen sie nur noch Nahrung, Wasser, Licht und Zeit. So nimm du dir jetzt bitte die Zeit, zu erkennen, welche Früchte geerntet werden wollen, in welchen Lebensbereichen du aufbauen kannst auf das, was du bereits gelernt hast. Vielleicht glaubst du, du musst immer wieder neue Blüten bilden, kommst vor lauter Blühen nicht zur Ruhe, zum Reifen lassen. Erkenne, was bereits gewachsen ist und nur darauf wartet, von dir wahrgenommen zu werden, unbemerkt möglicherweise. Hier ist der Bereich der Erfüllung, der Dankbarkeit, der Selbstsicherheit, des Selbstvertrauens. Hier erkennst du, was dir alles zur Verfügung steht, welche Kräfte bereits da sind, genutzt werden können, entfaltet sind. Gibt es ein bestimmtes Projekt, eine Frage, dann schaue hier: Ist es schon so weit, ist es reif? Willst du einen neuen Weg gehen, dann schaue, ob einige Früchte bereits Wurzeln geschlagen haben und den neuen Weg bereiten. Ruhe dich aus. Hast du eine Frage, ein Thema in deinem Leben, lasse dich im Weltenbaum genau an die Stelle führen, an der du die Antwort findest: Erdkraft, den Mut zu blühen, Vertrauen und Hingabe, die Dinge reifen zu lassen – der Weltenbaum stellt dir die Urenergien des Lebens zur Verfügung in ihrer reinsten Form. Weil das so ist, kannst du sie ganz leicht nutzen.

Komme dann in deiner Zeit zurück. Der Weltenbaum steht dir mit seinen Energien jederzeit zur Verfügung und nährt dich.

Der Garten deines Lebens

*Potenziale stärken und entwickeln;
das innere Kind erlösen und brachliegende oder noch nicht entfaltete Kräfte
erkennen und neu beleben.*

(aus: CD: »Baummeditation«, Schirner, Darmstadt, 2010.)

Du gehst in einer zauberhaften Landschaft spazieren. Du erfreust dich an Blumen, Tieren, Bäumen, eventuell dem Meer. Während du in deiner Traumlandschaft spazieren gehst, bekommen deine inneren Bilder eine Art Eigenleben, und dein Einfluss auf sie schwindet. Jetzt steht eine Gestalt vor dir, ein Tier, ein Engel, ein Naturgeist, ein Fabelwesen. Sie sagt dir: »Ich habe auf dich gewartet. Es gibt eine wichtige Botschaft für dich. Ich möchte dir etwas zeigen.«

Du fragst dich, wie dieses Wesen auf dich gewartet haben kann, obwohl du diese Landschaft zum ersten Mal betrittst, doch du erkennst, in dieser Welt sind die Dinge anders. Und so wirst du bereit, ihm zu folgen, und dir zeigen zu lassen, was es dir so dringend zeigen möchte. Ihr geht einen Weg entlang, und auf einmal kommt ihr zu einer Baumschule. Viele Bäume wachsen hier, blühende, Früchte tragende, kleine und große. Einige allerdings scheinen wie abgestorben zu sein. Andere Plätze sind frei, so, als wäre der Same des Baumes erst gar nicht gekeimt. Das Wesen führt dich in diese Baumschule und sagt dir:

»Das ist der Garten deines Lebens. Jeder dieser Bäume ist aus einem Samen entstanden, der zu dir gehört, ein Same deiner Persönlichkeit, deiner Talente, Fähigkeiten, deiner Seelenkräfte. Als du auf die Erde gekommen bist, hast du von jeder für dich wichtigen Energie eine oder mehrere Samen bekommen, denn in deinem Erwachsenenleben brauchst du die Früchte all deiner Bäume, um deiner Bestimmung zu folgen. Zu gegebener Zeit, wenn deine Samen gesund aufgehen und wachsen, werden die Früchte genau zu der Zeit reif, zu der du sie brauchst. Talente und Fähigkeiten reifen, Kraftquellen erschließen sich genau dann, wenn du sie brauchst.«

Du schaust dich um und erkennst, es gibt einige Bäume, die anscheinend aufgehört haben, zu wachsen, die noch ganz klein sind. Sollten sie nicht größer sein? Du bist doch erwachsen. Das Wesen sieht dir deine Frage an und sagt:

»Als du zur Erde kamst, hast du all deine Samen in die Erde gelegt. Alle begannen zu wachsen, doch bei jeder Verletzung, bei jedem Schock oder Schmerz hörte ein Teil des Baumes, um dessen Energie sich die Verletzung drehte, auf, sich weiterzuentwickeln. Einige Bäume sind bereits seit deiner Kindheit fast abgestorben, sind wie im

Schock. Andere wachsen zwar weiter, aber sehr kümmerlich. Wieder andere sind sehr gesund und übernehmen all die Aufgaben derer, die nicht gewachsen sind.«

Tatsächlich, es gibt einige Bäume, die wie erstarrt wirken, erfroren. Einer dieser Bäume zieht dich wie magisch an. Er ist noch sehr klein. Du gehst zu ihm hin, setzt dich zu ihm, umfasst mit deinen Händen seinen Stamm oder den kleinen Schössling. Du schließt die Augen, und auf einmal fällt dir die Situation aus deinem Leben ein, die dazu geführt hat, dass dieser ganz besondere Teil deines Selbst erstarrt ist. Auf einmal erinnerst du dich, warum du an dieser Stelle entschieden hast, nicht mehr zu atmen, zu wachsen. Du weißt plötzlich, warum du an dieser Stelle Nein zum Leben sagtest. Du atmest, sendest all deine Liebe und dein Mitgefühl in dieses kleine Bäumchen, in diesen Schössling. Vielleicht spürst du auch den Schmerz, die Trauer oder die Kälte von damals. Immer deutlicher wird die Situation vor deinem inneren Auge, immer mehr erkennst du, dass du vielleicht als Kind verlassen wurdest, eine Trennung erlebtest, in Angst und Unsicherheit lebtest, Gewalt erfahren hast, eine Krankheit durchlittst. Du schaust dir die Situation an, und auf einmal erkennst du, dass du ja jetzt erwachsen bist und jetzt dieses kleine Kind retten könntest. Du nimmst all deine Liebe, all dein Mitgefühl, gehst hinein in die Situation, in der das Kind in Not ist. Du nimmst es in den Arm, sagst ihm:

»Ich sehe dich, ich höre dich, ich nehme dich wahr, ich halte dich, ich bin jetzt für dich da.« Rette es aus der Situation, tu, was immer nötig ist, zeige ihm, dass du es wirklich wahrnimmst. Sage ihm: »Ich glaube dir. Vertraue dem, was du fühlst. Deine Gefühle sind richtig. Sie stimmen, egal, was andere dir sagen.«

Schaue, wie das Kind reagiert. In welcher Situation auch immer es sich befindet, sicher ist es froh, dass du da bist und es rettest. Nimm dieses Kind in dein Herz, atme es in dein Herz hinein, sage ihm: »In meinem Herzen kannst du wachsen und reifen, am Leben teilhaben. Ich bin jetzt für dich da.«

Vielleicht gefällt es dir auch, das Kind an die Hand zu nehmen und es zu seinem Bäumchen zu führen. Vielleicht tut es dem Kind und dem Bäumchen gut, wenn das Kind den Baum streichelt und berührt. Wie es geschieht, ist es richtig. Das Leben weiß selbst am besten, wie es sich heilen kann.

Nimm wahr, wie das Kind in Sicherheit ist, wahrgenommen wird und wie das Leben in den Baum zurückkehrt.

Wenn du den Schmerz anerkennst und Zeuge bist, wenn du dem Kind sagst: »Ich sehe dich«, dann wird alles gut. Lasse dich nun überall dorthin ziehen, wo dein Garten des Lebens deine Liebe, dein Mitgefühl braucht.

Vielleicht willst du heute nur einen Baum heilen. Vielleicht ruft es dich auch zu mehreren. Wann immer etwas in deinem Leben schwierig wird, wann immer du Kraft oder eine Antwort brauchst, suche den Garten des Lebens auf, schaue nach den Bäumen, die Mitgefühl brauchen, kümmere dich um sie – und lasse dir von den großen und starken Bäumen Früchte und Energie geben. Dein Mitgefühl, deine Art, dich selbst anzuerkennen und wahrzunehmen, bringen das Leben und die Freude, die Gesundheit in den Garten deines Lebens zurück. Falls du im Garten einen Samen entdeckst, der nicht einmal aufgegangen ist, dann bitte das Wesen, das dich hergeführt hat, dir einen neuen, keimfähigen Samen zu geben. Es kann aus deiner Seelenkraft einen neuen Samen manifestieren.

So verbringe noch ein wenig Zeit in diesem Garten. Du kannst dich tatsächlich selbst heilen und dir selbst das Leben neu schenken.

Die Heilkraft der Bäume

Ein innerer Platz des Friedens, um Stärke und inneren Frieden zu erleben;
um in Frieden mit schwierigen Themen zu kommen;
ein Energiepotenzial, das die Bäume zur Verfügung stellen

(aus: CD: »Baummeditation«, Schirner, Darmstadt, 2010.)

Wie immer machst du es dir ganz bequem, erlaubst dir, loszulassen. Du lässt dich ein wenig tiefer sinken. Du durchschreitest in Gedanken ein Tor, und auf einmal entsteht vor deinem inneren Auge die wunderschönste Landschaft, die du dir nur vorstellen kannst, zart oder kraftvoll oder auch beides. Während du in dieser Landschaft spazieren gehst, wird dir ein Bereich deines Lebens bewusst, der Heilung, Unterstützung, Trost und Frieden braucht. Vielleicht vermeidest du es normalerweise, an diesen Bereich zu denken, doch jetzt, während des Spaziergangs, spürst du, dass du dir Frieden wünschst. Du erkennst, du bist bereit, in Frieden zu kommen mit dem, was ist, und wünschst dir einen Platz, an dem dieser Frieden verankert sein könnte. Noch während dir dieser Wunsch nach Frieden bewusst wird, bemerkst du in einiger Entfernung ein Leuchten, ein Schimmern, vibrierende Energie. Du gehst darauf zu und entdeckst einen Hain, eine Anordnung von Bäumen, die im Kreis stehen. Es sind verschiedene Bäume: blühende, junge, alte, Nadelbäume und vielleicht sogar Palmen. Ein Hain aus Bäumen, die genau jene Energie haben, die gemeinsam genau das Kraftfeld bilden, das du brauchst, um mit deinem Thema in Frieden zu kommen.

Von jedem dieser Bäume geht eine bestimmte Vibration aus, eine Farbe, ein Ton, eine Melodie. Alle zusammen bilden in der Mitte des Hains einen Kraftplatz, ein Energiefeld, das einzigartig ist und nur jetzt, nur heute auf diese Weise erschaffen wurde. Jetzt und hier und heute bilden sie dir genau den Kraftplatz, den du brauchst, um mit deinem Thema in Frieden zu kommen. Du trittst zwischen den Bäumen hindurch, mitten auf den Hain, mitten in das Kraftfeld hinein. Du spürst mehr und mehr die immense Stärke all dieser Bäume, in genau der richtigen Zusammensetzung, so wie es heute für dich passt. Mag sich dein Verstand fragen, wie eine Palme neben einem Tannenbaum entstehen kann, so weißt du, dieser Kraftort ist ein Geschenk der Natur an dich, bietet dir heute genau die ideale Kombination der Energien. Du nimmst ihr Geschenk des Friedens dankbar an und stellst dich jetzt, jetzt, mitten hinein in das Kraftfeld, das all diese Bäume gemeinsam für dich bilden. Augenblicklich durchströmt dich diese Energie, die es nur heute gibt, nur jetzt. Du nimmst sie in jede Zelle auf und spürst, wie Heilung in dir geschieht, genau an der Stelle, an der du heute Heilung brauchst. Stärker und stärker wird die Energie, noch stärker – die

Bäume strahlen und leuchten vor Vitalität. Mehr und mehr dieser Kraft nimmst du in dich auf. Du lässt dich ganz und gar erfüllen. Die Bäume erhöhen ihre Strahlkraft noch einmal, in genau der richtigen Zusammensetzung, schicken dir jene Heilkraft, die du heute brauchst, um in Frieden mit allem zu kommen, was gerade ist.

Nun lässt die Energie wieder nach, denn du brauchtest nur eine Erinnerung an den Frieden, den du in dir selbst trägst.

Die Bäume ziehen ihre Energie wieder zurück. Möglicherweise löst sich gar der ganze Hain vor deinem inneren Auge auf. Du verneigst dich, bedankst dich, bist tief bewegt, du verlässt den Hain, ruhst dich noch ein wenig aus. Dann, gestärkt und frisch in Frieden mit dir, gehst du zurück durch dein Tor. Du weißt, diese Baumkraft steht dir immer wieder neu zur Verfügung, gerade so wie du sie brauchst.

Erdungs-
meditationen

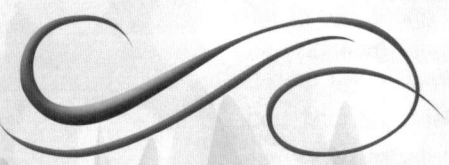

Baum-Erdung

Starke, stabile Erdung mit Wurzeln wie ein Baum.

Schließe deine Augen, und stelle dir vor, dein Körper wäre ein Baum. Deine Wurzeln reichen tief in die Erde, nehmen Nahrung aus der Erde auf, du bekommst alles, was du brauchst. Diese Kraft aus der Erde sieht vielleicht aus wie rotes Licht, vielleicht ist dir Wasser angenehmer, oder du spürst einfach einen Strom der Kraft.

Nimm dir Zeit, zu erleben, wie es sich für dich anfühlt, und tauche ein in diesen Zustand. Es gibt kein Richtig oder Falsch, so wie du es spürst, ist es für dich richtig. Lasse nun diese Kraft aus der Erde in all deine Zellen fließen, in deinen ganzen Körper. Vielleicht magst du dir vorstellen, dass es tief in der Erde ein Herz gibt, ein riesiges goldenes Herz, und dass die Liebe aus diesem Erdherz in dich einströmt. Das Licht, die Liebe der Erde fließt in deinen Körper und in dein eigenes Herz. Es wird dabei ganz warm und weit. Das kann ein bisschen dauern. Nimm dir Zeit, es wirklich zu spüren. Immer fester fühlst du dich mit der Erde verbunden, auf eine gute, Halt gebende Art. Wenn du so richtig von Erdkraft durchströmt bist, dann richte deine Aufmerksamkeit nach oben, Richtung Arme und Kopf. Hier befinden sich deine Äste und Blätter. Du spürst, wie sich die Blätter sanft im Wind bewegen, wie das Licht der Sonne auf sie scheint und sie mit Kraft erfüllt. Die Wärme der Sonne fließt in die Blätter hinein, und nach wenigen Au-

genblicken spürst du diese Wärme in deinem eigenen Körper. Du genießt es sehr, ein Baum zu sein, denn du weißt, du bist Heimat für viele Tiere. Vielleicht nistet ein Vogel in deinen Zweigen, ein Eichhörnchen turnt auf dir herum, Vögel landen auf deinen Ästen und fliegen wieder davon … Lasse dir ganz viel Zeit, all das Leben in dir zu spüren und zu beobachten.

Du nimmst also die Energie der Erde und der Sonne in dich auf, lässt dich nähren und mit Kraft erfüllen und schenkst gleichzeitig vielen Lebewesen eine Heimat, einen Ort der Sicherheit und der Geborgenheit. Du erlebst, wie wichtig du bist. Du bist nicht einfach nur irgendein Baum, sondern du bietest Schatten, Schutz und Nahrung für sehr viele Tiere. Das gibt dir ein gutes Gefühl, du fühlst dich gebraucht und wertvoll. Fest und sicher stehst du da, nimmst all die Kraft in dich auf und verschenkst sie an alle, die bei dir Schutz suchen, einfach so, indem du da bist. Es gibt nichts zu tun. Du spürst das Fließen der Kraft aus der Erde und die Wärme der Sonne in dir, fühlst dich selbst fest verwurzelt und sicher, während du auch anderen Sicherzeit und Schutz bietest.

Bleibe nun noch ein bisschen in diesem Gefühl, und behalte es in dir, auch wenn du jetzt langsam wieder die Augen öffnest und den Raum wahrnimmst, in dem du dich befindest. Wenn du diese Übung ganz schnell machen willst, dann konzentriere dich nur auf das Strömen aus der Erde und die Wärme der Sonne, das gibt dir Kraft und Halt, wenn du rasch Energie brauchst.

Die Seerose

Sanftere Erdung. Nicht jeder mag es, feste Wurzeln zu haben.
Auch Seerosen sind geerdet, dabei aber weicher, fließender.

Du entspannst dich ein bisschen, machst es dir bequem, kommst zur Ruhe. Nun stelle dir bitte eine traumhaft schöne Landschaft vor. Sie ist sehr gesund und strahlt reine Lebenskraft aus. Vor dir liegt ein wundervoll schimmernder, tiefblauer Teich. Er funkelt wie ein Saphir. In diesem Teich gibt es eine Seerose oder eine Lotosblume, so wie es dir lieber ist. Sie ist fest im Schlick des Sees verwurzelt und wiegt sich sanft in der leichten Strömung. Und nun stelle dir bitte vor, du selbst wärst diese Pflanze. Deine Blätter schaukeln sacht auf dem Wasser, aber deine Wurzeln sind tief und stabil im Boden des Sees verankert. Lasse deine Wurzeln noch ein Stück tiefer in den Grund des Sees hineinwachsen. Fühle die Festigkeit und Geschmeidigkeit des Bodens, der dich hält. Der Boden gibt dir genau den Halt, den du brauchst. Er hält dich, engt dich aber nicht ein. Du spürst die feuchte Kühle an den Wurzeln, den Halt, aber auch die Elastizität und Weichheit des Bodens. Nun nimm deinen langen Stängel wahr. Wie ein dickes, stabiles Seil steigt er im Wasser nach oben, stark und biegsam zugleich. Der Stängel wiegt sich sacht mit dem Fluss des Wassers, und du spürst einmal mehr, wie angenehm du im Boden verankert bist. Das Wasser trägt dich, beinah schwerelos wiegen dich die Wellen. Auf der Wasseroberfläche liegt deine zarte Blüte. Vielleicht ist sie bereits geöffnet, vielleicht auch noch ganz fest geschlossen …

Stück für Stück öffnest du nun diese Blüte, und es ist, als streiftest du mit jedem Blatt auch eine Rolle ab, die du normalerweise spielst. Es ist, als öffnete sich mit jedem Blütenblatt auch ein Stück von dir selbst. Die Sonne wärmt dich und ermutigt die Blüte, sich immer mehr zu öffnen. Du weißt, der Raum ist sicher, hier kann dir nichts passieren.

Irgendwann ist die Blüte so weit geöffnet, wie dir das heute möglich ist und wie es sich gut anfühlt. Sie duftet zauberhaft und strahlt in einer wunderschönen Farbe. Die Sonne scheint hinein und wärmt die Blüte. Diese Wärme und das Licht strömen durch den Stängel hinunter bis in die Wurzeln. Und auf einmal kommt dir ein Gedanke. Diese Blüte ist vielleicht dein Herz, denkst du, und du hast die Idee, dein Licht, den Duft deines Herzens, deine Liebe, von hier aus in die Welt zu schicken. Wie Lichtspiralen, wie funkelnde Kristalle steigen die Schönheit und Liebe deines Herzens, steigen deine Zartheit und dein Blumenduft auf, wie eine glitzernde Lichtsäule oder ein Regen aus Sternen funkelt deine Liebe zu demjenigen hin, dem du sie jetzt, in dieser Sekunde, schenken willst. Noch wäh-

rend das geschieht, spürst du ganz genau, wie das Herz des anderen reagiert. Wenn du möchtest, dann schicke deine Liebe in die ganze Welt, in alle Länder, ziehe einen Schweif von Lichtfunken der Liebe um den ganzen Planeten Erde, sende sie ins All, ins ganze Universum – und schaue, was passiert! Vielleicht beginnt nun Energie zurückzuströmen, vielleicht auch nicht. Nimm es einfach wahr, es ist gut, wie es ist. Genieße diesen Zustand, und wenn du irgendwann wieder zurückkommen willst, dann schließe bitte die Blütenblätter wieder so weit, wie es dir angenehm ist. Du kannst sie öffnen, wenn du im sicheren Raum bist, aber wenn du mit anderen zu tun hast, ist es sinnvoll, ein wenig achtsam mit sich selbst umzugehen. Du weißt genau, wie viel Offenheit du dir selbst erlauben, aber auch zumuten kannst.

Komme nun mit deiner Aufmerksamkeit in den Raum zurück, in dem du dich befindest, nimm aber das Wissen mit, dass du fest verwurzelt bist, dass du dein Herz öffnen kannst, wenn du das willst und dass dich die Erde nährt und trägt.

Das Schöpferfeld der Erde

... um dich mit deinen Erdchakren zu verbinden.

(aus: Buch und CD: »Channel werden für die Lichtsprache«, Schirner, Darmstadt, Buch 2010, CD 2008.)

Entspanne dich, mache es dir bequem. Höre angenehme Musik, wenn du möchtest. Vielleicht bist du schon ein wenig vertraut mit Entspannungstechniken, dann wende eine an, die du kennst und magst. Wenn nicht, dann konzentriere dich einfach ein paar Atemzüge lang auf deinen Atem. Lasse deinen Körper zur Ruhe kommen, und erlaube deinem Geist, die Alltagsgedanken hinter sich zu lassen. Nun stelle dir bitte eine Lichtsäule vor, eine Säule aus reinem weißen Licht. Vielleicht, wenn dir das lieber ist, magst du sie dir auch lieber farbig vorstellen. Es spielt keine Rolle, die Hauptsache ist, du fühlst dich wohl in ihrem Licht. Denn nun stelle dich bitte hinein, lasse dich ganz umhüllen und durchströmen von ihrer Strahlkraft, erlaube dem Licht, dich aufzufüllen und dich zu reinigen. Die Schlacken, die sich in dir festgesetzt haben, seien es mentale, emotionale, spirituelle oder körperliche Schlacken, lösen sich in diesem Licht und beginnen, dein System zu verlassen. Wie Rauch steigt nun alles in dieser Lichtsäule auf, das du nicht mehr brauchst, das dich schwer macht und dich auf deinem Weg zu mehr Klarheit stören könnte.

Nun stelle dir bitte vor, du hättest nicht nur die sieben dir vielleicht bekannten Chakren, sondern es gäbe eine ganze Reihe weiterer Energiezentren über deinem Kopf. Richte deine Aufmerksamkeit auf dein Herz, spüre die Weite und Kraft dieses Zentrums. Dann erlaube deiner Aufmerksamkeit, immer weiter nach oben zu steigen, zum Kehlkopfchakra, zum dritten Auge, zum Kronenchakra – und über das Kronenchakra hinaus in das achte Chakra ... Vielleicht nimmst du Farben, Formen oder ein Gefühl von Weite wahr, vielleicht auch nicht, es ist nicht so wichtig, bleibe einfach mit deiner Aufmerksamkeit über deinem Kopf. Nun steige immer höher, als würdest du innerlich immer weiter nach oben schauen. Wandere mit deiner Aufmerksamkeit in immer höhere Sphären, zum neunten, zehnten, elften Chakra. Du brauchst sie nicht alle bewusst wahrzunehmen, das ist fast nicht möglich. Vielleicht spürst du schon längst gar nichts mehr, gehe bitte dennoch weiter, denn damit öffnest du die Kanäle in dir selbst. Nun gelangst du in noch höhere Sphären, in immer lichtere Bereiche deines Selbst. Erinnere dich, das bist alles du, das gehört alles zu dir, du reist durch deine eigenen Körper, durch deine eigenen Energiezentren, das alles BIST du. Immer lichter und weiter wird es in dir. Du begegnest dem Engel in dir, dem Engel, der du bist. Vielleicht begegnest du dir auch in anderen Daseinsformen ... und nun erkennst du das universale göttliche Licht, das weiße, ungeteilte Licht. Hier ist dein Ursprung, dein oberstes Chakra. Das weiße Licht ist ein unermesslich hohes, großes Energiefeld, das uns alle verbindet, hier treffen wir uns. Dieses Zentrum teilst du mit allen, und dennoch gehört es ganz persönlich zu dir. Bitte darum, dass dieses weiße Licht nun durch all deine Chakren strömt. Nimm einen Lichtstrahl, und trage ihn durch die himmlischen Energiezentren, die alle zu dir gehören, zurück und hinein in deinen Körper, ganz langsam oder rasch, so wie es dir angenehm ist. Nun bist du mit deiner Aufmerksamkeit wieder in deinem Körper angekommen – und nun wanderst du den gleichen Weg nach unten. Nimm den weißen Lichtstrahl, und führe ihn durch deinen Bauch, durch dein Wurzelchakra – soweit ist dir diese Reise bestimmt vertraut. Doch nun richtest du deine Aufmerksamkeit bitte etwa dreißig Zentimeter unter deine Füße und stellst dir vor, hier gäbe es ein weiteres Energiezentrum, das zu dir gehört, das ein untrennbarer Teil von dir ist, auch wenn du es vielleicht noch nicht kennst. Das ist, als entdecktest du einen ganz neuen Körperteil an dir, der schon immer da war, sich aber irgendwie verborgen hatte. Dennoch fühlt es sich vertraut an, denn es gehört nun einmal zu dir. Nun wandere mit deiner Aufmerksamkeit weiter hinunter. Wie bei einer Perlenkette reiht sich Chakra an Chakra. Du brauchst sie nicht alle zu spüren, schaue einfach nur innerlich immer weiter nach unten, in die Erde hinein, und nimm wahr, dass du auch hier existierst, dass du auch hier energetisch anwesend bist. Du brauchst dich

nicht an die Erde anzubinden, du bist bereits fest verwurzelt, deine Energiezentren sind bereits da, auch wenn deine Aufmerksamkeit und dein Bewusstsein noch nicht angekommen sind. Diese Räume gehören zu dem Wesen, das du BIST, du kennst sie nur noch nicht. Sie müssen nicht erst erschaffen werden. Du tauchst immer tiefer hinein in diese Erfahrung, du steigst tiefer hinab in die Erde. Das fühlt sich vielleicht sehr leicht und natürlich an, vielleicht aber auch ein bisschen düster und ungewohnt. Wie auch immer es sich anfühlt, gehe einfach weiter, es ist gut so. Du öffnest damit deine inneren Kanäle, und beim nächsten Mal wird es schon leichter. Du näherst dich nun Stück für Stück dem Mittelpunkt der Erde, steigst immer tiefer in dein eigenes Energiesystem hinab, bis du ein sehr starkes Kraftfeld wahrzunehmen beginnst. Es wird stärker und stärker, du näherst dich deinem letzten Chakra, dem Mittelpunkt der Erde, dem Energiezentrum, an das wir alle, die wir auf der Erde leben, angeschlossen sind. Es ist das Energiefeld reiner Schöpferkraft, reiner Schöpferenergie, der Energie der Verwirklichung. Alles, was von dieser Energie berührt wird, verwirklicht sich sichtbar auf der Erde. Hier ist die Kraft, die dafür sorgt, dass hohe Energiefelder, die sich als Visionen, Ahnungen, Ideen oder auch Herzenswünsche äußern, an die Erdschwingung angepasst werden, sichtbar, fühlbar, erfahrbar werden. Dieses Energiefeld ist wie ein riesiger Magnet, der alles auf die Erde zieht, das durch ihn berührt wird. Hier ist die Kraft, mit der du Dinge verwirklichen kannst. Und es ist Teil deines eigenen Chakrasystems! Es wirkt sowieso, sonst hätte sich dein Körper gar nicht ausformen können. Es sorgt dafür, dass sich dein Seelenplan entfaltet und verwirklicht. Diese Energie ist stabil in dein System installiert. Sie sorgt dafür, dass du in materieller Form auf der Erde weilst und dass sich das, was mit dir in Resonanz geht, auf der Erde als Materie oder Ereignis zeigen kann. Erlaube nun dieser unermesslich kraftvollen Energie, in dein System einzuströmen, durch deine unteren Chakren aufzusteigen. Gleichzeitig schicke den weißen Lichtstrahl aus dem göttlichen Schöpferplan in dieses Feld der Schöpferkraft, wenn dir das möglich ist, wenn nicht, dann konzentriere dich zunächst auf dich selbst. Die Schöpferkraft der Erde strömt nun durch deine Erdchakren immer weiter nach oben, fließt in deinen Körper ein, durchströmt ihn mit lebendiger, schöpferischer Stärke. Du spürst es vielleicht als Kribbeln oder als Wärme, du spürst dich selbst besser, wirst lebendiger und innerlich stabiler, fühlst dich geerdet, und das bist du nun auch. Diese Schöpferkraft steigt nun weiter auf, strömt in die Chakren über dir, steigt immer weiter hoch bis hinein in das weiße Licht, erreicht es nun, und jetzt kommt es an, strömt hinein in das Energiefeld des Schöpferplanes. Nun geschieht ein Wunder: Du hast Himmel und Erde verbunden. Blitzschnell strömt nun die Energie aus dem weißen Licht durch dich hindurch, durch alle Chakren hinein ins das Zentrum der Erde, trifft auf das Kraftfeld. Vielleicht gibt es nun einen Lichtblitz, oder du spürst eine Art innerer Explosion. Vielleicht öffnet sich diese Verbindung nun zu einer Lichtsäule, die sta-

bil steht, in der du dich von nun an sicher und geschützt bewegen kannst, in der du reisen kannst, wohin du willst. Du bist nun angeschlossen an all deine Chakren, an alle Stationen, die du besuchen möchtest, an alle Energiefelder, die dir zur Verfügung stehen, seien es fremde Galaxien, Engel, Erdgeister, ferne Planeten oder dein höheres Selbst.

Nun bleibe mit deiner Aufmerksamkeit in diesem hohen Energiefeld, spüre aber gleichzeitig deinen Körper wieder. Öffne dich noch ein Stück weiter, und nimm auch die irdische Wirklichkeit wieder wahr. Das ist wie Yoga für dein Bewusstsein. Wir dehnen uns aus, reisen nicht mehr durch die einzelnen Energiefelder, sondern sind überall gleichzeitig anwesend ... Von nun an steht dir die Schöpferkraft der Erde unmittelbar zur Verfügung. Sie durchströmt nun dein ganzes System, und es wird sehr viel leichter für dich sein, das zu verwirklichen, was du verwirklichen möchtest, dich geerdet, schöpferisch, lebendig und stabil zu fühlen.

Neue Erdung

... um Leichtigkeit und Stabilität zugleich zu erfahren,
die eigene Energie zu spüren, sich von Fremdeinflüssen zu befreien;
um Energievampire abzuschütteln; sinnvoll, wenn man viel Energiearbeit gemacht hat,
denn auch die Erdung selbst braucht immer wieder Reinigung und Erneuerung –
neue Seelenaspekte brauchen neue Erdung!

In dieser Meditation biete ich zwei Möglichkeiten an. Ich möchte natürlich gern, dass meine Leser die zweite wählen. Weil aber viele nicht einfach so ihr Erdchakra abgeben möchten, schon gar nicht, wenn sie andere damit nähren, biete ich zunächst die Reinigung an, dann erst den völligen Austausch. Es soll nicht verwirren, sondern den Weg frei machen. Probiere einfach aus, wie es dir stimmig erscheint, wenn du mit anderen arbeitest.

Diese Meditation ist kurz, du kannst sie in eine Übung einbauen. Du kannst sie im Stehen durchführen und diesen gedachten Schritt tatsächlich gehen oder eine innere Reise im Liegen durchführen. Ich lasse meine Gruppen ihre Erdung gern tanzen.

Stelle dir vor, unter deinen Füßen gäbe es eine Energiekugel, die, wenn du aufrecht stehst, etwas dreißig Zentimeter tief in der Erde liegt. Schaue sie dir genau an, diese Kugel. Ist sie kraftvoll, gefällt sie dir, hast du genug Platz, um bequem darauf zu stehen? Reichen kleine oder auch größere Wurzeln von anderen in deine Kugel, oder streckst du selbst deine Wurzeln nach anderen aus? Ist diese Energiekugel noch passend für dich und deinen Weg? Stärkt sie dich?

Bitte Mutter Erde darum, dass sie diese Energiekugel für dich reinigt, neu mit Kraft versorgt und alle Fremdeinflüsse entfernt. Jeder hat eine eigene Energiekugel, niemand darf sich ungefragt deiner Kraft bedienen.

Wenn das gut funktioniert – wunderbar.

Wahrscheinlich aber ist Folgendes sinnvoller:

Bitte Mutter Erde, aus ihrem Herzen heraus eine ganz neue Energiekugel für dich zu formen, ein Erdchakra, das jetzt zu dir passt, das deine Seele sanft und leicht im Körper hält und das nur dir gehört. Erlaube, dass deine gesamte Erdung ausgetauscht wird oder zum ersten Mal überhaupt entsteht. Mutter Erde sendet nun eine Energiekugel an die Oberfläche. Sie ist einzigartig. Wie deine Seele einzigartig ist, so brauchst du auch eine einzigartige Erdung, die zu dir passt und die genau deiner Seelenenergie entspricht. Dieses neue Erdchakra ist nun bei dir angekommen, und jetzt – jetzt – mache einen Schritt genau auf dieses neue

Chakra. Stelle dich genau darauf, und lasse dich von der Kraft dieses Zentrums durchströmen. Es hat genau die richtige Stärke, die richtige Art der Energie. Es erdet dich genau so, wie es für deine Seele ideal ist.
Immer, wenn du dich veränderst, wenn du etwas loslässt oder etwas Neues in dein Leben rufen willst, schaue, ob dein Erdchakra noch zu dir passt Du kannst jederzeit um eine neue, für den jetzigen Zeitpunkt stimmige Erdung bitten.

Nimm die Energie in dich auf, in alle Zellen. Lasse dich erfüllen.

Die inneren Bilder verschwinden nach einer Zeit wieder, aber die Erdung bleibt.

Reinigung

Es gibt in einigen meiner bereits erschienenen Meditationssammlungen intensive Reisen zur Reinigung, deshalb hier nur zwei.

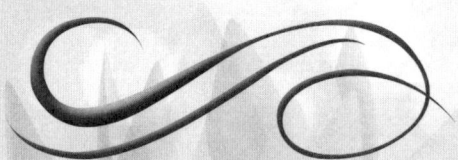

Dein innerer heiliger Tempel

… um sich selbst und die eigene Spiritualität wieder zu spüren;
sich von Energieräubern abgrenzen
und um seine spirituelle Selbstbestimmung zurückzuerlangen.

(aus: Buch und CD: »Endlich gut genug«, Schirner, Darmstadt, Buch 2012, CD 2013.)

Mache es dir bequem, schließe deine Augen, und gehe durch ein Tor, das gerade jetzt vor deinem inneren Auge entsteht. Du betrittst eine zauberhafte Landschaft, wunderschön, gerade so, wie sie für dich heute richtig ist.

Gehe ein wenig spazieren, entspanne dich, ruhe dich aus. Hier fällt jede Anspannung von dir ab, hier hat der Perfektionismus keinen Zutritt. Du bist ganz und gar du selbst, du brauchst niemandem zu gefallen und es niemandem recht zu machen. Tiefer und tiefer entspannst du dich. In einiger Entfernung bemerkst du eine Hecke oder einen Zaun. Du gehst daran entlang und triffst auf ein Tor. Du gehst hindurch – und stehst in einem wunderschönen Garten, in deinem eigenen heiligen Raum. Möglicherweise braucht dieser Garten Pflege, vielleicht treiben sich Menschen oder Wesenheiten herum, bevölkern deinen Garten, obwohl du sie nicht eingeladen hast. Möglicherweise hast du ihnen einmal erlaubt, diesen Garten zu betreten, doch jetzt wird es Zeit, ihn wieder in deinen und nur deinen Besitz zu nehmen.

Rufe deine Schutzengel und Krafttiere, und bitte darum, dass dieser Garten gereinigt wird, dass alles entfernt wird, was hier nicht hergehört. Bitte darum, dass die Menschen, die hier Zuflucht gesucht haben, in ihren eigenen heiligen Garten geführt werden. Sie haben hier nichts zu suchen, das ist dein und nur dein Raum.

Es gibt in der Mitte des Gartens einen Springbrunnen, eine Feuerstelle oder einen anderen sehr kraftvollen Ort, vielleicht auch einen Altar. Sorge dafür, dass diese Mitte gereinigt und wieder belebt wird, tu dazu, was nötig ist.

Irgendwo in diesem Garten findest du einen magischen Ort. Hier ist eine goldene Acht auf den Boden gemalt oder mit Kristallen und Gold gestaltet worden. Die Ringe der Acht sind groß genug, um sich bequem hineinzusetzen, und du betrittst einen der beiden Kreise. Auf einmal erscheint dir gegenüber im anderen Kreis eine Wesenheit. Auch sie setzt sich, und plötzlich beginnt goldene Energie um euch herumzufließen, in einer Achterschleife. Die goldene Acht ist aktiviert, weil du dich hineingesetzt hast. Wer immer dir gegenübersitzt – diese magische Energie sorgt dafür, dass nun jede Kraft, alles, was du jemals von der anderen Wesenheit oder

Person in dir aufgenommen hast, zu ihr zurückfließt. Gleichermaßen strömt alles zu dir, was sie von dir trägt, besitzt oder worauf sie Anspruch erhebt. Die Energie dieser goldenen Acht gleicht euch aus, bringt alles in die richtige Ordnung und trennt eure Energiefelder, damit ihr euch neu verbinden könnt, wenn ihr das wollt. Vielleicht kennst du die Wesenheit im anderen Kreis gar nicht. Sei sicher, sie hat dir eine Menge zurückzugeben oder sich zurückzunehmen, sonst wäre sie nicht da. Wann immer du von nun an Klärung brauchst, setze dich an diesem inneren heiligen Ort in die Acht, und lasse den Zauber wirken.

Du bemerkst nun, dass sich der heilige Ort, der Garten, verändert hat und immer strahlender, gesünder und schöner wird – eben dein heiliger Ort. Je mehr Zeit du hier verbringst, umso lebendiger und für dich auch im äußeren Leben spürbarer wird er. Verlasse nun die goldene Acht. Sie steht dir jederzeit zur Verfügung. Genieße einen Garten, gehe spazieren. Säe, was du hier und in deinem Leben wachsen sehen willst, und wann immer du eine Entscheidung zu treffen hast, wende dich nach innen, und suche diesen Garten auf. Hier findest du deine weisesten Ratgeber, Mutter Erde und deine spirituellen Führer und Lehrer, die nur darauf warten, dich zu führen und dich mit Zuversicht zu versorgen.

Irgendwann verlässt du den Garten, doch du weißt, du kannst jederzeit und ganz schnell hierher zurückkehren.

Die Scham in den Zellen

Emotionale tief greifende Reinigung, Verantwortung für das innere Kind übernehmen,
es aus beschämenden Situationen retten; sollte immer wieder durchgeführt werden,
weil es viele verschiedene Ebenen der Scham gibt.

(aus: Buch und CD: »Die Heilung des inneren Kindes«, Schirner, Darmstadt, Buch 2008, CD 2009.)

Du machst es dir so bequem wie möglich, schließt deine Augen und stellst dir eine Naturlandschaft vor. Diese Landschaft ist so gesund und schön, wie du noch nie eine gesehen hast. Du weißt auf einmal, sie gehört zu einer anderen Erde, einer Erde, auf der die Gesetze von Liebe, Fülle, Wahrhaftigkeit und Freude herrschen und wirksam sind. Ein hohes geistiges Wesen empfängt dich, ein Engel vielleicht, vielleicht ein Mensch, dem du ansiehst, dass er in Liebe und Erfüllung lebt. Vielleicht ist es auch ein ganz anderes Geschöpf. Es bittet dich, wie an einer Art Garderobe alles abzugeben, was du von der alten Erde mitgebracht hast. Vielleicht bemerkst du nun an dir einen schweren Rucksack, einen alten Mantel, schwere Stiefel oder gar einen verrosteten Keuschheitsgürtel. Lege alles ab, und gib es dem Wesen. Schaue, was es damit macht. Vielleicht wird es verbrannt, vielleicht verschwindet der Gegenstand einfach.

Nun fragt dich der Engel oder das geistige Wesen, ob du dir anschauen möchtest, was du in dir gespeichert hast. Es sagt dir, dass für dich nun die Zeit gekommen sei, alles Alte anzuschauen und ihm entweder einen guten Platz zu geben oder es loszu-

lassen. Du spürst noch einmal in dich hinein, doch du weißt, dass das Wesen Recht hat. Es wird Zeit, in dir aufzuräumen. So nickst du und lässt dich von ihm führen. Das Wesen führt dich zu einem massiven, unwirtlichen und steilen Berg. Irgendwie kommt er dir bekannt vor, auch wenn du ihn bewusst vielleicht noch nie gesehen hast.

»Das ist deine Scham«, sagt das lichte Wesen. »Diesen Berg versuchst du schon so lange zu erklimmen und unter Kontrolle zu bekommen. Dabei will er nur angeschaut werden, damit du seine Schätze erkennst.«

Das stimmt, verstehst du, und du bist sehr berührt. Du versuchst schon so lange, diesen viel zu steilen Berg zu besteigen. Jetzt erkennst du, dass du ihn nicht bezwingen kannst. Er ist an einigen Stellen so steil, dass er geradezu gefährlich aussieht.

Das Wesen führt dich nun an den Fuß des Berges – und auf einmal bemerkst du erstaunt, dass es einen Zugang in den Berg hinein gibt! Der Eingang ist schmal, und du wunderst dich nicht, dass du ihn bislang noch nicht gefunden hast. Wenn dir das Wesen den Eingang nicht gezeigt hätte, hättest du ihn übersehen. Vielleicht hättest du nicht einmal darüber nachgedacht, ob es überhaupt einen Zugang in diesen Berg gibt. Voller Spannung trittst du in den Berg ein – und stehst in einer Höhle oder in einem Raum. Und auf einmal weißt du, das ist das Innere deiner Zellen, hier ist die Scham gespeichert, sei es in deinem Fett, in deiner Nase oder wo immer die Scham in dir verankert wurde.

Du schaust dich um – ist es hell oder dunkel? Gibt es ein Licht, oder trägst du vielleicht eine Fackel mit dir? Das Wesen lässt dich nun allein, und du schaust dich in aller Ruhe um. Vielleicht gibt es eine Menge Gerümpel, dann trage alles aus der Höhle heraus.

Vielleicht findest du hier ein inneres, sehr verlorenes Kind. Setze dich zu ihm, und höre ihm zu. Nimm es in den Arm, und führe es sanft aus der Höhle. Das geistige Wesen nimmt es in Empfang und schickt es ins Licht, falls es das will.

Vielleicht findest du eine Art Kino vor, hier kannst du dir all die alten Filme, die Situationen, die dazu geführt haben, dass du in Scham erstarrt bist, noch einmal anschauen. Gehe bitte wie immer in die Situation hinein, und hole das äußerst verletzte innere Kind heraus. Es braucht dringend deine Hilfe und Liebe. Nimm es zu dir, und entziehe demjenigen, der es so beschämt hat, jedes Recht, noch einmal auf das Kind einzuwirken, selbst wenn es deine Eltern sind.

Hör dir an, was es zu sagen hat, und tröste es in seinem unermesslichen Schmerz, wenn du das kannst. Bitte das geistige Wesen zu dir. Es hilft dir und hält das Kind. Wahrscheinlich will das Kind sowieso am liebsten im Licht verschwinden und sich auflösen. Erlaube ihm das. Verneige dich vor ihm und dem Schicksal, das es getragen hat. Es war wie gefangen in der Scham, konnte das Leben nicht annehmen und leben. Es ist Zeit, dass es heimkehrt ins Licht, ins Reich deiner Seele oder in die Dimension, in der es zu Hause ist.

Vielleicht verwandelt es sich in ein kleines Engelchen und kehrt nach Hause ins Reich der Engelwesen. Alles passiert so, wie es jetzt richtig ist und der göttlichen Ordnung entspricht.

Vor der Höhle brennt nun ein Feuer. Das leuchtende, geistige Wesen hat es angezündet, damit du alles Alte verbrennen und somit transformieren kannst. Es besteht aus einer riesigen violetten oder orangefarbenen Flamme. Sie lodert hoch und hell. Alles, was du nicht mehr brauchst, das alte Gerümpel, die zerbrochenen Möbel, die alten Filme, was auch immer sich in der Höhle oder in dem Raum befindet, kannst du hier verbrennen. Lasse dir Zeit, und schaue es dir genau an, wenn du willst. Dann wirf es ins Feuer. Vielleicht findest du alte Fotoalben mit Kindheitserinnerungen, vielleicht ist es auch nur einfach schmutzig und dunkel. Vielleicht lagern hier gar Giftfässer oder halbverhungerte innere Anteile. Nimm dir Zeit, und räume auf. Sorge für die inneren Anteile, tu, was zu tun ist, und wenn du Hilfe brauchst, dann ist das lichtvolle Wesen für dich da. Räume wirklich in aller Ruhe auf, du hast alle Zeit der Welt. Nimm deine Gefühle wahr, erkenne, was hier alles gespeichert ist. Lasse deine Gefühle zu.

Vielleicht erkennst du gar, du trägst die Scham für jemanden. Vielleicht begegnest du deiner Mutter, deinem Vater oder gar deiner ganzen Sippe, den Frauen oder Männern, zu deren Geschichte die tiefe Beschämung gehörte. Gib die Scham dorthin zurück, wohin sie gehört, entweder zu demjenigen, für den du sie trägst oder gleich zurück zum Schicksal. Auch die Scham selbst kannst du symbolisch im Feuer verbrennen.

Irgendwann spürst du, nun ist es gut, der Raum oder die Höhle ist rein und sauber, du hast alles erkannt und losgelassen.

Nun gibt dir das lichte Wesen einen Zauberstab. Damit kannst du die Höhle oder den Raum verändern, ihn so einrichten, wie du es gern haben willst. Vielleicht möchtest du, wenn es eine Höhle ist, schimmernde Kristalle an den Wänden haben, vielleicht möchtest du ein gemütliches Feuer in der Höhle entzünden. Vielleicht, wenn es ein Raum ist, möchtest du ihn licht und hell einrichten, Luft und Sonne hineinströmen lassen. Erlaube dir, den Raum oder die Höhle so zu gestalten, dass ein wundervoller innerer Rückzugsort für dich entsteht, ein Raum, in dem du dich wohlfühlst und in dem sich nur das befindet, was du wirklich darin haben willst. Denn das ist der Schatz,

der sich in all der Scham verbirgt. Du hast dir einen sehr wirkungsvollen Schutzraum geschaffen, und diesen darfst du von nun an auch bewusst nutzen.

Irgendwann bist du fertig, du schaust dich noch einmal um und bist zufrieden, vielleicht sogar glücklich. Nun verlässt du die Höhle oder den Raum – und stellst auf einmal fest, dass der Berg verschwunden ist! An seiner Stelle befindet sich nur noch ein sanft und schön geschwungener, mit Blumen oder Gras bewachsener Hügel, der sich zauberhaft in die Landschaft einfügt, ihr eine besondere Note und harmonischen Ausdruck verleiht.

Das Feuer lodert nach wie vor hell, aber nicht mehr so hoch, und das Wesen lächelt dir liebevoll zu.

»Was immer in dir und deinem Leben losgelassen werden will, wirf es von nun an gleich ins Feuer, wenn du willst. Es steht dir jederzeit zur Verfügung«, sagt es.

Du setzt dich nun an das Feuer und spürst seine immense Kraft.

»Alles, was dir begegnet, wird in diesem Feuer verändert und transformiert.«, erklärt dir das Wesen. »Du brauchst seine Kraft nur zu nutzen. Wenn du willst, dann stelle dich einmal selbst hinein.« Und auf einmal, du weißt nicht, wie dir geschieht, entscheidest du, dich tatsächlich mitten in das Feuer hineinzustellen. Es fühlt sich seidig an, gerade richtig, warm oder kühl, du hörst das tiefe Summen im Inneren der

Flamme. Du lässt dich ganz von diesem Feuer einhüllen. Dein Körper scheint sich auf sehr angenehme Weise aufzulösen. Er wird eins mit dem violetten oder orangefarbenen Feuer. Du verschmilzt ganz und gar mit den Flammen, fühlst dich, als wärst du das Feuer selbst. Du nimmst die immense Kraft wahr, die klare, reine Kraft der Reinigung und echten Transformation, der echten Änderung. Irgendwann verändern sich die Flammen, werden heller und heller, bis aus dem Feuer eine strahlend weiße Lichtfontäne geworden ist. Lasse das Licht in jede deiner Zellen sprühen, falls du deinen Körper noch wahrnimmst, falls nicht, dann verschmilz mit dem gleißenden, sprühenden, weißen Licht.

Nun bitte deinen Körper, sich in dieser Lichtfontäne zu manifestieren. Dazu verändert das Licht seine Frequenz, bekommt vielleicht eine Farbe oder verliert ein wenig vom seinem überirdischen Gleißen, damit dein Körper die Energie überhaupt aushalten kann.

Mehr und mehr spürst du deinen Körper, fühlst, wie das Licht ihn durchströmt, wie er zu kribbeln beginnt. Vielleicht zieht es auch an der einen oder anderen Stelle. Überall dort, wo du gern geheilt werden möchtest, fließt besonders viel Licht. Es heilt, reinigt und schenkt dir vollkommen neue Kraft – Kraft, die du so noch nie gespürt hast.

Lasse es mehr und mehr zu, erlaube dir mehr und mehr, zurückzutreten und die Dinge geschehen zu lassen.

Irgendwann hast du genug, und du verlässt die Flammen, doch du weißt, du kannst diese Kraft jederzeit nutzen, um dich von Altem, Überholtem zu befreien. Du brauchst es nie wieder in den Zellen zu lagern, sondern kannst von nun an ohne all die Scham leben.

Heilung von Verletzungen

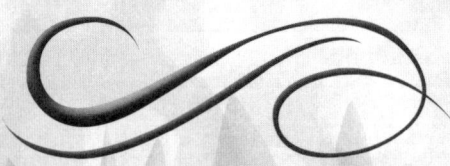

Den verletzten Anteil erlösen

Tiefe Reinigung und Erlösung;
Zurückverwandlung der verletzten Aspekte in reine Energie; um zu erkennen,
wozu eine Verletzung diente; um in Frieden zu kommen
und sie wahrlich hinter sich zu lassen.

Mache es dir bequem, entspanne dich, und schließe die Augen, nachdem du diesen Text gelesen hast, oder lasse ihn dir gleich vorlesen.

Stelle dir bitte vor, dass du durch ein Tor gehst, welches dich in eine wunderschöne Landschaft führt. Du gehst spazieren und bemerkst in einiger Entfernung ein Lagerfeuer in genau der richtigen Größe. Du setzt dich an dieses Feuer und entspannst dich, ruhst dich aus. Vielleicht bemerkst du, dass du Lasten deiner Ahnen trägst, dass du Themen deiner Eltern oder deiner Freunde oder gar des gesamten menschlichen Kollektives trägst – jetzt ist der richtige Zeitpunkt gekommen, sie ins Feuer zu werfen. So lege den schweren Mantel ab, als der sich die Lasten womöglich zeigen. Wirf ihn ins Feuer. Jetzt ist der richtige Zeitpunkt gekommen, zu erkennen, ob du alte Verträge mit dir herumträgst, Verträge, die womöglich in vergangenen Leben entstanden sind, die dich immer noch binden, Armutsgelübde, Gehorsamsgelübde, den Vertrag des Leibeigenen, Kauf- und Todesurteile. Auch die Heiratsversprechen und Heiratsurkunden gehören dazu. Wirf all diese Verträge und Urteile ins Feuer. Sie hindern dich nur daran, einfach du selbst zu sein.

Eine Gestalt erscheint an diesem Feuer: deine wilde, ursprüngliche innere Frau oder dein wilder innerer Mann, vielleicht auch beide, der Teil in dir, der ganz natürlich und ungezähmt mit der Erde und deinem ureigenen Lebensrhythmus verbunden ist. Genieße die Anwesenheit dieses inneren Anteils. Vielleicht hast du ihn in dieser Präsenz noch nie gespürt. Lasse dich ganz offen sein dafür, wie sich dir diese Gestalt zeigt. Der innere Mann und die innere Frau können ganz anders sein, als du es dir vorstellst. Lasse dir Kraft geben. Und nun rufe den Teil, der Angst, hat, etwas falsch zu machen, rufe den Teil, der sich fürchtet, der sich selbst zwanghaft kontrolliert, der all deine innere Anspannung trägt. Lasse ihn zum Feuer kommen, sieh, fühle, wie es ihm geht und wie er aussieht. Es kann auch einfach ein Schatten sein. Möglicherweise kommt dieser Aspekt sehr fröhlich daher, wenn er es gewöhnt ist, nach außen hin ein lachendes Gesicht zu zeigen. Begrüße ihn, und sieh, wie dein wilder Mann, deine wilde Frau diesen Anteil in die Arme nehmen und trösten, ihn heilen, wie er mit ihnen verschmilzt oder sich gar einfach in Licht oder in Erde auflöst.

Seine Verzauberung löst sich, und er wird zu dem, was er ursprünglich war. Er verwandelt sich und wird zu einem lebendigen, kraftvollen Ausdruck deines Selbst. Vielleicht spürst du, dieser Anteil will nicht mehr im Körper und auf der Erde sein. Dann erlaube ihm, am Feuer zu bleiben oder jetzt wie in einer Lichtsäule zurückzukehren in das Reich deiner Seele, in dein großes Seelenkraftfeld. Möglicherweise will er sich auch in Erde verwandeln, lasse es sein, wie es ist.

Ruhe dich aus am Feuer, erlaube den Dingen, sich in dir zu wandeln. Es genügt, der Verwandlung Raum zu geben und alles geschehen zu lassen, wie es geschehen will.

Komme dann nach einiger Zeit wieder in den Raum zurück, in dem du dich befindest.

Die kleine Meerjungfrau

... um deine zarte und verletzliche Gefühlsebene zu reinigen und zu heilen;
um zu lernen, dir voller Mitgefühl und Verständnis für deine Empfindsamkeit
selbst beizustehen.

(aus: Buch: »Wilde Frau sein«, Schirner, Darmstadt, erscheint 2013.)

Entspanne dich, atme ruhig und gleichmäßig, komme in dir an ... Mache dich bereit, hinabzusteigen in das Reich deiner Gefühle, deiner fließenden, weichen und weiblichen Energien.

Du beginnst zu träumen. Du träumst dich in eine Unterwasserlandschaft. Wie durch ein Wunder kannst du auch unter Wasser atmen. Tiefes Blau und kraftvolles Türkisgrün durchströmen dich augenblicklich, und es fällt dir sehr leicht, in deine eigene innere Tiefe hineinzutauchen. Die Sonne fällt in das Wasser und durchglitzert es sanft, gerade so, dass du dich sicher und geborgen, dabei wie schwerelos fühlen kannst. Dein Körper ist leicht und geschmeidig, frei wie vielleicht nie zuvor. Du lässt dich treiben, vorbei an wunderschönen bunten Korallen, an zauberhaften Seeanemonen, die sich in der Strömung wiegen. Du erkennst den Boden unter dir. In sanften Wellen breitet sich der weiße Sand vor dir aus. Du sinkst tiefer, ganz leicht, berührst den sandigen Grund und spürst die Festigkeit und Stabilität auch in dieser Landschaft. Wunderschöne Muscheln liegen vor dir. Sie sind vertrauensvoll geöffnet. Sie schimmern in allen Farben, rosa, perlmutt, und erinnern dich vielleicht an deine eigene Verletz-lichkeit, daran, dass auch du wie diese Muscheln Schalen hast, die du oft viel zu fest zuklappst. Langsam, ohne, dass es etwas zu tun gibt, öffnet sich die Muschel in dir, und du beginnst, ihr zartes Inneres zu spüren. Hier, in dieser fließenden, strömenden Landschaft, bist du sicher und willkommen. Du schwimmst achtsam weiter, lässt dich tragen, entspannst dich und spürst, wie vertraut sich dieses Fließen und Strömen des Wassers auch in dir anfühlt. Du schwimmst um einen großen Felsen herum – und begegnest dem zauberhaftesten Wesen, das du je gesehen hast. Es ist eine kleine Meerjungfrau, ein Kind noch. Du schaust die Nixe an, und irgendwie kommt sie dir vertraut vor, als sei sie ein lange vergessener Anteil deiner eigenen Kraft.

Nun schaue sie dir bitte genauer an. Wie sieht sie aus? Kennt sie dich? Bemerkt sie dich überhaupt? Vielleicht möchtest du dich ihr achtsam nähern, sodass sie nicht erschrickt. Was tut sie? Ist ihr Schwanz intakt? Es kann sein, dass du nun bemerkst, wie verletzt sie ist. Möglicherweise gibt es eine tiefe Narbe, oder hält sie gar ein Messer in der Hand und versucht, sich den Fischschwanz abzuschneiden oder so zu zerteilen, dass sie damit mehr schlecht als recht an Land gehen könnte. Was immer sie tut, schwimme bitte zu ihr hin, und nimm ihr das Werkzeug aus der Hand, mit dem sie sich verletzt. Vielleicht sitzt sie auch einfach da und fühlt sich verloren, oder sie spielt mit Fischen oder Muscheln … Schwimme zu ihr, und frage sie, was sie braucht. Wenn sie sich verletzt hat, was gut sein kann, dann bitte augenblicklich den Unterwasserhilfstrupp zu dir, nimm sie auf den Arm und überlasse sie den heilenden Kräften, die nun angeschwommen kommen – Delfine, erwachsene Nixen, Unterwasserengel, vielleicht auch Neptun, der Hüter der Meere.

Während die kleine Meerjungfrau versorgt wird, entsteht vor deinem inneren Auge eine Szene, die zeigt, wie die verletzte Nixe in diese Situation geraten ist, wozu sie versucht hat, sich den Fischschwanz abzuschneiden oder anders zu sein, als sie ist. Vielleicht erkennst du auch, warum sie sich so allein fühlt.

Du nimmst dich als Kind oder Jugendlichen wahr, erlaubst, dass sich eine Situation zeigt, die beschreibt, wie du auf die Idee gekommen bist, es könnte hilfreich sein, das Reich deiner Gefühle zu verlassen. Schaue dir diese Situation genau an und erkenne, an welchem Punkt du dich entschieden hast, »an Land zu gehen«, deine wahre Natur zu verleugnen; deine Hingabe, deine Verletzlichkeit, dein Mitgefühl und deine sanfte, allumfassende Einsicht in jene Welt hinter den Schleiern aufzugeben, um dich anzupassen, so zu sein, wie du sein solltest: pragmatischer,

weniger empfindsam, für andere besser greifbar.

Vielleicht erkennst du, wen du so sehr liebst, dass du an Land gehen wolltest. Vielleicht erkennst du auch, an welchen Punkten in deinem Leben du dich versteckt hast, nicht greifbar warst, dich nicht zeigtest.

Vielleicht hättest du eine Möglichkeit gehabt und hast sie nicht genutzt; vielleicht war der Raum nie da …

Lasse dich berühren von dem Kind, das mit großen Augen schaut und bemerkt, dass seine weiche, liebevolle, mitfühlende Kraft nicht erkannt wird, dass sie stört und zurückgewiesen oder gar ausgelacht wird. Fühle die Beschämung, fühle, wie wenig das Kind versteht, was es anscheinend falsch macht, spüre, wie sehr es sich dennoch bemüht, sich den Erwartungen anzupassen. Du hattest als Kind keine Wahl. Du musstest sein, wie du sein solltest, damit du versorgt wirst. Doch nun kannst du dir selbst geben, was du brauchst.

So gehe bitte als Erwachsener in die Situation hinein, nimm das Kind in den Arm, und versprich ihm, von nun an für es zu sorgen. Hole das Kind aus der Situation heraus. Sage ihm, dass es liebenswert und genau richtig ist, dass du es liebst. Zeige ihm, wohin es gehört. Führe es zurück in das Reich des Meeres. Wenn du erkennst, dass es eine Last für jemanden trägt, dann nimm ihm die Last vorsichtig aus den kleinen Händen, und gib sie entweder dorthin zurück, wohin sie gehört, oder überantworte sie dem Schicksal selbst.

Stelle dir jetzt einen wundervollen Strand vor. Gehe mit dem Kind zu diesem Strand, und erlaube, dass Delfine oder erwachsene Nixen es abholen und es endlich willkommen heißen können. Alles, was es nun noch immer trägt, kann es getrost am Strand zurücklassen. Die Schutzengel der jeweiligen Personen werden sich liebevoll darum kümmern. Das Kind braucht nicht genau zu wissen, was es für wen trägt; es genügt, die Last am Strand abzulegen, damit diese dorthin zurückkehrt, wo sie dienlich ist, und hilft, das Schicksal des jeweiligen Menschen zu erfüllen.

Das Kind verwandelt sich nun zurück in die kleine Nixe, die es in Wahrheit ist, schwimmt glücklich und frei zu den anderen, findet seine Spielgefährten und seine ganz besondere Familie. Nimm die Freiheit und die Freude wahr, den Übermut und die Erleichterung, wenn die Meerjungfrau endlich sein darf, was sie ist. Von hier aus, aus dem zarten und doch so kraftvollen Meer deiner Gefühle, sendet sie ihre ganz besondere Kraft in dein Leben.

Sie braucht das Meer nie wieder zu verlassen. Es ist ihr Element. Sie kennt sich hier aus und ist hier zu Hause. Wann immer ihre Verletzlichkeit und Zartheit zurückgewiesen werden, schicke sie in die Arme ihrer Meerfamilie. Bitte die erwachsenen Nixen, auf sie aufzupassen, und überantworte deine kleine Meerjungfrau von nun an Neptun, dem Hüter und Vater der Meere. Und jetzt bitte ich dich: Wiederhole die Er-

fahrung. Bleibe diesmal aber im Meer, bleibe in deinem Element, und begegne dem, den du so sehr liebst, von hier aus. Was ist anders? Ist es möglich? Wirst du wahrgenommen? Und wenn nicht, ist es wirklich so schlimm?

Vielleicht ja, vielleicht aber spürst du auch, dass du in deiner Kraft bleiben kannst, obwohl der andere dich nicht wahrnimmt. Wie fühlt es sich an, zu wissen, dass du dich liebst, dass du für dich da bist, dass du selbst diese kleine Meerjungfrau in die Arme nehmen und für sie sorgen kannst? Nimm dieses Gefühl ganz tief in dein Herz, und spüre, wie du die kleine Meerjungfrau jetzt, in diesem Moment, erlöst.

Und dann komme in deiner Zeit zurück in den Raum, in dem du dich befindest, und spüre das Fließen in dir, die Erleichterung, dass dieser so liebevolle und fühlende Teil deines Selbst gesund und heil werden darf, Raum bekommt, anerkannt wird und sich von nun an in aller Sicherheit zeigen darf.

Den Schmerzkörper loslassen

Der Schmerzkörper ist ein Teil des emotionalen Körpers.
Hier sind die Schocks und all die emotionalen Verzerrungen gespeichert.
Ist er zu aktiv, dann zieht er Schmerz förmlich an,
seine Schwingung überlagert alle anderen Empfindungen,
und es ist schwierig, in die Leichtigkeit und Freude zu kommen.

(aus: Buch und CD: »Königin im eigenen Reich«, Schirner, Darmstadt, Buch 2009, CD 2008.)

Stelle dir bitte vor, in deinem Herzen gäbe es einen Ort, der aussieht wie ein wunderschöner, großer Eispalast. Er ist zauberhaft, glitzernd und funkelnd und macht den Einruck eines faszinierenden Ortes, schimmert vielleicht verführerisch und geheimnisvoll, doch hier gibt es nur Kälte, nur blitzendes Eis und Schnee – und einen Zauberspiegel. Wenn du in diesen Spiegel schaust, dann siehst du dich völlig verzerrt, du erkennst nicht mehr, wie schön du bist und wie liebenswert. Du siehst dich nicht mehr mit den Augen der Liebe, sondern des Schmerzes, du siehst nur noch das, was dir an dir nicht gefällt. Überall in diesem Eispalast schwirren Spiegelstückchen herum, kleine Kristalle, die die gleiche Kraft besitzen wie der Spiegel selbst, kleine Splitter, die sich in die Augen und Herzen derjenigen setzen, die sich hier zu lange aufhalten. Weil es hier so kalt ist, schmelzen die kleinen Splitter dort nicht, sondern verzerren die Gefühle und Wahrnehmungen noch mehr.

Nun sieh dir deinen Eispalast bitte genau an, und schaue, ob es ein oder gar mehrere kleine Kinder gibt, die sich hier aufhalten. Es kann sein, das eines fast erfroren in der Ecke sitzt, ein anderes rennt vielleicht herum und versucht, sich zu wärmen, vielleicht steht eines wie gebannt vor dem riesigen Zauberspiegel und kommt nicht von dem entstellten Bild los, das dieser Spiegel ihm zeigt. Vielleicht nimmst du ein Kind wahr, vielleicht sind es auch viele, vielleicht auch gar keins, aber du selbst bist plötzlich wie gebannt – schaue einfach in aller Ruhe, was passiert und erlaube dir, die Gefühle zu spüren, die in dir aufsteigen.

Wenn du alles wahrgenommen hast, dann führe das Kind oder all die Kinder liebevoll aus dem Eispalast heraus – und sieh nach, ob sie vielleicht Splitter des Zauberspiegels in den Augen oder im Herzen haben. Nimm diese Splitter sorgfältig heraus, falls sie nicht von allein schmelzen, nimm das Kind in den Arm, und führe es in die Sonne, auf eine Blumenwiese, ans Meer oder an einen anderen Ort, an dem es sich wohlfühlt.

Nun öffnet sich die Kammer deines Herzens, die du schon kennst, die Kammer, aus der reine, unverfälschte Liebe fließen kann. Diese Liebe beginnt nun, in den Eispalast hineinzuströmen – und nach und nach schmelzen sowohl das Eis als auch der Zauberspiegel. Das kann ein bisschen dauern, je nachdem, wie groß der Eispalast ist … Erlaube dem Prozess einfach, in dir stattzufinden. Beschleunige ihn nicht, sondern lasse ihn ganz von allein geschehen. Schaue, in was sich der Eispalast verwandelt, wenn er zu schmelzen beginnt. Vielleicht wird er ein Zauberreich, vielleicht ein wunderschöner Prinzessinnenpalast, vielleicht auch etwas ganz anderes, eine Schlittschuhbahn oder eine Kristallhöhle.

Der Schmerzkörper, der von hier aus genährt wurde, kann nun entspannen und aus dir herausgezogen werden. Vielleicht sieht das aus wie ein Netz, das aus dir entfernt wird, vielleicht wie ein Nebel oder ein Schatten. Vielleicht verwandelt er sich auch in einen leichten und lichten Teil deiner Gefühlswelt. Auf jeden Fall aber entsteht ein zauberhafter, sehr warmer Ort in deinem Herzen. Vielleicht möchte nun auch ein anderer Seelenanteil in dich hineinströmen, einer, der nur darauf wartet, endlich auf der Erde zu sein.

Lasse geschehen, was geschehen will, und vertraue darauf, dass alles zu dir kommt, was du brauchst, um erfüllt und glücklich zu sein.

Dann komme langsam mit deiner Aufmerksamkeit zurück in deinen Körper. Bleibe aber gleichzeitig angebunden an diese lichten, zauberhaften Energien.

Mars und Venus:
die Verletzungen durch das Männliche
und das Weibliche erlösen

Es geht in den nächsten beiden Meditationen nicht um Frauen oder Männer, sondern um die reine Energieform nach der für mich sehr stimmigen Definition von weiblich – Mond, Yin, Hingabe, aufnehmen, in sich nähren, wie ein Kind in sich tragen, bis es in die Welt geboren werden will – und männlich – Sonne, Feuer, Yang, das, was außen sichtbar ist, das Befruchten der Welt mit dem Samen der Begeisterung und Tatkraft. Die Verletzungen können durch beide Geschlechter geschehen, denn wir alle tragen natürlich beide Kräfte in uns: das Weibliche, das in sich aufnimmt, hütet und nährt, das Männliche, das gebiert und außen sichtbar ist.

Mars: Das verletzte Herz zurückgeben

Verletzungen, die durch das Männliche, durch männliche Energie, also Tatkraft und nach außen gerichtete Aktivität – Yang im Chinesischen – entstanden sind, in Frieden und in die Versöhnung bringen.

(aus: Buch und CD: »Königin im eigenen Reich«, Schirner, Darmstadt, Buch 2009, CD 2008.)

Bitte darum, dass ein Lichtstrahl vor deinem inneren Auge erscheint, eine Art Leitstrahl, der dich zu jedem gewünschten Ort im Universum transportieren kann. Es gibt einen Planeten, den wir nun gemeinsam besuchen werden, wenn du bereit bist, denn hier wartet sehr viel Heilung auf dich. Es ist der Planet, der die männliche Energie hält, der Archetypus für Yang-Energie, der Gott des Krieges.

Bitte darum, in diesem Leitstrahl nach oben gezogen zu werden, bis in das Energiefeld des Mars hinein. Vielleicht fühlst du bereits jetzt seine unermessliche Energie, vielleicht klopft dein Herz schneller, vielleicht bekommst du sogar Angst, oder du wirst aufgeregt. Jetzt spürst du, du bist Mars ganz nah, und auf einmal steht der Hüter des Mars vor dir. Es kann sein, dass es ein riesiger Indianer ist, vielleicht auch einfach eine kraftvolle Energie oder ein großer Engel. Vielleicht ist er sehr furchteinflößend oder sanft und liebevoll … lasse ihn genau so sein, wie er ist. Nun spüre bitte in dich hinein, und bemerke, ob es in dir ein verletztes Herz gibt, ein Herz, in dem vielleicht Waffen stecken, das zerschnitten ist, verbrannt oder einfach zerbrochen. Vielleicht spürst du auch, dass an der Stelle, an der

dein Herz sitzen sollte, nur Schmerz oder Leere sind. Lasse es bitte zu, es ist okay. Nimm das verletzte Herz oder auch die Dunkelheit aus dir heraus, und gib es dem Hüter des Mars. Die männliche Energie bekommt dadurch einen Spiegel vorgehalten. Sie bekommt Informationen darüber, wie sie wirken kann. Es geht nicht um einen wütenden Akt, sondern darum, diese Informationen jetzt aus deinem System zu entlassen. Wenn du wütend bist, darfst du es aber natürlich dennoch sein. Gib ihm also dein verletztes Herz, wenn du willst, dann wirf es ihm ruhig auch vor die Füße, und schaue, was geschieht. Vielleicht heilt der Hüter des Mars das Herz und gibt es dir zurück, vielleicht aber wirft er es auch auf einen Haufen oder legt es vorsichtig an einen bestimmten Ort … nimm einfach wahr, was damit geschieht. Egal, was geschieht, es ist gut so, denn das ist nun mal die Art, wie der Mars mit diesen Informationen umgeht. Das geht uns nichts an. Deine Aufgabe ist es, das verletzte Herz loszulassen, damit es geheilt werden kann. Vielleicht spürst du jetzt den Schmerz noch mal, vielleicht fallen dir Situationen ein, in denen du sehr von männlicher Energie verletzt worden bist, vielleicht aber bist du auch einfach froh, dass es nun vorbei sein darf. Schaue bitte in deinen Körper, ob es auch andere Waffen gibt, die du noch mit dir herumträgst. Es geht hier nicht nur um enttäuschte Liebe, sondern um all die Schmerzen und Verletzungen, die du dir durch die Erfahrungen mit männlicher Energie zugefügt hast, auch in eigenen männlichen Inkarnationen, durch die Kriege und Kämpfe, die du vielleicht erlebt hast. Alle Wunden, die entstanden sind, weil das männliche Prinzip das weibliche verletzt hat, dürfen nun gehen. So schaue nach den Waffen, die du noch bei dir trägst oder die in Wunden stecken, schaue nach allem, was zu der Energie von Mars, dem Gott des Krieges, dem Hüter der männlichen, nach Außen gerichteten Energie, aber nicht mehr zu dir gehört. Es kann sein, dass dieser Prozess ein bisschen dauert und vielleicht schmerzhaft ist, aber es wird wirklich Zeit, die alten Werkzeuge loszulassen, die alten Wunden zu heilen.

Nach einer Weile, wenn du spürst, du hast alles zurückgeben, fließt ein Heilstrom aus Licht in dich ein und versorgt dich mit der Energie, die du brauchst, um dein Energiefeld wieder aufzufüllen. Der Hüter des Mars gibt dir nun ein Geschenk, vielleicht ein neues Herz, vielleicht etwas ganz anderes. Nimm es an, wenn es sich gut anfühlt, und lasse es in deinen Körper, besonders aber in deinen Emotionalkörper einströmen. Vielleicht ist es Liebe, vielleicht aber auch Hochachtung oder etwas anderes. Spüre, wie gut es tut und wie lange du darauf gewartet hast, diese Energie zu bekommen. Vielleicht willst du ihm nun auch ein Geschenk geben, vielleicht auch nicht.

Schaue einfach, wie es sich richtig und gut anfühlt. Lasse dir Zeit für diesen Prozess.

In deiner Zeit, wenn du alles erledigt hast, lässt du dich von dem Leitstrahl wieder zur Erde begleiten. Du kommst wieder ganz und gar in deinem Körper an und nimmst wahr, wie anders du dich nun fühlst, ausgefüllter vielleicht, vielleicht aber auch ein wenig leer, auf jeden Fall aber leichter und freier.

Venus: Die Panzer lösen

Verletzungen, die durch das Weibliche entstanden sind, durch das Yin;
besonders aber durch das Fehlen echter Hingabe und echter Weiblichkeit.

(aus: Buch und CD: »Königin im eigenen Reich«, Schirner, Darmstadt, Buch 2009, CD 2008.)

Vor deinem inneren Auge entsteht ein Leitstrahl, dem du dich mühelos anvertraust. Ganz leicht zieht es dich nach oben, bis du das Gefühl hast, vor einem Tor zu stehen. Du durchschreitest dieses Tor und befindest dich im Reich der Aphrodite, im Reich der Göttin der sexuellen Liebe. Auf einmal erkennst du, wie oft dich die sexuelle Energie anderer Frauen verletzt hat, wie oft du dich in Konkurrenzsituationen befandest oder vom Weiblichen verraten wurdest, ausgenutzt, beschämt, wie dir das Weibliche dein männliches Feuer geraubt hat und es löschte. Vielleicht hast du es selbst herausgefordert, vielleicht wurdest du hineingezogen. Mutig rufst du die Göttin der weiblichen sexuellen Kraft. Sie erscheint dir, vielleicht schlangengleich, listig, vielleicht auch strahlend und liebevoll, so, wie es jetzt gerade für dich gut und richtig ist. Es kann sein, dass sich das nicht besonders gut anfühlt, bleibe dennoch da. Du spürst, du hast etwas mit ihr zu klären. Du spürst dein Herz, erkennst, wie tief der weibliche Verrat dich verletzt hat. Und du bemerkst, wie dick der Panzer ist, den du um dich gelegt hast. Jetzt spürst du ganz deutlich, wo du dich gepanzert hast, an welchen Körperstellen du dich verschließen musstest, um dich zu schützen. Es kann sein, dass dir dein Panzer den Atem nimmt. Lasse

dich spüren, wie dicht du geworden bist, du hattest allen Grund dazu. Mehr und mehr erkennst du, auf welche Weise du dich vom Weiblichen abschottest, wie du dir die Verletzungen vom Leib hältst – du erkennst, wie sehr du dicht gemacht hast und nichts mehr in dich aufnimmst, nichts mehr gibst. Du bist verstummt, hast dich in dich selbst zurückgezogen, bist nicht mehr verfügbar. Dein Herz ist womöglich schwer wie ein Stein.

Auf einmal kommt dir ein Gedanke, und du folgst ihm: Du bittest die erlöste weibliche Energie, die urweibliche Schöpferkraft zu dir. Du bittest darum, dass dir das Weibliche so, wie es einst erschaffen wurde, erscheint, spürbar wird, in seiner reinsten, liebevollsten Form – so, wie sich der große Geist einst in die Weiblichkeit geträumt hat. Du rufst also die weibliche Energie, die so rein ist, so liebevoll, dass du ihr vertraust, egal, was dir das Weibliche je angetan hat, die Energie, der du dich ohne Vorbehalt öffnen und hingeben kannst, jene urweibliche Kraft, die das Leben hütet und die dem Leben dient, in Liebe, in aller Hingabe und Achtsamkeit.

Du spürst, wie diese Kraft zu dir strömt, dich umhüllt, dir ein ganz neues Gefühl von

Weiblichkeit gibt. Nach und nach lässt du los. Nach und nach schmelzen die Panzer. Du erkennst vielleicht, dass du zum ersten Mal spürst, was weibliche Kraft wirklich bedeutet und bist tief erleichtert. Warm und weich strömt sie in dich ein, lässt dich offener sein, vertrauensvoller. Deine Aufmerksamkeit richtet sich mehr und mehr nach innen, und du erkennst: Weibliche Energie spürst du in dir, nicht außen, sondern innen, ganz tief im Becken oder im Bauchraum. Sie füllt dich aus, du sinkst wohlig in dich selbst hinein. Auf einmal erkennst du: Es war niemals weibliche Energie, die dich verletzt hat.

Weibliche Energie kann nicht verletzen. Sie ist Hingabe, Offenheit, sie nährt und hütet das Leben. Wenn dich etwas verletzt hat, dann war es ihr Fehlen!

Auf einmal öffnen sich deine Panzer. Du erkennst, du hast etwas verwechselt, hast weibliche Energie mit der Suche danach verwechselt, in dir oder auch in anderen. Und jetzt öffnest du dich ganz und gar, gibst dich voll und ganz der weiblichen Kraft hin, die unablässig in dich einfließt. Sie nährt dich, füllt deine hungrigen Zellen auf, belebt dich und schenkt dir Geborgenheit und ein wohliges Genährtsein. Immer klarer wird dir: Das, was du für verletzende weibliche Kraft gehalten hast, war der Mangel daran. Der Mangel an weiblicher Energie führt zu Konkurrenz, sexuellem Energieraub, immer größer werdendem Hunger nach Liebe und Leben, nach Verbundenheit und Geborgenheit, bei Männern wie bei Frauen.

Du ruhst dich aus, kommst vielleicht zum ersten Mal in dieser gesunden, nährenden weiblichen Energie an und erlaubst, dass sich dir ganz neue Gefühle und Gedanken zeigen.

Von nun an kannst du unterscheiden, ob du tatsächlich genährt wirst oder ob du auf die Suche nach weiblicher Kraft hereinfällst, deine eigene Suche oder die eines anderen. Bleibe noch in dieser Energie, und komme in deiner Zeit zurück in den Raum, in dem du dich befindest.

Das unverletzte Selbst treffen

*Im Sinne der Quantenheilung das ursprüngliche Selbst erleben;
umfassende Neuausrichtung.*

(aus: CD: »Meditation zum Loslassen und für einen guten Schlaf«, Schirner, Darmstadt, 2012.)

Und jetzt, wo du dich mehr und mehr entspannst, mehr und mehr zur Ruhe kommst, erscheint vor deinem inneren Auge eine strahlend helle Lichtsäule. Du siehst oder du fühlst sie. Auch Fühlen ist eine Wahrnehmung, Du siehst oder fühlst also diese Lichtsäule, oder du weißt einfach, dass sie das ist, und mit einem Schritt trittst du ein in dieses Licht. Du stellst dich einfach hinein. All die übermäßige Spannung, die sich noch immer in deinem Körper befindet, löst sich in dieser Lichtsäule ganz einfach auf, und du kommst zurück in die natürliche Spannung, die dir und deinem Körper, deiner Seele entspricht, die für dich ideal ist, damit dein ganzes System auf optimale Weise arbeiten kann – deine Organe, die Atmung, die Durchblutung, die Übertragung der Impulse in den Nervenzellen. Und während das geschieht, beginnt sich etwas in dir zu wandeln, ein Raum entsteht in dir, eine Öffnung. Die Lichtsäule wird heller und lichter und irgendwann wird aus der Lichtsäule ein Licht erfüllter Raum, eine Dimension. Immer weiter wirst du und nun entsteht vor einem inneren Auge, in diesem lichtvollen Raum, eine Landschaft, so zauberhaft, so gesund, so kraftvoll, so wunderschön, wie du sie dir nur vorstellen kannst. Du spürst die pure Lebendigkeit dieser Landschaft, sie vitalisiert deinen Kör-

per und entspannt deinen Geist. In dieser Landschaft gibt es einen für dich idealen Kraftplatz, einen Platz, der genau so ist, wie es für dich in diesem Moment ideal ist, ein Wasserfall, ein Feuer, ein riesiger, uralter, stabiler Baum, eine zauberhafte Lichtung oder einfach ein schneeweißer Sandstrand mit türkisfarbenem Meer, der schönste Ort, den du dir nur vorstellen kannst.

Und jetzt, jetzt, betrittst du diesen wunderschönen Ort. Du setzt dich, ruhst dich aus, und du erkennst, du bist einen weiten, sehr weiten Bewusstseinsweg gegangen, um heute hier anzukommen. Vieles, vieles hast du erlebt, durchlebt, du hast Bewusstsein ausgebildet zu den verschiedensten Themen, hast dich mit all den Lebensfragen beschäftigt, die sich dir gestellt haben. Du hast Antworten gefunden. Manchmal musstest du die Fragen stehen lassen und mit ihnen leben – und du spürst, es wird Zeit für etwas Neues. Auf einmal bemerkst du eine Lichtgestalt ganz in deiner Nähe. Vielleicht stand sie die ganze Zeit schon da, vielleicht ist sie soeben erst erschienen. Diese Lichtgestalt beginnt, mit dir zu sprechen. Du hörst ihre Stimme wie besonders klare Gedanken in deinem Kopf.

»Ich bin dein unverletztes Selbst. Ich bin, was die göttliche Ordnung meinte, als sie dich schuf. Ich bin, was du wärst, wärest du nicht verletzt. Ich bin du in meiner vollständigen und intakten, in meiner ursprünglichen Form.«

Du erkennst, diese Lichtgestalt enthält dein Potenzial, die Energie, die durch dich zur Erde kommen wollte, die Energie, die du auf die Erde bringen könntest, wärst du nicht verletzt. All die Verletzungen und Erfahrungen dienten dazu, Bewusstsein auszubilden, waren Fragen des Lebens an dich, und du hast dich auf den langen Weg der Antworten begeben. Du hast diesen Weg mit Bravour gemeistert. Jetzt wird es Zeit, dich vollkommen zu verändern, zu dem zu werden, was du in Wahrheit bist. Die Lichtgestalt, dein unverletztes, heiles Selbst kommt nun auf dich zu, so nah, wie es für heute möglich ist. Du selbst in deiner höchsten, reinsten, ursprünglichen, heilen Form kommst auf den Menschen, der du bist und der all diese Narben trägt, zu, berührst dich selbst mit deiner wahren, heilen Essenz. Möglicherweise spürst du jetzt deinen Körper, denn wenn dich diese unverletzte Essenz berührt, bemerkst du die Spannungen, die du noch immer in dir trägst, die Narben, die körperlichen und emotionalen Schonhaltungen, die du im Laufe all der Erfahrungen erhalten und eingenommen hast.

Das macht nichts. Lasse es sein, wie es ist, und erlaube, dass so viel von deiner reinen, unverletzten Essenz in dich einströmt, wie das heute hier und jetzt nur möglich ist.

Und es kann sein, dass sie sich vollkommen anders anfühlt, als du dich bislang wahrgenommen hast. Du hast dich bislang wahrgenommen als jemanden, der verletzt ist und der für sich Lösungen findet, der mit dieser Verletzung weiterlebt, sich weiter entwickelt, sich transformiert. Hier und jetzt bekommst du eine Neugeburt, einen vollständigen Neustart. Du kommst so nah es nur irgendwie möglich ist, an dein eigenes, heiles, von irdischen Erfahrungen unberührtes Selbst heran, du als der Mensch, der du bist, kommst, so tief wie es nur irgend möglich ist, in Kontakt mit deinem ursprünglichen, heilen, intakten Sein. Dieses Sein berührt deinen Körper, berührt deine Aura, deine Art zu denken, deine Art zu fühlen, ganz besonders berührt es deinen Mandelkern, den Teil im Gehirn, der alles, was du erlebst, emotional bewertet und in dem deshalb auch alle unausgeheilten Verletzungen gespeichert sind. Während das geschieht, lade ich dich ein, dir eine bestimmte Situation in deinem Leben anzuschauen, eine Situation, die womöglich schon lange auf Veränderung wartet.

Was würdest du fühlen, denken, und wie würdest du handeln, wärest du heil, wärst du unverletzt? Was würdest du tun, wärest du frei von all diesen Erfahrungen? Wie würde deine reine, heile Essenz mit dieser Situation umgehen, auf welche Weise würde sie sich ausdrücken? Auf welche Weise würdest du dein Licht auf die Erde bringen, wärest du frei von all diesen Erfahrungen? Du brauchst es nicht zu wissen, erlaube, dass dein heiles, lichtes Selbst dir zeigt, dich fühlen lässt, auf welche Weise du in

deinem Leben anwesend wärst. Welches sind deine wahren Impulse? Welches sind deine wahren, gesunden, intakten, unverbogenen Impulse? Du bist ein einzigartiges Wesen, deine Energie ist einzigartig, und so sind auch deine Impulse einzigartig. Wärest du nicht verletzt – was würdest du tun? Wärest du nicht verletzt, was würdest du fühlen, denken? Wie würdest du die Situation einschätzen und wahrnehmen, wenn du aus deinem ursprünglichen Sein heraus leben könntest? Du kommst dir selbst und deinem wahren Sein so nah, wie es heute nur möglich ist, und nimmst so viel von seiner unverfälschten Kraft in dich auf, erlaubst, dass du dich dadurch veränderst.

Bleibe so lange in dieser Energie, wie es dir guttut.

Irgendwann zieht es dich ganz von selbst in deinen Körper zurück, in dein irdisches Bewusstsein – damit du diese neuen Impulse hier auf der Erde leben und in die Tat umsetzen kannst.

Liebe und Beziehung

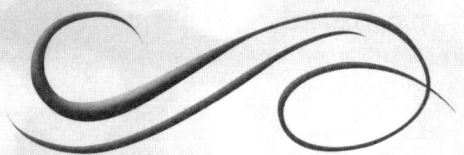

Der wilde Mann, die wilde Frau

... um die eigenen ursprünglichen Seelenkräfte kennenzulernen.

(aus: Buch: »Schatz, ich muss dir was sagen«, Schirner, Darmstadt, 2011.)

So schließe bitte deine Augen, nachdem du den Text gelesen hast, oder lest ihn euch gegenseitig vor. Bitte deine Vorstellungen und deinen kontrollierenden Verstand, einen Schritt zur Seite zu treten, damit du deine wahren Kräfte kennenlernen kannst. Die wilde Frau und der wilde Mann sind wahrscheinlich ganz anders, als du es erwartest. Sei daher bitte so offen, wie es dir möglich ist. Es sind neue Kräfte, die du wahrscheinlich noch nicht kennst, zumindest nicht in der Form (oder aber sie sind dir so vollständig vertraut, dass du das Gefühl hast, endlich nach Hause zu kommen). Lasse deine Ideen los, du weißt nicht, wie sich dein wilder Mann oder deine wilde Frau zeigen werden. Es wird auf jeden Fall genau richtig sein, selbst wenn es anders ist, als du es erwartest.

Entspanne dich also ein wenig. Dann stelle dir bitte ein Tor vor, ein Tor, das dich in die Welt der Freiheit, der Lebendigkeit und der Lebensfreude führt. Bitte das Tor ausdrücklich, dich in diese Welt zu führen, und schaue, wie es aussieht. Vielleicht spürst du es auch eher, als dass du es siehst. Halte nicht an inneren Bildern fest, nimm einfach wahr, was in dir geschieht. Tritt durch das Tor hindurch, so, wie es dir angenehm ist und in deiner Zeit. Es kann sein, dass du vorher einiges loslassen musst. Vielleicht

trägst du eine schwere Rüstung, eine Idee im Kopf, die du als Hut oder Klammer um den Kopf herum wahrnimmst, einen alten Rucksack, einen Keuschheitsgürtel oder ein ganzes Waffenarsenal. Lege bitte alles vor das Tor, und dann gehe hindurch. Bitte die Hüter deiner Kraft, bei dir zu sein, bitte die geistigen Kräfte deines Vertrauens, seien es Engel, Krafttiere, Jesus Christus oder jede andere geistige, der Liebe dienende Energie, dich zu führen, und dann sieh, wo du gelandet bist. Du nimmst eine wunderschöne Landschaft wahr, eine Welt, in der die Gesetze von Liebe und Lebendigkeit verwirklicht sind, und du tankst bereits jetzt Kraft und Lebensmut.

Du schaust dich um und gehst ein wenig umher, und in einiger Entfernung siehst oder spürst du ein Feuer. Wenn du keines wahrnimmst, dann stelle dir einfach ein Feuer vor.

Du gehst hin zu dem Feuer und nimmst auf einmal eine Präsenz wahr, ein Wesen, eine Gestalt.

Es kann sein, dass du noch niemanden erkennen kannst, aber du spürst die Energie dieser Gestalt. Frage sie, ob sie deine wilde Frau oder dein wilder Mann ist. Spürst du ein Ja, dann nähere dich ihr, und lasse dich mehr und mehr von ihrer Energie berühren. Spürst du ein Nein, dass frage sie, ob sie dich zu deinem wilden Mann oder deiner wilden Frau führen wird – und dann folge ihr. Passiert nichts, dann nimm zunächst die Energie in dich auf, und wiederhole die Meditation später.

Wenn du deinen wilden Mann oder deine wilde Frau spürst oder erkennen kannst, dann nähere dich ihr oder ihm so, wie es für dich richtig ist, und lasse alle Ideen darüber, wie sie sein sollten, los. Es sind tatsächlich einfach nur das: Ideen, sie haben nichts mit der wirkenden Energie zu tun. Mehr und mehr erlebst du nun die Kraft deines wilden Mannes oder deiner wilden Frau, du lässt sie in dich einwirken und erkennst, dass sie dir schon lange gefehlt hat. Nimm dir Zeit, diese Energie zu fühlen. Sie fließt überall dort hin, wo sie gebraucht wird und verbindet die losen Einzelteile in dir zu einem stimmigen Ganzen. Weisheit, Frieden, Ruhe, aber auch Unbestechlichkeit und Klarheit schenkt dir dein wilder Mann, deine wilde Frau.

Wenn du eine Frage hast, dann stelle sie, besonders aber frage sie, was sie brauchen, ob du etwas für sie tun kannst.

Befreie deinen wilden Mann aus den Fesseln, falls er welche trägt. Schaue, wie es ihm geht. Vielleicht liegt ein erschlagener oder anderweitig getöteter Drache neben ihm. Dann bitte deine geistigen Führer und Lehrer, die Situation zu erlösen. Vielleicht musst du den Drachen heilen, wiederbeleben, vielleicht auch betrauern

und begraben – und vielleicht gibt es ein kleines Drachenjunges, das du von nun an hüten darfst. Vielleicht ist es auch ganz anders. Schaue, was passiert, und vertraue. Lasse dich leiten. Die Kräfte der geistigen Welt wissen, was sie tun.

Wie immer deine Geschichte ist, bitte die wilde Frau, den wilden Mann, dir von nun an zu zeigen, was wirklich gut für dich ist und was dein Herz wirklich will.

Diese Kräfte sind weitaus liebevoller, klarer, geduldiger und weiser, als du dir vorstellen kannst. Sie kennen die Rhythmen des Lebens und des Todes. Dein wilder Mann kann auch Jesus Christus, ein Drache, Erzengel Michael oder ein Indianer oder Druide sein – in welcher Gestalt er sich zeigt, ist völlig gleichgültig. Nimm seine Energie wahr. Die Form will dir nur helfen, seine Energie besser zu spüren, denn natürlich hat er in Wahrheit keine Verkörperung. Das bist du, das ist deine ureigene Kraft, die sich dir hier in einer Gestalt zeigt, die dir hilft, sie besser zu erkennen.

»Ich habe dich erwartet«, sagt die Gestalt und bietet dir einen Heiltrank an, der in einem Kessel über dem Feuer kocht. Vielleicht gibt sie dir auch eine Waffe, gereinigt und dem Leben dienend, vielleicht ein anderes Symbol für deine Kraft.

Vielleicht ist deine wilde Frau uralt, und du hast etwas ganz anderes erwartet – wer aber sollte sich besser auskennen mit den Rhythmen des Lebens als die weise Alte? Lasse es bitte sein, wie es ist. Es ist eine neue Kraft, die dir von nun an zur Verfügung steht. Wann immer du eine Frage hast oder Kraft brauchst, komme bitte ans Feuer, und nutze die Weisheit und Ruhe deines wilden Mannes, deiner wilden Frau. Dein wilder Anteil hütet deine Seelenkraft. Wann immer du Energie brauchst oder dich selbst nicht mehr richtig spürst, lasse dir einen Heiltrank geben, der genau das enthält, was du in diesem Moment brauchst. Die schamanischen, ursprünglichen Kräfte des wilden Mannes und der wilden Frau wissen genau, was du brauchst, denn sie sind in engstem Kontakt zu deinen Selbstheilungskräften und zu der unermesslichen Schöpferenergie des Lebens selbst. Das Leben hat bis jetzt noch immer eine Lösung gefunden, wenn man ihm erlaubt, zu fließen, wie es eben fließen will.

Der wilde Aspekt kann dir nicht versprechen, dass dir nie wieder wehgetan wird oder dass du keine Brüche und Trennungen mehr erlebst. Das kann passieren, das ist das Leben. Er kann dir aber garantieren, dass er da ist und immer eine Lösung für dich findet, immer wieder einen neuen Ausdruck des Lebens und der unermesslichen Schöpferkraft erschafft und in dein Leben ruft. Mehr haben wir nicht, aber vielleicht genügt das, um weiterzumachen.

Komme durch das Tor zurück, und schreibe auf, was du erlebt hast. Bleibe ein wenig in Stille, und nimm dir Zeit, all die neue Energie zu integrieren.

Das Energiefeld von erfüllter Liebe

… um erfüllte Liebe zu ermöglichen und einen inneren Raum dafür zu öffnen.

(aus: Buch und CD: »Königin im eigenen Reich«, Schirner, Darmstadt, Buch 2009, CD 2008.)

Wie immer machst du es dir bitte bequem, nutzt eine Entspannungstechnik, um zur Ruhe zu kommen. Bitte den Teil in dir, der diese Meditation braucht, sich dir zu zeigen. Das ist der sehr verletzte Teil in dir, der enttäuscht ist, keine Kraft mehr hat, nicht mehr kämpfen will und vielleicht sehr müde ist. Es kann sein, dass du eine Frau oder einen Mann siehst, vielleicht nur ein Gefühl spürst oder ein kleines Kind erkennst. Bitte frage diesen Teil in dir, ob er eigentlich noch gern auf der Erde ist. Es gibt in uns Bereiche, die so verletzt sind, dass sie genug haben, nicht mehr hier sein wollen. Es ist nun Zeit, sie gehen zu lassen. Sie brauchen sich nicht mehr mit letzter Kraft aufrecht zu halten. Sieh, wie verletzt dieser Teil ist, wodurch er es ausdrückt. Vielleicht sitzt der Seelenanteil in Form einer Frau, eines Kindes, eines Mannes einfach in einer Ecke, oder du nimmst nur ein graues Energiefeld wahr. Wenn du erkennst, dass dieser Teil nicht mehr auf der Erde sein will, dann schicke ihm bitte eine hell strahlende Lichtsäule, indem du dir einfach eine vorstellst. Eine Lichtsäule ist ein sehr hoch schwingendes Energiefeld, das aus dem Bereich der ungeteilten göttlichen Ordnung bis hinein in die Frequenz der Erde reicht. Du siehst vielleicht einen runden Lichtkegel auf dem Boden. Vielleicht durchströmt die Lichtsäule auch den Boden und reicht weit in die

Erde hinein. Sie ist hell und nach außen hin deutlich definiert, hat also klar umrissene Ränder. Nun bitte einige Engel zu dir. Du spürst sie als Wärmestrahlung oder als angenehmes, entspanntes Gefühl. Bitte den verletzten Teil, einfach in diese Lichtsäule zu gehen, damit er aufsteigen und mit den nichtinkarnierten Seelenanteilen verschmelzen kann. Vielleicht gibt es auch einen anderen, besseren Ort für dieses Kind oder das Wesen in dir, das so verletzt ist. Erlaube diesem Wesen, an den spirituellen Ort zu gehen, der jetzt für es richtig ist. Die Engel führen es dorthin. Du brauchst nicht zu wissen, wo das ist. Sieh, wie die Wesenheit reagiert. Ist sie erleichtert? Schaut sie sich um, was geschieht? Und wie fühlst du dich selbst? Es ist sehr sinnvoll, die Anteile nach Hause zu schicken, die nicht mehr hier sein wollen. Sie haben genug getragen oder ermöglicht. Es ist einfach Zeit, sich auszuruhen.

Nun stelle dich bitte selbst in diese Lichtsäule hinein, und erlaube allen Energien in dir, die nicht mehr stimmig sind, die dir keinen guten Dienst mehr leisten, die verletzt sind und gehen wollen oder die einfach nicht mehr zu deinem Leben gehören, in der Lichtsäule aufzusteigen. Und dann bitte die Seelenanteile, die sich jetzt inkarnieren wollen, die also jetzt auf die Erde kommen möchten, für die genau jetzt der richtige Zeitpunkt ist, zu dir. Du spürst, wie dich neue seelische Anteile zu durchströmen beginnen, vielleicht nimmst du Farben wahr, siehst Wesensanteile oder spürst einfach neue Kraft. Und nun bitte ein Energiefeld von erfüllter Liebe zu dir. Das geht ganz einfach. Bitte nur darum, dann kommt es. Es geht gar nicht anders. Ein Energiefeld, das dich beschwingt und glücklich macht und dich mit erfüllter Liebe in Kontakt bringt. In diesem Energiefeld findest du alles, was du brauchst, es enthält alles, was nötig ist, damit du eine erfüllte, glückliche Partnerschaft erleben kannst. Vielleicht bringt es dir Energien mit, die du noch nicht kennst und von denen du noch nichts ahnst. Sie werden sich in den nächsten Tagen zeigen, so wundere dich nicht … dieses neue Energiefeld wird alles zum Schwingen bringen, das dieser Frequenz nicht entspricht, weil es vielleicht zu langsam oder zu schwer ist. So kann es sein, dass dir in den nächsten Tagen einiges klar wird oder einiges in dir aufsteigt. Das ist ein Zeichen, dass sich deine Energie hebt, dass du mehr und mehr aus dem Schmerz in das Feld der Liebe eintrittst. Bitte das Energiefeld von erfüllter Liebe zu dir, aber lasse es gleichzeitig frei, damit es sich so verwirklichen kann, wie es das will. Gehe davon aus, dass du noch nicht weißt, auf

welche Weise es sich auf der Erde manifestieren möchte, dass du noch nicht weißt, wie es dann konkret aussieht. Lasse also deine Vorstellungen darüber, wie es sein soll, los, und bitte es, so zu kommen, wie es dich wirklich erfüllt, egal, was du glaubst, wie es dich erfüllen sollte. Du kennst diese Frequenz nicht. Du warst da noch nie, du weißt wahrscheinlich einfach nicht, was dich tatsächlich erfüllt … Und selbst wenn du es zu wissen glaubst, lasse es bitte los, damit es sich so verwirklichen kann, wie es richtig ist … sei sicher, es wird besser als alles, was du dir ausdenken kannst.

Komme nun in deiner Zeit zurück. Bleibe aber verbunden mit dem Wissen und dem Bewusstsein, aus dem heraus du gerade eben die Dinge erlebt hast.

Wir erweitern unser Bewusstsein, indem wir nicht mehr von Ebene zu Ebene schweben, sondern in allen Ebenen gleichzeitig bewusst anwesend sind.

Die Kraft des Männlichen und des Weiblichen

*Das Männliche und das Weibliche in dir reinigen, kräftigen
und miteinander in Einklang bringen.*

(aus: Buch und CD: »Endlich gut genug«, Schirner, Darmstadt, Buch 2012, CD 2013.)

Mache es dir bequem, atme ein paar Mal tief durch, und erlaube dir, eine neue Erfahrung zu erleben. Kippe in deiner Vorstellung die Schalter deiner Amygdala nach vorne, damit du die neuen Energien gut und bereitwillig annehmen kannst.

Nun stelle dir bitte eine Lichtsäule vor, die ganz und gar neu ist. Die Energie dieser Lichtsäule war in dieser Zusammensetzung noch nie auf der Erde, und sie schenkt dir eine neue Erfahrung und neue Möglichkeiten. Stelle dich bitte mitten in diese Lichtsäule, und lasse dich von dem Licht durchfluten. Es nimmt alles mit sich, was nicht mehr zu dir gehört, besonders den Anteil, der sich nie gut genug fühlt. Ganz von selbst reinigt dich diese Lichtsäule auf nie gekannte Weise. Sie vibriert alles aus dir heraus, was jetzt gehen will. Deine seelischen Aspekte und Anteile, für die es Zeit ist, den Körper zu verlassen und nach Hause zurückzukehren, steigen in der Lichtsäule ganz leicht und wie von selbst auf und verwandeln sich in Licht. Aspekte deines inneren Kindes, die sehr entmutigt sind oder in Angst vor Beschämung und Strafe leben, strömen aus dir heraus und kehren ins Reich deiner Seele zurück, finden Trost und Frieden in deinen eigenen feinstofflichen Daseinsformen. Du spürst förmlich, wie sich besonders deine Mandelkerne reinigen, wie dunkle Energie aus ihnen aufsteigt und sie heller und lichter werden, vielleicht werden sie gar ganz ausgetauscht und entstehen neu, voller lebensbejahendem Mut. Ganz besonders fließt alles, was du für deine Ahnen und deine Familie, möglicherweise für das Kollektiv trägst, aus dir heraus und löst sich in Licht auf oder strömt in die Erde, wo es zur Ruhe kommen darf.

Immer lichter und klarer fühlst du dich. Nun beginnen neue Seelenkräfte aus dem Reich deiner Seele in dich einzufließen. Gleichermaßen spürst du, wie Erdkraft in dich einströmt. Diese Erdkraft brauchst du, damit deine Seelenenergie hier auf Erden Form annimmt und sichtbar wird, sich in Taten und Möglichkeiten, die dir begegnen, zeigt.

Nutze bitte die Reise, die dir heute dient. Sinnvoll ist, es, beide zu machen, denn du trägst den männlichen und den weiblichen Pol in dir.

Für das Weibliche:

Diese Erdkraft fließt in dein Becken und beginnt, eine Schale zu formen, eine wunderschöne, einzigartige, stabile Schale. In dieser Schale hütest du das Leben. Sie steht stellvertretend für deine Gebärmutter. Jede Idee, jedes Projekt, hütest du hier so lange, bis es geboren werden kann. Das kann sehr schnell gehen. Manchmal aber brauchen die Dinge ihre Zeit. Diese Schale entsteht aus der Erdkraft heraus, und sie kennt die Rhythmen, weiß genau, wie lange eine Idee, ein Projekt und natürlich auch ein Kind brauchen, bis sie reif sind, bis sie in die Welt entlassen werden können, bis du sie gebären kannst. Mehr und mehr fließt die Erdkraft in dich ein und sammelt sich im Becken. Die Schale wird nun genauso groß, schwer und stabil, wie es für dich stimmig und deinem Seelenfeuer entsprechend richtig ist. Die Schale entsteht ganz neu, und so ist sie unbeschwert von all den Lasten, die du womöglich für deine Ahnen, für deine Familie und für das weibliche Kollektiv trägst. Nun sieh, wie sich das Licht der Lichtsäule und deine eigenen Seelenkräfte in dieser Schale sammeln, zur Ruhe kommen und von hier aus in die verschieden Chakren, Aurakörper und physische Körperteile strömen.

Hier ist deine Mitte, als Frau bist du im Becken geerdet. Hier sammelst du Energien und nährst sie, bis sie sich als Tat, als gelebter Ausdruck zeigen.

Du nährst deine Ideen tief im Becken. Hier gibt es weder Zweifel noch Unsicherheiten. Die Schale weiß genau, was dem Leben dient und was nicht und sie vertraut sich selbst – kommt sie doch aus dem Schoß von Mutter Erde.

Für das Männliche:

Die Erdkraft fließt in Form von rotglühendem Magma in dein Becken und von dort aus weiter in deinen Bauchraum. Im Bauchraum entsteht ein Feuer, wie ein riesiges Lagerfeuer, das Feuer deiner Schöpferkraft, mit der du die Welt befruchtest. Dieses Feuer füllt deinen ganzen Bauchraum aus und wärmt dich, schenkt dir Lebendigkeit und Begeisterung für das, was du verwirklichen willst. Die Erdkraft nährt das Feuer, speist es, versorgt es mit Brennstoff, und so sorgt ein unablässiger Strom aus der Erde dafür, dass dein Feuer heiß und gleichmäßig lodert. Es steht dir zur Verfügung, um damit schöpferisch tätig zu werden, um deine Träume, Wünsche und Ideen nach außen in die Tat umzusetzen. Die Erdenergie nährt dein Feuer auch dann, wenn du es nach außen gibst. Sie strömt durch dich hindurch in deine Projekte. Deine Seelenenergien und die Kraft der Lichtsäule strömen in das Feuer hinein und geben ihm eine Richtung, eine Farbe, einen Impuls, sie zeigen dir, auf welcher Weise dein Feuer in der Welt wirken möchte.

Du spürst deine Mitte in deinem Feuer, nimmst dich als schöpferisch und befruchtend wahr und spürst, wie erfüllend es ist, dein Feuer in die Welt zu bringen, sichtbar zu sein und dich nach außen zu verströmen.

Für beide:

Immer stabiler spürst du deine Mitte, und du kommst zur Ruhe. Du erkennst, dass du tatsächlich einzigartig bist und dass deine innere Kraft dir den Weg weist, dir zeigt, auf welche Weise und in welcher Zeit deine Energie nach außen hin sichtbar werden und mit der Erde in gegenseitige Wechselwirkung treten möchte. Alle Ideen darüber, wie du sein solltest, lösen sich im Feuer und in der Schale auf und die Energie deiner Mitte strömt in deinen ganzen Körper, besonders in die Mandelkerne. Vielleicht zum ersten Mal fühlst du dich gut geerdet und zugleich gut mit deiner spirituellen Seelenheimat verbunden, fühlst dich als Wesen, das Himmel und Erde in sich vereint und diese Energien in gesunde, kraftvolle und gelassene Handlungen umsetzen kann.

Bleibe in der Lichtsäule stehen, lasse diese Kräfte in dir wirken und komme dann, wenn du für diesen Moment genügend genährt und entflammt bist, zurück – jederzeit steht dir diese Lichtsäule zur Verfügung. Du kannst dich hier immer wieder bewusst mit deiner Seele und der Erde zugleich verbinden.

Der Heilige Raum der Beziehungen

... um einen gemeinsame Energieraum zu erschaffen; um zu überprüfen,
ob wirklich beide in die Beziehung investieren wollen.

(aus: Buch: »Schatz, ich muss dir was sagen«, Schirner, Darmstadt, 2011.)

Für diese Übung brauchst du deinen Partner als Gegenüber, zumindest im Geiste. Wenn er noch nicht in deinem Leben ist, dann stelle dir vor, er wäre bereits da, zumindest als Lichtgestalt.

Nun schließe die Augen, und bitte darum, dass sich der heilige Raum, der jetzt durch dich und deinen Partner, auch wenn er noch nicht sichtbar ist, entsteht, zeigt. Vielleicht gibt es ein inneres Bild, vielleicht ein Gefühl. Dieser heilige Raum ist rein, klar und voller Liebe und Freiheit. Bitte um eine Anbindung an die göttliche Kraft selbst, an deinen Seelenplan, an alles, was ihr auf höchster Ebene entschieden habt, gemeinsam zu erschaffen. Vielleicht findest du Worte dafür. Das kann Liebe sein, Leichtigkeit, Fülle, Erfüllung, erfüllte Sexualität, Spaß, vielleicht öffnet ihr euch auch für eine weitere Seele, die durch euch auf die Erde kommen möchte … Nimm wahr, wie sich dieser heilige Raum anfühlt, er ist wie ein Spielfeld voller Möglichkeiten, und doch hat er bereits eine bestimmte Frequenz, eine Form, eine Farbe oder verursacht dir ein Gefühl. Er ist neu, aber nicht austauschbar. Das ist der spezielle Raum, das ist die einzigartige Kraft, die entsteht, wenn eure Energien zusammenfließen. Dies ist euer gemeinsamer heiliger Raum,

niemand darf ihn ungefragt betreten. Hier könnt ihr alles entwickeln, was Schutz braucht. Hier könnt ihr Abstand nehmen von alten Strukturen und Mustern. Hier gibt es die Möglichkeit, ganz neu zu schauen und wahrzunehmen, wie sich die reine Liebe durch euch ausdrücken und verwirklichen will. Schaue, wie weit du bereit bist, diesen Raum zu erfüllen. Vielleicht schaust du zunächst nur, vielleicht beginnst du aber auch, diese Energie in dich aufzunehmen oder du willst (wie in eine Lichtsäule) hineintreten.

Du spürst, während du diese Meditation durchführst, sehr deutlich, ob es überhaupt einen gemeinsamen heiligen Raum mit diesem speziellen Mann gibt und wie er aussieht. Lasse ihn so, wie er ist. Vielleicht ist der Raum nur sehr klein und bietet nicht viele Möglichkeiten, vielleicht gibt es ihn auch gar nicht. Das macht nichts. Wenn du nur noch deiner inneren Stimme folgst, wirst du sehr schnell merken und wahrhaben wollen, dass euch nicht viel verbindet oder trägt, und du kannst die alten Versuche, mehr Liebe zu erzeugen, als von allein fließen will, sein lassen und weitergehen. Vielleicht aber öffnet sich auch ein ungeahnter Raum voller Farben und Lichter, voller Möglichkeiten und Kraftquellen …

Alles, was du noch mit dir selbst zu klären hast, kannst du außerhalb dieses gemeinsamen heiligen Raumes tun. Dadurch wird deine Beziehung nicht getrübt. Es ist ein Schutzraum, ein heiliges Energiefeld, in dem Liebe wirken kann und nur Liebe, ein gemeinsames Schloss, das ihr neu erschafft und in dem ihr glücklich und zufrieden leben könnt.

Die Lasten zurückgeben

... um dich von dem, was du für andere trägst, zu befreien
und die Verantwortung für andere zurückzugeben.

(aus: Buch und CD: »Ich lasse DEINES bei dir«, Schirner, Darmstadt, Buch 2010, CD 2012.)

Mache es dir bitte bequem, schließe deine Augen, und erlaube dir, einmal ganz deutlich und bewusst zu spüren, was du alles mit dir herumträgst, ganz körperlich. Das fühlt sich sicher nicht gut an. Ich bitte dich, tu es dennoch, damit es dir klar wird. Atme also ein paar Mal tief durch, und erlaube deinem Körper, deinen Gefühlen und deinen Gedanken, dir zu zeigen, was sie für andere tragen. Es kann sein, dass du nun körperliche Symptome bekommst, Kopfschmerzen oder einen Druck im Bauch, vielleicht kannst du auf einmal nicht mehr richtig atmen, oder du fühlst dich, als würdest du am liebsten weinen. Das alles trägst du für andere. Du tust es aus Liebe und weil du hoffst, dass es andere dafür ein wenig leichter haben, und das ist wundervoll. Danke für deinen Dienst. Es gibt aber eine bessere Art, mit den Schwierigkeiten anderer umzugehen. So stelle dir nun bitte eine Lichtsäule vor, die sich warm und geborgen anfühlt, eine Lichtsäule, die dich wärmt, nährt und trägt. Stelle dich hinein, und fühle die Erleichterung, wenn das Licht durch all deine Zellen fließt und dir die Lasten ein wenig abnimmt. Falls du weißt, für wen du all diese Lasten mit dir herumträgst, bitte ich dich, diesen Menschen nun vor deinem geistigen Auge zu sehen. Spüre noch einmal ganz deutlich, wie schwer sich diese Lasten anfühlen und vielleicht sogar, wo im Körper du sie aufbewahrst. Sieh diesen Menschen vor dir, und spüre deine Liebe zu ihm, auch deine Hilflosigkeit über das, was er durchmachen muss. Vielleicht spürst du gar keine Liebe, sondern Ärger und Abwehr. Das macht nichts. Hättest du nicht ganz viel Mitgefühl mit ihm, würdest du diese Lasten ja gar nicht für ihn tragen. Und nun, wenn der Mensch vor dir steht, bitte seinen Schutzengel mit dazu. Egal, ob du an Schutzengel glaubst oder nicht, tu bitte einfach mal so, als gäbe es einen. Bitte also den Schutzengel dazu, und schaue ihn an, wenn dir das möglich ist. Sage ihm bitte Folgendes:

»Ich trage die Lasten meiner Mutter/ meines Vaters (oder für wen du sie eben trägst), und ich tue es gern und mit Liebe. Aber jetzt gebe ich sie dir, damit du sie in Leichtigkeit und Liebe verwandelst.«

Verstehst du, du gibst sie natürlich nicht deiner Mutter zurück, denn sonst sind wir kein Stück weiter gekommen. Wenn du sie aber dem Schutzengel der betreffenden Person gibst, dann kann dieser dafür sorgen, dass die Last verschwindet oder dass sie sich so ändert, wie es eben für den anderen wichtig und sinnvoll ist. Wahrscheinlich muss der, für den du die Schwere trägst, etwas lernen und braucht diese Lasten, um das zu verstehen. Wenn du sie dem Schutzengel gibst, dann wird er die Schwere genau so, wie es für den Menschen sinnvoll und hilfreich ist, auflösen oder noch ein wenig wirken lassen, bis der Mensch gelernt hat, was er lernen wollte.

Probiere das bitte mit jeder Last, die du für andere trägst, besonders mit all dem Schmerz, den du für die Welt und für die Tiere trägst. Bitte all die Schutzengel der Menschen, der Tiere und am besten die Engel der Erde selbst, diese Lasten von dir zu nehmen und sie in Liebe und Leichtigkeit zu verwandeln, besser noch in Bewusstsein und Erkenntnis. Damit leistest du einen riesig großen Beitrag für das gesamte Bewusstsein der Menschheit, und du kannst es jederzeit und immer anwenden. Vergiss diese Übung bitte nicht, du kannst sie dein ganzes Leben lang immer wieder brauchen, im Großen wie im Kleinen, immer dann, wenn du Leid siehst. Bitte sofort den Schutzengel der anderen Person, des Landes oder der Tiere, dieses Leid zu verwandeln und in die Hände Gottes zu legen. Schicke Segen hinterher, einfach indem du aus deinem Herzen heraus einen Lichtstrahl hinschickst. Mehr brauchst du nicht zu tun. Falls es etwas Konkretes im Außen zu erledigen gibt, falls du wirklich auch körperlich helfen kannst, dann wirst du es spüren. Die geistige Hilfe, die du gibst, ist ein riesig großer Schatz, und auch wenn du vielleicht das Gefühl hast, du tust doch gar nichts, so lässt du doch Liebe und Licht in den anderen einfließen.

Von da aus kann er selbst weitergehen und wird wachsen und freier werden.

Die goldene Acht

... um die Belastungen der Beziehung zu reinigen und zu erlösen;
um sich gegenseitig zu vergeben.

(aus: Buch: »Schatz, ich muss dir was sagen«, Schirner, Darmstadt, 2011.)

Setzt euch einander gegenüber, und schließt eure Augen. Atmet, und stellt euch eine goldene Acht vor. Der Kreuzungspunkt der Acht ist genau zwischen euch. Sie kreist wie ein goldenes Licht um euch beide herum und bringt eure Energien ins Gleichgewicht, bringt euch alles zurück, was ihr dem anderen überlassen habt, und lässt alles zum anderen zurückfließen, was ihr für ihn tragt oder was ihr euch genommen habt. Das, was euch der andere schenkt, gehört zu euch, aber die Aufmerksamkeit und Energie, die ihr euch erschlichen habt, darf wieder zum anderen zurückfließen. Und ja, das kommt in den besten Beziehungen vor! Nutzt die goldene Acht, um eure Energien auszugleichen, aber auch, um euch selbst zu disziplinieren, wann immer ihr in Versuchung geratet, dem anderen etwas abzunehmen oder sich Energie von ihm zu holen. Wenn ihr etwas vom anderen braucht, dann bittet darum, offen und ehrlich, macht keine Spielchen. Und wenn ihr doch spürt, dass ihr manipuliert, dann legt die goldene Acht um euch und um euren Partner. Damit ist jeder sicher und geschützt, und die Kommunikation und der Energieaustausch können frei und offen stattfinden.

Bittet nun darum, dass sich für einen Moment all eure Beziehungsstrukturen, eure Versprechungen, eure Ansprüche und Wünsche auflösen, dass alles, woran ihr euch festhaltet, was ihr für real haltet, einfach verschwindet. Erlaubt, dass sich wirklich jede Struktur auflöst, dass ihr eure Beziehung ganz und gar loslasst. Wir wissen, das ist beängstigend, und mutig, aber nur so könnt ihr eure wahrhaftig fließende Kraft erkennen – und vielleicht ist sie ja viel stärker, als ihr dachtet?

Nach und nach löst ihr euch also aus eurer Beziehung, nach und nach lasst ihr alles gehen, woran ihr euch festhaltet, und alles, was eure Beziehung sonst ausmacht. Lasst sie sich völlig auflösen, lasst alles gehen. Alles, was ihr bisher erschaffen habt, löst sich wie Nebel in der Sonne auf. Es kann sein, dass an einem Punkt Angst kommt, nun alles zu verlieren, bleibt da und vertraut dem Prozess. Ihr seht nun die Wahrheit über eure Beziehung und alles andere hat sowieso keinen Sinn mehr. Bleibt und lasst noch ein Stück weiter los, alle Rollen, alle Ansprüche, alle Romantik, alles, was euch trennt, aber auch alles, was euch verbindet.

Und dann schaut, was passiert. Bittet eure wahre Bindungsenergie, sich zu zeigen, die

Kraft, die wirklich zwischen euch fließt und wirksam ist.

Mehr und mehr könnt ihr nun fühlen, was wirklich zwischen euch fließen will. Diese Kraft ist verlässlich, denn diese Kraft ist echt, und ihr braucht nichts dafür zu tun. Vielleicht erkennt ihr nun, dass sich die Form eurer Beziehung ändern will und darf, vielleicht erkennt ihr auch, ihr seid viel stabiler miteinander verbunden, als ihr glaubtet.

Erlaubt, dass sich alles, was nicht mehr eurer Energie entspricht, auflöst, und bittet darum, dass eure wahre Kraft einen neuen Ausdruck bekommt.

Vielleicht wird euch nun klar, dass sich vieles von dem, was euch belastet, löst. Vielleicht hatte es nie etwas mit euch zu tun. Von hier aus könnt ihr weitergehen und euch und dem anderen vergeben, in Frieden kommen, neue Wege finden.

Das Tor in euer neues Leben

... um eine schwierigen Situation loszulassen, zu vergeben und neu zu beginnen.

(aus: Buch: »Schatz, ich muss dir was sagen«, Schirner, Darmstadt, 2011.)

Erlaube dir, dich zu entspannen, loszulassen. Atme dich in deinen Körper hinein, atme dich aus der Vergangenheit und aus der Zukunft in deinen Körper, atme alles, was dich euer gemeinsamer Weg gekostet hat, in deinen Körper, atme alles, was es dir geschenkt hat, in dich hinein. Bringe dich mit allen Aspekten in deinen Körper. Es gibt nichts mehr zu tun. Ruhe dich aus, und lasse die Dinge jetzt sein, wie sie sind. Du hast alles getan, alles beigetragen, damit Frieden kommen darf. Jetzt ruhe dich aus. Vor deinem inneren Auge entsteht eine Lichtsäule. Du trittst hinein. Augenblicklich strömt all die Energie aus dir heraus, die nicht mehr zu dir gehört, die du für andere trägst oder die jetzt, heute, in das Reich deiner Seele zurückkehren will. Vielleicht gibt es Seelenaspekte, die ihren Auftrag gerade durch euren schweren Weg erfüllt haben und jetzt nach Hause gehen möchten. Erlaube ihnen, dass sie ganz sanft und leicht in der Lichtsäule aufsteigen und in das Reich deiner Seele zurückkehren, dorthin, wohin sie gehören, wo sie Erlösung und Frieden finden.

Die Lichtsäule öffnet sich, und eine wundervolle Landschaft entsteht. Du gehst ein bisschen spazieren, genießt die wunderschöne Natur. Vielleicht spürst du auch noch einmal die Schwere, all das, was du in den letzten Monaten gespürt und erlöst hast, erinnerst dich an all die Prozesse, spürst vielleicht Müdigkeit, Trauer, vielleicht auch Frieden und innere Ruhe. Gehe einfach spazieren, und sei ganz bei dir. In dir bewegst und nährst du vielleicht die Frage, wie es mit euch weitergehen darf, vielleicht aber bist du auch nur für dich. In einiger Entfernung bemerkst du auf einmal ein Schimmern, ein Leuchten. Sehr machtvolle Energie strömt auf dich zu, und du erkennst, hier wartet eine Herausforderung auf dich. Irgendetwas zieht dich an. Du gehst auf das Schimmern und Leuchten zu – und erkennst, es ist ein riesiges, goldenes Tor. Dir wird bewusst, dass die Energie hinter dem Tor vollkommen anders sein wird als die, in der du dich gerade jetzt befindest. Etwas völlig Neues kann hinter dem Tor geschehen. Das Tor bietet dir eine große Herausforderung, aber auch eine wundervolle Chance. Das ist dir auf einmal klar. Denn du weißt, dieses Tor ist für dich entstanden. Es wartet auf dich und steht dir zur Verfügung.

Und noch etwas erkennst du: Das Tor hat einen machtvollen Hüter. Kein Geringerer als ein großer Drache steht neben dem Tor und speit sein Feuer.

Du gehst auf das Tor zu, bist voller Vertrauen und Zuversicht. Du hast in den letzten Monaten so vieles erkannt und erlöst, da wird dich ein Drache nicht schrecken, spürst du in dir, und du lächelst ein wenig. Du hast wirklich viel Kraft und Klarheit entwickelt, das erkennst du deutlich.

Auf einmal stehst du vor dem machtvollen, beeindruckenden Drachen. Und du erinnerst dich an deine Verabredung, als du zur Erde kamst: Am Ende kommt der Drache und prüft dich, prüft, ob du deine Lektionen gelernt hast und bereit bist für die nächste Dimension.

Unbändige Kraft strömt aus ihm heraus. Sie durchströmt auch dich.

»Ich hüte dieses Tor, wie wir es vor langer Zeit vereinbart haben«, sagt der Drache, »du hast etwas entwickelt, das du mir geben willst. Vielleicht erinnerst du dich, wir haben eine Verabredung. Ich bin gekommen, um dich zu prüfen und um dir das Tor zur nächsten Dimension zu öffnen.«

Und plötzlich öffnet sich dein Bewusstsein, und du erinnerst dich. Du hast vor langer Zeit entschieden, zur Erde zu kommen und bestimmte Energien zu erforschen, zu fühlen und in Liebe zu erlösen. Dazu hast du dich mit vielen anderen Seelen verabredet, Seelen, die ähnliche Erfahrungen machen wollten wie du, vielleicht den Gegenpol erforschen wollten. Durch deine Geschichte, durch das, was du mit deinem Partner erlebt und durchlebt hast, entwickelte sich in dir ein ganz besonderes Bewusst-

sein, wie eine Perle. Der Drache haucht dir einen sanften Feuerstrom entgegen, das Feuer durchflutet deine Chakren. Dein Blick weitet sich, dein Geist öffnet sich. Du erinnerst dich an das, was du auf der Erde erforschen wolltest, und du erinnerst dich an das, was dir wirklich heilig ist, an das, was du auf der Erde verwirklichen wolltest. Auf einmal ergibt deine Erfahrung der letzten Monate, dein Prozess einen tiefen Sinn. Du schaust in dein Herz und erkennst, ja, du hast eine Perle ausgebildet, vielleicht auch einen Diamanten – vielleicht ein anderes Symbol. Aus dem Schmerz, aus dem Leid ist eine kraftvolle Energie geworden, du hast Stroh zu Gold gesponnen, hast ein besonderes Bewusstsein ausgebildet. Vielleicht berührt es dich sehr, zu erkennen, dass tatsächlich Heilung geschehen ist, dass deine Arbeit etwas bewirkt hat. Du hast den Schmerz in Liebe transformiert, in Gelassenheit, Durchsetzungskraft oder in was immer in dir entstanden ist. Etwas in dir ist herangereift und jetzt zur Ernte bereit.

Dein Herz ist größer geworden, stabiler. Ein Lichtkanal hat sich geöffnet, weil du geblieben bist und nicht aufgehört hast, zu lieben. Vielleicht stehst du auch mit deinem Partner vor dem Tor. Vielleicht erkennt ihr, dass ihr ein gemeinsames Symbol, eine gemeinsame Kraft entwickelt habt.

Wenn nicht, dann darf das so sein. Ihr seid einen gemeinsamen Weg gegangen, aber vielleicht hat jeder etwas anderes für sich erkannt und in sich genährt, gehütet und reif werden lassen. Dennoch war es euer gemeinsamer Weg, der diese Reifung ermöglich hat.

Sehr bewusst wird dir, was in dir gereift ist, welche Themen sich erlöst haben, welche Kräfte du in dir gehütet und entfaltet hast – welcher Schatz in dir entstanden ist.

Vor deinem inneren Auge entsteht ein Bild, ein Symbol, vielleicht ein riesiges Herz für bedingungslose Liebe, vielleicht eine Muschel, in der zwei Ringe liegen als Zeichen dafür, dass eure Verbundenheit gewachsen ist, vielleicht etwas ganz anderes. Während du das Symbol erkennst, spürst du, welche Energie es enthält – gib es dem Drachen. Denn in diesem Symbol ist auch der Schmerz gespeichert, all das, was es dich gekostet hat, es reifen zu lassen. Gib es ihm – und fühle die Erleichterung. Nun ist es ganz leicht, das Tor zu durchschreiten. Der Drache gibt es frei, und du gehst oder schwebst hindurch – auf der anderen Seite wartet dein Partner auf dich, wenn ihr nicht sowieso zusammen durchgegangen seid. Ganz neu, licht, leicht und voller Freude begrüßt ihr euch – und vereint euch auf neue Weise. Und jetzt geschieht ein Wunder. Alles, was es euch gekostet hat, diesen schmerzvollen Weg zu gehen, strömt auf einmal in euch ein, all die Lebenskraft, die ihr aufgewendet habt, um diesen Weg zu gehen, fließt zu euch zurück.

Jetzt zeigt sich, auf welche neue Weise ihr miteinander weitergehen könnt – vielleicht strömen eure Seelenstrahlen zusammen und ihr erkennt, dass ihr der gleichen Seelenfamilie angehört und spürt nun eure unverbrüchliche Zusammengehörigkeit. Vielleicht ist auf einmal eine dritte Seele bei euch, weil ein Kind auf die Erde kommen will. Vielleicht erlebt ihr euch am Traualtar als Zeichen, dass ihr fest und stabil zusammengehört. Vielleicht ist es auch ganz anders und ihr tanzt einfach voller Freude, verwandelt euch in Drachen, in Adler, in Delfine oder in Engel – neue Energie strömt in euch beide, euer neuer Weg zeigt sich durch ein inneres Bild oder durch ein Gefühl. Es gibt vielleicht noch keinen Auftrag. Nur die Liebe, die zwischen euch fließt, ist wesentlich und wichtig. Bleibe in eurer gemeinsamen neuen Energie, genieße sie, lasse dich durchströmen. Hinter dem Tor gibt es keinen Schmerz mehr. Hier herrschen Frieden, Liebe und Freude. Nun bitte eure Schutzengel und euren heiligen Raum, sich zu zeigen und bitte darum, euer Potenzial spüren zu dürfen, das, was euch in der Tiefe verbindet, eure Möglichkeiten und die Energie, die ihr beide zusammen zur Verfügung stellen könnt – euch selbst, aber möglicherweise auch anderen.

Ruhe dich aus hinter dem Tor, tanke Kraft, und ernte die Liebe, die Ruhe, den Frieden, die Freude, die jetzt für dich, für euch zur Verfügung stehen.

Seid hinter dem Tor willkommen in der neuen Energie, nehmt euch Zeit, tauscht euch aus. Tankt Kraft, unternehmt Dinge, die euch bereichern, feiert euer Leben, feiert, dass ihr eure Schwierigkeiten gemeistert habt. Ihr dürft zu Recht stolz auf euch sein, stolz und dankbar.

Den Seelenpartner rufen

Diese Meditation ist ein wenig speziell, denn es ist keine innere Reise,
sondern eine Art Energieübertragung.
Bitte entscheide selbst, ob dir dieser Text dienlich erscheint.
Mir ist er so wichtig, dass ich ihn dir hier zur Verfügung stellen möchte.

(aus: Buch: »Loslassen und die ideale Beziehung finden«, Schirner, Darmstadt, 2005.)

Vor langer Zeit, bevor du je zur Erde kamst, hattest du einen Seelenpartner, mit dem du tief vertraut warst und nach dem du dich noch immer sehnst. Ihr hattet viele gemeinsame Inkarnationen auf verschiedenen Planeten, auch auf der Erde, als ihr noch im bewussten Einklang mit den spirituellen Gesetzen lebtet. Dann entschieden wir alle gemeinsam, das Experiment der Dualität in seine nächste Phase gleiten und hinabsinken zu lassen, in die scheinbare Trennung von göttlicher Kraft, Gnade und Fürsorge. Tiefer und tiefer glitt die Erde gemeinsam mit euch hinab in dichtere und dichtere Schwingungen. Ihr entschiedet auf hoher Ebene, welche Seele dem Weg in die Dualität hinein folgte und welche nicht. Es war meist die mutigere oder neugierigere von beiden, die das tat. Die andere hielt die Energie der Sehnsucht, den Anker der Rückverbindung an die göttliche Kraft. Nicht, dass ihr je wahrhaft getrennt wart! Ihr habt euch auch auf der Beziehungsebene einen Anker geworfen, um den Weg aus der Dichte und aus der scheinbaren Getrenntheit von Mann und Frau zu finden. Ihr habt in jedem Bereich, den ihr erlösen wolltet, einen Anker der Sehnsucht geworfen, indem ihr einen wichtigen Baustein zu Hause gelassen habt, so auch im Bereich Liebe und Beziehungen.

So ist es jetzt die Zeit, euch für euren Seelenpartner zu öffnen. Viele haben sich inkarniert, um das Schauspiel der Erlösung gemeinsam zu erleben. Viele sind bereits auf der neuen Erde, in der neuen Frequenz von Liebe, Erfüllung, Leichtigkeit und Wahrhaftigkeit, um von dort aus neue Beziehungsformen zu installieren. Ihr alle seid jetzt bereit, eine neue Form zu finden, euch ganz neu aufeinander einzulassen, aus der Dichte aufzutauchen und euch mit vollkommen neuen Augen zu sehen. So öffnet euch, die ihr auf der Erde inkarniert seid, öffnet euch für euer tiefstes Sehnen, für die Sehnsucht im Herzen. Öffnet euch für euren Seelenpartner, und steigt auf im Prozess der Verschmelzung. Je weiter du dich öffnen kannst, je bereiter du bist, dich auf deine Sehnsucht und deinen Schrei nach tiefer seelischer Verbindung einzulassen, desto schneller wird dein Herz geläutert und rückverbunden an das alte Wissen, diesmal aber in jenem einzigartigen Bewusstsein, das nur die erlebte Dualität verleiht.

Eure Seelenpartner rufen euch, um jetzt, jetzt die Verbindung wiederherzustellen, egal, ob sie auf der Erde sind oder nicht.

So öffne dein Herz, und erlaube dem Ruf, dich zu berühren, dich zu erschüttern, dich dornröschengleich aus dem Schlaf zu erwecken.

Jetzt, genau jetzt, ist die Zeit, wieder ganz und heil zu werden, die Teile, die aus lauter Sehnsucht und Schmerz nicht mit auf die Erde gekommen sind, zu rufen, damit ihr in voller Erfüllung leben könnt. Egal, ob dein Partner auf der Erde weilt oder nicht. Du kannst ihn jetzt treffen und wieder an deiner Seite spüren. Du bist ein multidimensionales Wesen. Die alten Wege funktionieren noch, du kennst sie, du brauchst dich nur zu erinnern. Neue Wege wurden geschaffen. Die Tore stehen jetzt durch euren langen Weg in die Dichte hinein und wieder zurück für immer offen. Das Experiment ist abgeschlossen. Ihr könnt nun eure Masken, Verkleidungen und Abspaltungen aufgeben und alle Seelenteile zu euch rufen.

Wir verankern dir als Gefährt, als Erinnerung, als Unterstützung in diesen Zeilen ein Licht, ein Tor, eine Öffnung, durch die du hindurchgehen kannst.

So schließe nun die Augen, und lasse das Licht aus dem Buch aufsteigen. Spüre seine Kraft, und sieh vor dir genau das Sternentor, das deines ist, durch das du einst zur Erde gekommen bist, und durch das du jetzt alles auf die Erde holst, was du damals zurückgelassen hast.

Strahlend und schön steht dein Seelengefährte in diesem Tor. Er hält die seelische Energie, die du bei ihm gelassen hast, um den Weg zurück zu finden. Wie ein Unterpfand erhältst du sie nun zurück, und sie strömt in dein Herz hinein. Nun bist du wieder angeschlossen, nun bist du heil und ganz, angekommen zu Hause.

So sei es, geliebtes Wesen. Amen.

Frieden finden

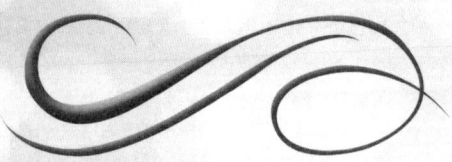

Selbstvergebung

Das Opfer, das der Mensch bringt, um die seelischen Erfahrungen zu machen, anerkennen und würdigen.

(aus: Buch: »Schatz, ich muss dir was sagen«, Schirner, Darmstadt, 2011.)

So mache es dir bitte bequem. Gehe in deiner Vorstellung durch ein Tor, egal, wie du dieses Tor wahrnimmst – gehe einfach hindurch. Es kann sein, dass es dahinter dunkel ist, vielleicht aber befindest du dich auch in einer wunderschönen Landschaft – gehe weiter, bis du zu einem Höhleneingang kommst. Rufe deine Krafttiere, deine wilde Frau, den wilden Mann und besonders die Hüter deines eigenen Seelenvertrages.

Und dann betritt diese Höhle. Gehe immer weiter hinein, bis sich die Höhle öffnet – du befindest dich in einem Raum. Er kann zauberhaft sein, mit Kristallen bewachsen, mit Stalaktiten und Stalagmiten ausgestattet, die märchenhafte Figuren und Säulen bilden. Vielleicht aber ist es auch eine dunkle, feuchte, karge Höhle, beinah wie ein Kerker.
Es gibt einen Tisch mit zwei Stühlen in diesem Raum – auf einem dieser Stühle sitzt ein Wesen. Setze dich bitte zu ihm, egal, wie es aussieht und egal, wie du dich ihm gegenüber fühlst.

»Ich bin der geopferte Anteil deines Menschseins«, sagt dir das Wesen, und du weißt vielleicht nicht gleich, was es meint. »Ich bin hier in dieser Höhle, weil ich mich

selbst geopfert habe, weil ich zur Seite gegangen bin, um im Leben anderer bestimmte Entwicklungen und Erfahrungen zu ermöglichen.«
Und auf einmal verstehst du. Es stimmt. Es gibt einen Teil in dir, der nie wirklich leben durfte, der nie bekommen hat, was er sich so sehnlich gewünscht, erträumt hat, ein Teil, der noch immer auf Glück und Erfüllung, auf Anerkennung, Freude und Leichtigkeit wartet.
»Erfahrungen« nanntest du es. »Opfer« passt besser. Und auf einmal spürst du es auch. Du hast tatsächlich auf hoher Ebene zugestimmt, einen Teil deines eigenen Glückes, deiner eigenen Erfüllung zu opfern, hintan zu stellen, damit andere Seelen, vielleicht sogar dein Partner, zunächst ihren Entwicklungsprozess erleben können. Vielleicht bist du aus Liebe zum Täter geworden, hast andere verletzt, hast deinen Seelenfrieden geopfert, um dem Leben zu dienen.

Du erkennst, dass du aus Liebe zum Leben, aus purer Notwendigkeit, damit dieser Lichtprozess stattfinden kann, einen Teil deines eigenen Glückes zur Verfügung gestellt hast.
»Zeige mir unsere Verabredung«, bittest du den geopferten Teil, »zeige mir, worin

dein Opfer besteht und wozu es diente«. Der Raum öffnet sich auf einmal. Licht fällt in die Höhle, und eine Lichtsäule entsteht. Du stellst dich in diese Lichtsäule hinein, und der geopferte Anteil verändert sich, wird zum Drachen, zum Engel, zum Lichtwesen und steigt in der Säule zusammen mit dir auf. Immer lichter und freier wird der Raum, bis du eine sehr starke Präsenz fühlst, ein Strömen wahrnimmst oder bis dein ganzer Körper vor Energie kribbelt und prickelt.

Ein weiteres Tor entsteht, vielleicht auch ein Tunnel. Ihr geht gemeinsam hindurch, der geopferte Anteil und du, und ihr befindet euch auf einmal in dem Raum, in der Dimension, in der diese Verabredung entstanden ist. Dein Bewusstsein öffnet sich weiter und weiter. Dein Geist wird frei und klar. Deine Seelenhüter sind bei dir, deine Engel, vor allem aber die Seelen, Energien und Wesenheiten, mit denen du deine Verabredungen getroffen hast.

»Worin besteht unsere Verabredung«, fragst du, »worin besteht mein Opfer? Was habe ich mich bereiterklärt zu tun oder zu gestatten?«

Mehr und mehr öffnet sich dein Geist, und auf einmal wird dir klar, wozu du dich bereiterklärt hast. Vielleicht hast du auf einer sehr hohen Ebene versprochen, einer bestimmten Seele zu helfen, auf die Erde oder wieder ins Licht zu kommen, wenn die Zeit reif ist. Vielleicht hast du erlaubt, dass dein Partner einer Seele hilft, zur Erde zu kommen. Vielleicht hast du dich zur Verfügung ge-

stellt, die dunkle Seite des Drachens zu erleben, damit sie erlöst werden kann. Diese Verabredungen können sich anhören wie ein Roman, wie ein Fantasiefilm – und doch stimmen sie. Vielleicht hast du dich bereiterklärt, jemandem das Licht zu halten, bis er sein eigenes Licht erkennt, vielleicht auch, ihm Raum zu geben, in dem er seine eigene Kraft entwickeln kann. Worin besteht dein Opfer, dein Geschenk? Wie zeigt es sich in eurer Beziehung? Was ist dadurch entstanden oder nicht möglich? Welches Opfer bringst du auf ganz irdischer, menschlicher Ebene? Was kostet es dich, und bist du wirklich bereit, das noch immer zu halten? Oder möchtest du die Verabredung jetzt beenden? Vielleicht spürst du, eure seelische Verabredung ist so wichtig, dass du die Kraft bekommst, mit dem Thema, das dadurch in eurer Beziehung entstanden ist, umzugehen. Vielleicht kannst du den Schmerz, der dadurch auf der menschlichen Ebene entstanden ist, anders wahrnehmen und in Kauf nehmen, weil du erkennst, dass es um etwas Höheres geht. Vielleicht. Vielleicht aber spürst du auch, es ist genug, und du bist nicht mehr bereit, für Verabredungen zur Verfügung zu stehen. Dann ist das auch vollkommen richtig, denn dann gehört auch dieses »Nein« zum Prozess. Du hast die ausdrückliche Erlaubnis, all diese Verträge jetzt zu kündigen, und du darfst um die Erfüllung deines eigenen Lebens bitten.

Wenn du erkennst, worin dein Opfer besteht, dein Dienst, dann bitte jetzt darum, dass du das geistige Geschenk, welches dir dafür gebührt, erhältst. Weil du dieses Opfer gebracht hast, bekommst du eine geistige Energie, die es ausgleicht, das ist verabredet. Öffne dein Herz, deine Hände oder deinen Geist, und erlaube, dass die Energie, die dir die geistige Welt jetzt schenken möchte, in dich einfließt, Es ist dein Dank, es ist der Ausgleich für dein Opfer, für deinen Dienst. Vielleicht fließt nun Frieden ein oder Klarheit. Vielleicht bekommst du endlich das Gefühl, dass du wirklich gut für dich selbst sorgen darfst und die ewigen Schuldgefühle hören auf. Vielleicht öffnet sich dein Herz für Liebe und Mitgefühl mit dir selbst, oder der Schmerz wird auf einmal von dir genommen. Bitte um das geistige Geschenk, aber bitte voller Selbstvertrauen. Es steht dir zu, es ist dein Lohn, deine geistige Ernte.

Lasse die Energie in dich einfließen, und prüfe, ob du die Dinge nun von einer höheren Warte aus betrachten kannst – und ob du bereit bist, mit deinem eigenen Opfer in Frieden zu kommen. Bist du bereit, mit deiner eigenen Verabredung Frieden zu schließen, dir selbst zu vergeben, dass du einen Teil deiner Erfüllung geopfert hast? Bist du bereit, deiner Seele zu vergeben, was sie dir, dem Menschen, zugemutet hat?
Sieh dich selbst, erkenne dich an für das, was du erlaubt hast. Es geschah im Dienst am Leben, an der Liebe, am Licht, und du hast dafür die volle Anerkennung des ganzen Universums verdient. Du hast dich mutig und voller Liebe auf die Erde gewagt, um all diese Energien zu ermöglichen, zu halten, in die Tat umzusetzen oder geschehen zu lassen. Ohne dich könnte der Aufstiegsprozess, der Lichtprozess nicht

stattfinden. Ohne dich können wir alle die Drachen und das Dunkle nicht erlösen, ohne dich können wir das Licht und die Liebe nicht vollständig zur Erde bringen. So nimm den Dank, die Anerkennung, und die tiefste Hochachtung der geistigen Welt dafür an, und lasse sie dorthin fließen, wo es so wehtut.

Frage den geopferten Teil, ob er noch einmal zur Erde kommen will, um in Liebe und Erfüllung zu leben. Es kann auch sein, dass er wirklich nur auf der Erde war, um den Raum zu halten und den Dienst zu ermöglichen und jetzt nicht mehr mitkommen möchte. Wie es ist, ist es richtig. Nimm nun all die Energie, die du bekommen hast, tief in dein Herz und in deine Zellen auf. Atme sie ein, und gehe dann zurück in die Lichtsäule, lasse dich sanft hinuntergleiten, bis du wieder in der Höhle bist. Vielleicht ist der menschliche geopferte Teil mitgekommen, vielleicht nicht – wenn ja, wie nimmst du ihn nun wahr?

Gemeinsam oder allein tretet ihr oder trittst du nun aus der Höhle zurück ins Licht – etwas hat sich verändert. Dein Partner steht vor dir, du verneigst dich vor ihm und spürst, ob du mit eurer Geschichte, mit dem, was euch beschäftigt, in Frieden bist oder nicht. Es kann immer noch ab und zu wehtun. Aber vielleicht kehren nun langsam Ruhe und Frieden ein.

Komme dann zurück in den Raum, in dem du liegst, und lasse dir Zeit, zu verarbeiten, was du wahrgenommen hast.

Die Erlösung deiner Ahnenreihe

... wenn du die Lasten und das Schicksal deiner Ahnen trägst.

(aus: Buch: »Schatz, ich muss dir was sagen«, Schirner, Darmstadt, 2011
und CD: »Deine Seele ist frei«, Schirner, Darmstadt, 2010.

Erlaube dir, dich zu entspannen. Es gibt nichts mehr für dich zu tun. Lasse alles in dir sein, wie es gerade ist, folge deinen inneren Bildern und Gefühlen. Vertraue dem, was du in dir wahrnimmst. Stelle dir bitte ein Tor vor, das kann ein Steintor sein, vielleicht ein goldener Lichtbogen, ein natürlich gewachsenes Tor aus Bäumen – oder ganz anders. Du gehst hindurch und befindest dich auf einmal in einer anderen Welt, einer Welt, in der die Dinge eine tiefere Bedeutung haben. Du befindest dich in einer Landschaft. Vor dir liegt ein Weg, und du entscheidest dich, ihn zu gehen. Tiere und geistige Führer und Lehrer, Engel begleiten dich vielleicht, möglicherweise dein Krafttier, auf jeden Fall aber ist dein wilder Anteil, die wilde Frau oder der wilde Mann bei dir. Rufe die Kräfte der Ahnen und der Erde – und du spürst, wie sich tatsächlich etwas verändert, wenn du diese Kräfte rufst. Du gehst den Weg weiter und bemerkst auf einmal ein großes Feuer. Um dieses Feuer herum sitzen sehr viele Wesenheiten, vielleicht welche, die du kennst, vielleicht auch andere, Schutzengel, Krafttiere, Lichtkräfte oder auch dunkle Energien. Schaue einfach hin, und lasse es sein, wie es ist. Ein Platz ist noch frei.

Eine sehr große, machtvolle Wesenheit tritt auf dich zu und sagt dir: »Dies ist deine Ahnenreihe und ich bin der Hüter eures Schicksals. Hier findest du auch Inkarnationen deiner selbst, wenn du noch etwas für sie trägst.«

Das große, machtvolle Wesen führt dich an den freien Platz, und du setzt dich ans Feuer. All die Wesenheiten, deine Ahnen, die Hüter deiner Ahnen, alle, die um das Feuer herumsitzen, verneigen sich vor dir. Du spürst, die Stimmung ist sehr feierlich, sehr machtvoll. Das große Wesen, das dich willkommen geheißen hat, sagt dir:

»Seit Anbeginn der Zeit trägt deine Linie eine besondere Aufgabe, eine schwere Last, eine Frage an das Leben. Deine Eltern, deine Großeltern, all deine Ahnen, vielleicht auch deine Geschwister, ganz bestimmt aber deine Kinder tragen bereits diese schwere Last. Sie ist euch so sehr vertraut, dass ihr sie vielleicht gar nicht bewusst wahrnehmt, und doch spürt ihr immer wieder, dass das Leben manchmal leichter sein dürfte, freier und erfüllter. Ihr habt eure Aufgabe erfüllt, ihr habt all die Erfahrungen gemacht, zu denen ihr euch bereiterklärt habt, und es wird Zeit, sie loszulassen. Wir danken dir von Herzen, denn du bist der Teil deiner Ahnen, der dieses Schicksal ein für alle Mal beendet.«

Du spürst in dich hinein, lässt dir Zeit, um zu erkennen, wo sich in deinem Körper diese ganz besondere Last aufhält, und auf einmal erkennst du, es stimmt. Du trägst eine Last, auch wenn sie dir sehr vertraut ist, du spürst, wo sie sich befindet und welche Auswirkungen sie auf dein Leben hat. Vielleicht war dir bislang nicht bewusst, was du trägst, oder die Energie ist dir so vertraut, dass du dachtest, das Leben ist einfach so – und vielleicht stimmt das nicht. Vielleicht weißt du nicht einmal genau, worin diese Last besteht, aber du spürst, du bist bereit, sie loszulassen.

Nun öffne bitte deine Hände, und stelle dir deine Kinder vor, vielleicht sogar deine Enkelkinder. Wenn du keine hast, so gibt es vielleicht Nichten und Neffen, die zur Ahnenreihe gehören, die du mit erlösen möchtest. Halte deine Hände geöffnet und bitte die Kinder, dir jetzt alles zurückzugeben, was sie bereits für diese Ahnenreihe tragen. In Form von Energie, von Symbolen, vielleicht einfach von Schwere – nimm es an, lasse dir alles zurückgeben, was du, ohne es jemals zu wollen, bereits weitergegeben hast. Du kannst das nicht vermeiden. Du darfst es aber jetzt beenden. Irgendwann spürst du, deine Kinder oder Enkel, deine Nichten und Neffen haben dir alles zurückgegeben, was heute erlöst werden darf.

Jetzt lasse bitte alles, was du selbst trägst, in deine Hände fließen, vielleicht als Symbol, vielleicht wie ein Schatten oder wie ein Energieball, vielleicht wie ein Stein. Du trägst jetzt die Last deiner Kinder und deine eigene in den Händen – die Last, die deine gesamte Ahnenreihe trägt.

Und dann drehe dich zu deiner Mutter oder zu deinem Vater, je nachdem, wer da ist, und gib ihm oder ihr die Last zurück. Sage ihm oder ihr:

»Ich habe das für die ganze Ahnenreihe getragen, und auch du trägst das für uns alle. Ich gebe es dir zurück, aber nur, damit du deine Schwere, deine Energie, das, was du trägst, mit hineinfließen lassen kannst. Füge deine Last hinzu, und gib sie dann im Ahnenkreis weiter nach hinten.«

Und jetzt schaue bitte, was passiert. Deine Mutter oder dein Vater, vielleicht ihre Schutzengel oder Hüter ihres Schicksals, ziehen jetzt alle Energie, die sie für die Ahnen tragen, heraus, fügen es dem, was du ihnen gegeben hast, hinzu und geben es weiter nach hinten an die Großeltern. Nun wird die Last im Kreis ums Feuer herum weitergegeben, und jeder Ahn fügt das hinzu, was er trägt. Besonders die alten Verträge, Phiolen mit Gift, Waffen, alles, was es deine Ahnenreihe gekostet hat, dieses Schicksal auszuführen, kann jetzt losgelassen werden. Die Verträge werfen deine Ahnen gleich ins Feuer. Auch du wirfst deine Verträge ins Feuer, die Heiratsversprechen, den Pakt mit dem Teufel, die Keuschheits- und Armutsgelübde, die Bindung an Kirchen, die Verträge mit Königen, die Sklaven- und Versklavungsverträge, magische Bindungen, seien sie weiß oder schwarz, und vor allem die seelischen Verträge.

Jede Verabredung, die du auf seelischer Ebene getroffen hast, um anderen ein Spiegel zu sein, darfst du nun ins Feuer werfen, wenn sie nicht mehr stimmig ist. All die magischen Verstrickungen, durch wen auch immer sie erschaffen wurden, darfst du wie Fesseln und schwarze Bänder aus dir herausziehen und ins Feuer werfen. Deine Ahnen tun das Gleiche, und du spürst, wie die Energie sich ändert, wie Licht bereits jetzt seinen Weg zurückfindet. Weiter und weiter geben deine Ahnen die Last zurück, bis sie irgendwann am Ursprung, beim ältesten Ahn, angekommen ist.

Und das geschieht jetzt.

Der Hüter eurer Ahnenreihe nimmt diese nun sehr schwere Last, verneigt sich vor euch allen und wirft sie ins Feuer. Augenblicklich lodert das Feuer hoch auf, und augenblicklich verbrennt die Last. Augenblicklich wird die gebundene Energie wieder frei, alles, was es euch gekostet hat, dieses Schicksal zu tragen. All die Liebe, das Leben, das Glück, die Erfüllung, die es euch gekostet hat, damit ihr alle diese Erfahrungen machen konntet, fließt nun in die ganze Reihe zurück. Besonders die verlorenen Ahnen, die dunklen, vergessenen, verschwiegenen Ahnen kommen in die Reihe zurück, finden ihren Platz, reihen sich ein, nehmen am Leben teil. Das Glück und das Leben strömen überall dorthin, wo sie fehlen, fließen zu den Ahnen, zu denen sie gehören.

Auch du selbst wirst erfüllt, deine Kinder, deine Enkel, Geschwister, Nichten und Neffen. All das gebundene Leben wird frei. Deine eigenen Inkarnationen werden frei und lichtvoll und Karma löst sich. Immer lichter und heller wird der Kreis, einige der Ahnen beginnen, sich aufzulösen, ins Licht zu gehen. Alle Seelen, für die es jetzt Zeit ist, zu gehen, verlassen das Feuer, gehen nach Hause, Seelenaspekte, die wegen des schweren Schicksals verloren gingen und abgespalten worden sind, können jetzt zurückkehren, einfließen, in deine Ahnen, aber auch in dich selbst, in deine vergangenen Inkarnationen und in dich, wie du heute am Feuer sitzt. Du spürst auf einmal Frieden, Frieden mit dem, was ist. Immer freier werden deine Ahnen, immer lichtvoller.

»Du bist jetzt frei, ein neues Leben zu führen. Du bist jetzt frei, in Erfüllung, in Glück, in Freude zu leben«, scheinen sie dir zuzuwispern. »Wir danken dir aus tiefster Seele, dass du dich selbst und uns alle erlöst hast.«

Du bist tief bewegt und dankbar, dass du diesen Dienst dir selbst und deinen Ahnen erweisen durftest. Es kann sein, dass du noch ein paar Mal ans Feuer zurückkehren darfst. Vielleicht gibt es verschiedene Aspekte, die nach und nach erlöst werden wollen.

Irgendwann stehst du auf, verlässt das Feuer. Du bemerkst ein zweites Tor. Du weißt, wenn du durch dieses Tür hindurchgehst, betrittst du ein anderes Leben, ein Leben, in dem Liebe, Erfüllung, Freude und Glück auf eine ganz andere Weise möglich sind, als du das bisher erlebtest und kanntest.

Dein Leben voller Freiheit und Schöpferkraft wartet auf dich. Und so verneige dich noch einmal vor dem Hüter eures Schicksals, und dann gehe hindurch durch das goldene Tor in dein neues Leben. Wenn deine Kinder mitkommen, ist es gut, wenn nicht, haben sie ein eigenes Tor. Es ist dein Tor, es geht nur um dich. Von nun an kann sehr viel mehr Liebe, Freude und Glück auf Erden verwirklicht werden, in der Gegenwart, in der Zukunft und rückwirkend.

Befreiung vom süchtigen Anteil in dir

... wenn du schon lange gegen eine Sucht kämpfst und einen neuen Weg brauchst, um mit der Sucht umzugehen.

(aus: Buch: »Loslassen und das ideale Gewicht erreichen«, Schirner, Darmstadt, 2010.)

Mache es dir bequem, höre entspannende Musik, stelle dir eine schöne Landschaft vor, ruhe dich ein wenig aus. Bitte dann deine Schutzengel und die Engel der Heilung, bei dir zu sein, während du diese Meditation durchführst.

Nun bitte darum, dass vor deinem inneren Auge eine Lichtsäule entsteht, ein geschütztes, lichtvolles Energiefeld, in dem Veränderungen geschehen können. Stelle sie dir bitte vor, eine stabile, kraftvolle Säule aus Licht, wie ein sehr heller Sonnen- oder Mondstrahl, der aus klarem, lebendigem und heilsamem Licht besteht. Nun wird es Zeit, deinem süchtigen inneren Anteil zu begegnen. Entspanne dich in dem Lichtstrahl, erlaube, dass das Licht durch dich hindurchströmt und alles aus dir herauslöst, was du nicht mehr brauchst, es steigt wie Rauch in der Lichtsäule auf, und du fühlst dich heller und klarer. Je lichter du dich fühlst, desto deutlicher erkennst du nun den schweren, dunklen Teil in dir, der schon lange Unterstützung und Hilfe braucht.

Fühle, was du fühlst, lasse es einfach zu, vielleicht kommen Erinnerungen. Frage diesen Anteil, der mit der Sucht in Verbindung steht, nach einer Weile, ob er überhaupt noch hier auf der Erde sein will und ob es etwas gibt, das er braucht. Sage ihm, dass er nun die Möglichkeit hat, nach Hause zurückzukehren, wenn er das will, zurück in das Energiefeld deiner Seele oder an den energetischen Ort im Universum, an dem er zu Hause ist und nach dem er sich vielleicht schon lange sehnt.

Schaue, wie der Anteil reagiert, lasse die Gefühle zu, die kommen, erlaube dir vor allem, wahrzunehmen, dass du bzw. dieser Anteil vielleicht wirklich nicht mehr auf der Erde sein will. Vielleicht spürst du das nun zum ersten Mal in aller Deutlichkeit. Frage diesen Anteil, ob er etwas braucht, um hier zu bleiben, frage ihn, was ihn trösten könnte. Vielleicht bekommst du ein Gefühl dafür. Vielleicht zeigt sich ein Symbol wie ein Herz oder ein Delfin, oder du spürst, der Teil in dir braucht eine Umarmung. Gib ihm, was er braucht ... Wie reagiert dieser Teil in dir? Lässt er sich trösten, halten? Spürst du, dass er Kraft bekommt? Wahrscheinlich nicht, oder?

Sicher hast du schon oft versucht, dich mit ihm zu versöhnen, ihn zu »erden«, ihn zu verändern, weil du nicht wusstest, dass er selbstverständlich auch die göttliche Erlaubnis hat zu gehen.

Nun stelle dir bitte eine Lichtsäule vor, die aus göttlicher, reiner Liebe besteht. Erlaube dem süchtigen Anteil, der nicht mehr hier sein will, einfach in dieses Licht hineinzugehen – und dort zu bleiben. Engel kommen nun, holen diesen Seelenteil ab und geleiten ihn zurück in das Reich deiner Seele oder an den spirituellen Ort, an den er gehört. Er wird dort geheilt und beruhigt. Wenn du magst, dann danke ihm, dass du durch ihn sehr viele der Erfahrungen machen konntest, die du dir für viele Inkarnationen vorgenommen hast. Du kannst dich sogar vor ihm verbeugen und ihn für das Schicksal achten, das er ermöglicht und ertragen hat.

Fühle die Befreiung, wenn du diesen seelischen Anteil nicht mehr im Körper mit dir herumträgst, denn er sollte vielleicht sowieso längst zu Hause sein ...

Wenn du willst, dann frage nach innen, ob es noch andere Anteile gibt, die nach Hause wollen. Hab keine Sorge, es bleiben genug übrig. Lasse sie nach und nach alle gehen, genau in den energetischen Bereich, an den sie gehören. Wenn du willst, dann bitte sie, ihre gute Kraft von dort aus zu dir zu schicken, aber nur, wenn sich das richtig und gut anfühlt.

Erlaube der Kraft der Lichtsäule, dich zu durchströmen, deinen Körper zu reinigen und zu heilen. Und dann bitte die seelischen Anteile, die Energien, die jetzt zu dir gehören, mit denen du für heute verabredet bist, die dein weiteres Leben auf der Erde unterstützen und ermöglichen wollen, zu dir. Sei sicher, du bist geschützt. Das alles findet intern statt, es ist alles nur deine Energie. Deine Seele ist ein beinah unermesslich weites Feld von Energien und Möglichkeiten, und du wählst hiermit einfach neu, welche Anteile du verwirklichen möchtest. Bitte darum, dass Anteile in dich einströmen, die gesund sind, die voller Freiheit und Lebensfreude durch das Leben tanzen möchten und das auch können – oder was immer sich für dich richtig anfühlt. Und dann erlaube dieser Kraft, in dich hineinzufließen, spüre, wie du dich veränderst, kraftvoller und leichter wirst.

Die süchtigen Teile, die Energien, die dir süchtiges Verhalten ermöglichten, sind nun zurückgekehrt in das große Energiefeld deiner Seele. Sie haben dir große Dienste geleistet, sie haben dir ermöglicht, die Sucht zu erleben und zu erforschen. Das ist auf seelischer Ebene eine wichtige Erfahrung. Aber nun ist sie abgeschlossen. Von nun an kannst du andere, bessere Möglichkeiten finden, erfüllt und glücklich zu sein.

Das Verlassen der Kampfarena

... um aus einem ungesunden Kampf auszusteigen; um Frieden zu erlangen;
um mehr Energie zur Verfügung zu haben.

(aus: Buch und CD: »Endlich gut genug«, Schirner, Darmstadt, Buch 2012, CD 2013.)

Schließe deine Augen, und stelle dir bitte eine echte Kampfarena vor, einen Boxring vielleicht. Betritt diesen Ring, und schaue, wer in der gegenüberliegenden Ecke steht. Vielleicht ist dir bereits bewusst, dass du mit diesem Menschen in einen Kampf verstrickt bist, vielleicht auch nicht. Vielleicht kämpfst du gegen dich selbst, gegen das Leben – oder es ist gar keiner da, und du stehst ein bisschen verloren herum? Beobachte einen Moment, wie du den Kampf führst, welche Waffen du nutzt. Schaue bitte auch, wer in dir diesen Kampf führt. Ist es das Kind, ist es die verletzte Frau, die beschämte Tochter, der Sohn, der endlich die Achtung bekommen will, die ihm zusteht? Wer kämpft? Und ist es überhaupt dein Kampf, oder stehst du für jemand anderen im Ring? Sollten in Wahrheit vielleicht deine Mutter, dein Vater, dein Bruder diesen Kampf führen? Was ist die Trophäe? Woran würdest du erkennen, dass du gewonnen hast? Worum geht es in diesem Kampf wirklich?

Und dann schaue, ob du bereit bist, auf diese Trophäe zu verzichten. Schaue, ob du bereit bist, einfach, weil du erkennst, hier ist nicht, was du brauchst, dich vor dem anderen zu verneigen, und ihm uneingeschränkt den Sieg zuzugestehen.

Wenn du weiterkämpfen willst, läufst du Gefahr, das nur noch um deines Egos Willen zu tun, denn du weißt nun, du kannst hier nicht gewinnen. Das, was du vom anderen willst, kann er dir nur schenken. Es ist kein Preis, den du gewinnen kannst, egal, was du auch tust. So bitte, verneige dich vor dem anderen, und sage ihm:

»Ich erkenne deinen Sieg an, ich gebe mich geschlagen, ich beende nun diesen Kampf um deine Liebe, Achtung, Aufmerksamkeit (oder was auch immer).«

Das ist ein Schlag für das Ego, aber eine immense Befreiung für dich selbst. Wenn der andere etwas von dir will, das du ihm nicht geben wolltest, und ihr deshalb kämpft – weißt du was? Gib es ihm. Beende den Kampf, und gib es ihm einfach – und schaue, was dann passiert.

Wenn es nicht zu ihm gehört, wird es automatisch zu dir zurückströmen. Es kommt gar nicht beim anderen an, selbst wenn er es noch so haben will. Vielleicht erkennt der andere genau dadurch, dass du ihm gibst, was er sich erhofft, dass es gar nicht das ist, was er wirklich will.

Und wenn das, was du ihm nun gibst, in Wahrheit wirklich zu ihm gehört, wird es sowieso Zeit, dass du es loslässt.

Verlasse nun bitte den Ring, egal, in welcher Runde ihr euch befindet, gib den Wunsch, das dringende Bedürfnis, zu gewinnen, auf, erlaube dir, die Leere zu spüren und lasse die Fäuste sinken. Ziehe die Rüstung aus. Du bemerkst eine Tür oder ein Tor, das ins Freie führt. Verlasse den Ring. Ihr habt jeden Kampf miteinander erlebt, es gibt nichts mehr zu lernen.

Tritt durch dieses Tor hindurch, und nimm wahr, wie du in ein Energiefeld aus Licht, Liebe und Freiheit eintrittst, einen weiten, lichten Raum, vielleicht auch eine Naturlandschaft. Du fühlst dich leicht und frei, und jetzt strömt genau die Energie, um die du so lange schon gekämpft hast, einfach so in dein Herz. Einfach so bekommst du genau das, was du brauchst. Es steht dir zur Verfügung, weil du darum gebeten hast und es dir dient. Das, was du brauchst und was dir dient, fließt aus dem Licht der Liebe und Gnade in dich ein. Du brauchst nicht darum zu kämpfen. Bleibe in diesem inneren Raum des Friedens, und schaue von da aus auf dein Leben.

Komme dann in aller Ruhe zurück in den Raum, in dem du dich befindest, und nutze diese Meditation, um nach und nach all deine Kämpfe zu beenden.

Weiblichkeit erleben

(Warum gibt es in diesem Buch keine speziellen Meditationen, um Männlichkeit zu erleben? Weil sich das Männliche über das Tun erfährt, nicht über innere Reisen, über Rituale in der Natur, über die Tatkraft. Deine männliche Kraft stärkst du, indem du ins Tun kommst und deine Träume und Wünsche konkret in die Tat umsetzt! Schlage das Buch zu, und mache was Sinnvolles. ☺)

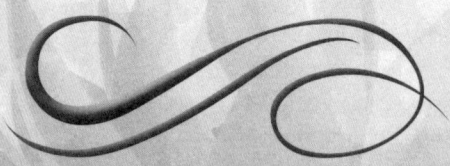

Die innere Göttin zu sich zurückholen und annehmen

*Verletzungen des Weiblichen in Frieden bringen, in Frauen wie auch in Männern;
wenn du dich innerlich leer und ausgehöhlt fühlst, dich antreibst,
dich in Aktivitäten rettest, dir zu wenig Zeit für dich selbst schenkst.*

(aus: Buch und CD: »Königin im eigenen Reich«, Schirner, Darmstadt, Buch 2009, CD 2008.)

Du entspannst dich, überlässt dich ganz deiner inneren Führung und spürst, wie es wärmer wird, lichter, weicher … Vielleicht nimmst du rosafarbenes Licht wahr, vielleicht ein Energiefeld von Sanftheit und Kraft … weiter und weiter öffnet sich der Raum. Jetzt ist es kein Raum mehr, sondern ein riesiges Energiefeld … ein Wesen tritt auf dich zu … du begegnest der Hüterin der Venus.

Sie heißt dich willkommen auf dem Planeten der weiblichen Kraft, auf dem Planeten der Göttin. Erleichtert lässt du dich fallen. Sie fragt dich nach den Waffen und Werkzeugen, die du auf der Erde gebraucht und genutzt hast, um dir Liebe zu erkämpfen. Aufatmend gibst du ihr alles, was du mit dir herumträgst. Vielleicht ist es ein schwerer Mantel, ein Rucksack mit Gerümpel. Vielleicht trägst du einen Keuschheitsgürtel oder Kleidung, die du als Werkzeug benutzt. Vielleicht aber hast du dir auch einen schwarzen Schleier vor das Gesicht gezogen, versteckst deine Schönheit und Liebe. Egal, auf welche Weise du dich verbirgst oder anstrengst, nun darfst du damit aufhören. Die Hüterin der Venus nimmt dir

alles ab, was du nicht mehr brauchst, und führt dich dann in einen Tempel. Lichtvolle Wesen, die Hüterinnen der weiblichen göttlichen Kraft, nehmen dich in Empfang, führen dich in ein weiches, warmes Bad. Hier ruhst du dich aus. Das Wasser wäscht alles aus dir heraus, das alt und verbraucht ist. Es schafft Raum für das Neue, Göttliche, für deine weibliche Kraft.

Du bleibst so lange in dem warmen Wasser liegen, bis du das Gefühl hast, genährt und versorgt zu sein, erfüllt und in tiefem Frieden. Nun steigst du aus dem Bad. Du wirst abgetrocknet, und du bekommst ein wunderschönes Gewand. Es besteht aus reiner Liebe und aus reiner weiblicher Kraft. Während du es anziehst, spürst du, wie diese Energie in dich einzuströmen beginnt, und du fühlst dich immer leichter, gleichzeitig wärmer und lebendiger.

Du wirst in einen großen Saal geführt. Er sieht aus wie ein Thronsaal. Du bist ergriffen. Die Energie ist sehr feierlich, und du spürst ein sehr hohes Energiefeld. Du schaust auf – in der Mitte steht ein goldener Thron. Eine unermesslich lichtvolle Gestalt sitzt darauf, und du kannst nicht anders, als niederzuknien. Wärme beginnt auf einmal, dich zu durchströmen. Du hebst den Kopf und schaust der Lichtgestalt direkt in die Augen. Sie besteht aus reinem Licht, aus reiner Liebe. Sie zieht dich hoch und nimmt dein Gesicht in die Hände. Plötzlich erkennst du, das ist Dornröschen, das ist die weibliche göttliche Kraft, auf die du so lange gewartet hast. Und auf einmal stellst du fest, sie trägt dein Gesicht. Du schaust in deine eigenen Augen. Dornröschen, die Göttin in ihrer Lichtgestalt, umarmt dich, verströmt ihre Energie – und verschmilzt mit dir. Sie durchströmt deinen Körper, besonders aber deinen Emotionalkörper und dein ganzes System, sie verändert und transformiert dich vollkommen, beginnt augenblicklich, auch in dein Herz zu fließen.

Du erlaubst ihr, dich ganz und gar auszufüllen und zu verwandeln. Du erlaubst ihr, ihren Platz einzunehmen, damit sie dir von nun an in ihrer vollen Kraft zu Verfügung stehen kann – und auf einmal spürst du vielleicht erstaunt, dass du das gar nicht willst.

Du hast vielleicht kein Interesse mehr daran, dass sie dir zur Verfügung steht. Im Gegenteil. Es gibt vielleicht nichts, das du im Augenblick mehr willst, als ihr zu dienen. Von nun an stehst du ihr zur vollen Verfügung, wenn du das möchtest, nicht sie dir. Du erkennst, dass du dich ihr hingeben möchtest und es fühlt sich genau richtig an. Nimm wahr, wie sie reagiert. Vielleicht erhöht sich deine Energie noch einmal,

und du spürst Freude, Freiheit oder das tiefe Gefühl, nach Hause gekommen zu sein. Denn genau das bist du.

Bleibe in dieser Energie, während du dich gleichzeitig an deinen Körper erinnerst, dich bewegst, deinen Alltag wieder zu meistern beginnst – bleibe einfach auf Venus, bleibe dort, während du gleichzeitig auf der Erde bist. So schaffst du eine dauerhafte bewusste Verbindung. Wir brauchen uns nie wieder irgendwo zu verabschieden. Wir erweitern einfach unsere Wahrnehmung und sind im ganzen Universum zu Hause …

Der inneren wilden Frau begegnen

... um deine Weiblichkeit auf neue, unverfälschte Weise zu spüren.

(aus: Buch: »Wilde Frau sein«, Schirner, Darmstadt, erscheint 2013.)

Und so mache es dir nun bequem, schließe deine Augen. Es gibt nichts mehr für dich zu tun. Du darfst dich ausruhen, darfst ganz und gar sein, wie du bist. Du brauchst niemandem zu gefallen, es niemandem recht zu machen. Es geht jetzt ganz und gar nur um dich.

Vor deinem inneren Auge entsteht nun ein Tor. Du durchschreitest es und befindest dich in einer wunderschönen Landschaft, einer Landschaft, in der du sehr deutlich deine wahren weiblichen Kräfte spüren kannst, was immer das für dich auch bedeuten mag. Du gehst ein wenig spazieren, ruhst dich aus. In einiger Entfernung bemerkst du ein Feuer, ein großes, gemütliches Lagerfeuer. Du gehst auf das Feuer zu, suchst dir einen guten Platz und setzt dich. Tröstlich und nährend ist es, das Feuer, es gibt dir die Kraft zurück, die dich der Weg, den du gegangen bist, gekostet hat. Du machst es dir bequem, lässt dich von der Wärme und Energie des Feuers erfüllen. Auf einmal bemerkst du, du bist nicht allein. Eine Gestalt wartet auf dich. Sie strahlte eine ganz besondere Kraft aus, und du fühlst dich zu ihr hingezogen, spürst, ihr kannst du vertrauen.

»Ich bin deine innere wilde Frau«, sagt die Gestalt, und es kann sogar sein, dass sie sich dir als Mann zeigt – dann, wenn du dem Weiblichen nicht besonders vertraust und dich lieber an der männlichen Tatkraft orientierst. Wie immer du sie wahrnimmst, es ist für heute genau richtig. Sie nähert sich dir, setzt sich zu dir. »Ich bin verbunden mit deiner innersten Wahrheit und deiner Körperenergie zugleich«, sagt sie. »Ich weiß deshalb, was dir wirklich guttut, was du brauchst, um möglichst kraftvoll und lebendig dein Leben zu leben. Wann immer du nicht weißt, was du willst, komme zu mir, ich erkenne ganz genau, wohin dich deine wahre Kraft ruft. Das ist meine Aufgabe.«

Sie beginnt nun, Energie in dich einfließen zu lassen, auf die für dich genau richtige und stimmige Weise, und du spürst, welche Kraft sie dir zur Verfügung stellen kann. Vielleicht kommt die wilde Frau auch mit einem Krafttier daher, dann bemerkst du es jetzt. Was immer es ist, vertrau deinen inneren Bildern. Sie haben oft ganz andere Bedeutungen, als deine verstandesgemäße Bewertung annimmt. Lasse dich von der wilden Frau berühren, emotional, geistig, körperlich, so, wie du es heute brauchst. Sie ist immer für dich da. Vielleicht hast du heute, jetzt, eine Frage, kommst in einem bestimmten Lebensbereich nicht weiter. Frage sie, was zu tun ist, was du wirklich willst, wie dein nächster Schritt aussehen könnte.

Ruhe dich noch ein wenig bei ihr am Feuer aus, lasse dich halten und nähren, damit du dich selbst wahrnimmst und deine ureigene Wahrheit erkennst.

Wenn du so weit bist, dann komme in den Raum zurück, in dem du dich befindest. Natürlich kannst du jederzeit zu ihr ans Feuer zurückkehren.

Der Spiegelsaal

*... um deine Schönheit zu erkennen und den allzu kritischen,
ungesunden Blick auf dich selbst loszulassen.*

(aus: Buch: »Wilde Frau sein«, Schirner, Darmstadt, erscheint 2013.)

Stelle dir bitte vor, es gäbe einen energetischen Raum, der aussieht wie ein wunderschöner großer Spiegelpalast. Er ist zauberhaft, glitzernd und funkelnd und macht den Einruck eines faszinierenden Ortes, schimmert vielleicht verführerisch und geheimnisvoll. Es gibt unzählige Kronleuchter, glänzende Marmorfußböden, goldene Verzierungen überall – und viele, viele Zauberspiegel. Wenn du in diese Spiegel schaust, dann siehst du dich völlig verzerrt. Du erkennst nicht mehr, wie schön du bist und wie liebenswert. Du siehst dich nicht mehr mit den Augen der Liebe, sondern des Schmerzes. Du siehst nur noch das, was dir an dir nicht gefällt. Überall in diesem Palast schwirren Spiegelstückchen herum, kleine Kristalle, die die gleiche Kraft besitzen wie der Spiegel selbst, kleine Splitter, die sich in die Augen und Herzen derjenigen setzen, die sich hier zu lange aufhalten.

Du schaust dich um – und entdeckst überall Frauen und Mädchen, die sich verzweifelt im Spiegel betrachten und nicht fassen können, wie verdreht und merkwürdig sie aussehen. Während du sie beobachtest, kannst du ganz genau erkennen, wie sehr die Spiegel ihre Sicht verzerren. Es ist, als bekämst du auf einmal, wie durch ein Wunder, die Möglichkeit, all die Frauen in ihrer vollen Strahlkraft, in ihrer ganzen Schönheit zu sehen.

Nun sieh dir diesen Palast bitte noch genauer an, und schaue, ob du dich selbst irgendwo entdeckst – oder deine Mutter. Vielleicht steht auch ihr wie gebannt vor dem riesigen Zauberspiegel und kommt nicht von dem entstellten Bild los, das er euch zeigt. Gleichzeitig siehst du dich mit den Augen der göttlichen Kraft. Du erblickst dich selbst, wie du vor dem Spiegel stehst und erkennst, wie sehr der Spiegel auch dein Bild verzerrt. Vielleicht nimmst du gar deine Mutter in all ihrer Strahlkraft wahr und bist völlig überrascht!

Vielleicht erkennst du außerdem dein inneres Kind. Eventuell sind es auch mehrere oder auch gar keines. Aber du selbst bist plötzlich wie gebannt – schaue einfach in aller Ruhe, was passiert, und erlaube dir, die Gefühle zu spüren, die in dir aufsteigen.

Und nun bitte um ein Wunder.

Bitte darum, dass die Große Göttin den Zauber der Spiegel für einen Moment lang aufhebt, so lange, wie ihr das möglich ist. Bitte darum, dass sich all die Frauen für einen Augenblick lang so sehen können, wie

Gott sie gemeint hat, wie Gott sie sieht: Als das lichtvolle, wunderschöne Wesen, das sie sind und verkörpern.

Bitte darum, dass der Zauber aufgehoben wird, damit jede Frau auf diesem Planeten die Möglichkeit bekommt, sich selbst jetzt, genau jetzt, in aller Lebendigkeit wahrzunehmen.

Sowie das geschieht, können all die wilden Frauen, die vor der Tür warten, in den Saal eintreten und ihre jeweiligen Frauen und Mädchen abholen, ihnen die Kraft geben, den Spiegelsaal zu verlassen. Es ist ein Angebot, eine Möglichkeit, frei zu werden. Lasse dich bitte von deiner wilden Frau aus diesem Saal hinausführen. Vielleicht begleitet dich deine Mutter, vielleicht auch nicht, es ist ihre Entscheidung. Nimm unter allen Umständen dein eigenes inneres Kind mit, und sei es auch noch so gebannt.

Du kannst nur um einen Moment der Klarheit für alle Frauen bitten und auch das nur, wenn sie bereit sind, sich selbst anders wahrzunehmen. Möglicherweise wachen einige wie aus einer Trance auf, schütteln sich und schauen sich erstaunt um. Andere beginnen zu lachen oder erschrecken gar – mache ihnen das Angebot. Mehr kannst du nicht tun.

Bitte nun die Göttin darum, dir den Splitter aus dem Auge und aus dem Herzen zu nehmen, falls du noch einen trägst. Entscheide dich, dich selbst von nun an mit den Augen der Liebe wahrzunehmen, dich selbst und alle anderen. Verlasse den Spiegelsaal.

Du hast hier nichts mehr zu suchen.

Es mag sein, das Dach des Spiegelsaales hebt sich, und all die Spiegel wirbeln hinaus, schmelzen in der Sonne oder verwandeln sich in Lichtfunken.

Was immer geschieht, gehe hinaus ins Leben, bade dich in einer Quelle, gehe durch den Schleier der Illusionen hindurch, verlasse dieses Energiefeld auf die Weise, die jetzt für dich stimmig ist.

Deine innere wilde Frau nimmt dich in den Arm, und du spürst ihre einzigartige Kraft, siehst dich selbst mit ihren gesunden, ungetrübten Augen. Wie fühlt es sich an? Was siehst du? Was ist anders? Wie ist es, dich nicht mehr in den Augen deines Vaters, sondern in den Augen der wahrhaft wilden Frau zu erkennen?

Dann komme langsam mit deiner Aufmerksamkeit zurück in deinen Körper, bleibe aber gleichzeitig angebunden an diese kraftvollen, weiblichen Energien.

Fantasiereisen
für Kinder
und das innere Kind

Hier findest du die Reisen der CD » Schamanische Fantasiereisen
für Kinder«. Sie sind noch nicht in schriftlicher Form erschienen.
Weitere Meditationen für Kinder gibt es im Buch »Wie dein Schutzengel
dich führt«. Fantasiereisen für Kinder haben eine andere Sprache,
deshalb gibt es ein Extrakapitel darüber.

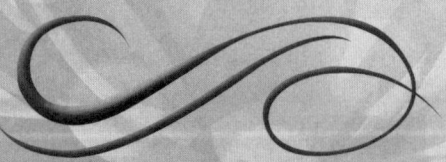

Finde dein Krafttier

Speziell für Kinder.

(aus: CD: »Schamanische Fantasiereisen für Kinder«, Schirner, Darmstadt, 2011.)

In den nachfolgenden Meditationen nehme ich Bezug auf dieses Krafttier. Wenn du diese Meditation nicht anbieten möchtest, dann lasse das Krafttier in den weiteren Texten bitte einfach weg!

Das Krafttier steht für Schutz, ist ein Begleiter neben den Engeln, gibt Kraft, Vertrauen und Fürsorge – außerdem zeigt das Krafttier oft, wie es dem Kind geht, es steht stellvertretend für den Vitalkörper des Menschen. Es ist sehr hilfreich, wenn das Kind nicht über sich selbst sprechen mag. Das Krafttier spiegelt das Thema des Kindes.

Weißt du, was ein Krafttier ist? Das ist ein Tier, das wie ein Engel immer an deiner Seite ist, dir Kraft gibt und dir hilft, wenn du dich allein fühlst. Ich möchte dich einladen, mit mir zusammen dieses Krafttier zu rufen. Bestimmt hast du dich schon hingelegt und die Augen geschlossen. Nun stelle dir vor, du gehst durch ein Tor. Das kann eine Gartentür sein, ein Torbogen wie im Märchen, vielleicht ein Rosenbogen, wunderschön überrankt mit Rosen, es kann eine Felsspalte sein, vielleicht ein Tor, das aus Bäumen gebildet wird. Welches Tor auch immer erscheint, oder welches du dir vorstellst, gehe einfach hindurch.

Hinter diesem Tor stellst du dir eine wunderschöne Landschaft vor, ganz zauberhaft, eine Blumenwiese oder einen Wald. Wenn du gern am Meer bist, vielleicht einen Meeresstrand. Dann spiele ein bisschen, gehe spazieren, erkunde die Gegend. Wenn du magst, dann rufe auch deinen Schutzengel zu dir. Er begleitet dich gern.

Und dann irgendwann, vielleicht jetzt, bleibst du stehen in deiner Landschaft, und du rufst dein Krafttier. Sage es ruhig laut: »Ich bitte mein Krafttier, zeige dich jetzt.«

Jetzt darfst du dem, was kommt, ganz und gar vertrauen. Was immer gerade erscheint, ob du es kennst oder nicht, sogar ob du es magst oder nicht, frage dieses Tier: »Bist du mein Krafttier?«

Und in dieser Welt hinter dem Tor ist alles möglich. Hier können Tiere reden. So schaue, was dein Tier antwortet, vielleicht sagt es ja, vielleicht schüttelt es auch den Kopf, sagt nein. Wenn da so ist, dann frage: »Kannst du mich zu meinem Krafttier führen?«

Und das tut es bestimmt gern für dich. Lasse dich also zu deinem Krafttier führen, und wenn du es siehst, dann frage es:

»Was kann ich für dich tun? Was brauchst du?« Denn es kann sein, dass dein Krafttier gestreichelt werden will, Hunger hat, vielleicht ist es gar festgebunden oder sitzt in einem Käfig und braucht deine Hilfe, um befreit zu werden. Sei ohne Sorge, trau dich, dein Schutzengel ist bei dir.

Dein Krafttier ist auf deiner Seite, es tut dir nichts, es ist für dich da, um dir zu helfen, um dich zu stärken, um dir Mut und Zuversicht zu geben, auch Schutz, auch Hilfe. Tu, was dein Krafttier von dir will, streichle es, binde es los, befreie es, gib ihm zu fressen, oder setze dich zu ihm, und spiele mit ihm. Vielleicht fliegt oder schwimmt es eine Runde mit dir.

Genieße es, mit ihm zusammen zu sein, und vielleicht spürst du schon, welche besondere Kraft dir dieses Wesen schenken möchte: Mut, zu sagen, was du willst und was du nicht willst. Vielleicht möchte es dich trösten und dir Sicherheit geben. Ist es ein großer Bär, an den du dich kuscheln kannst, ein Delfin, mit dem du durch das Wasser gleitest?

Genieße das Zusammensein mit deinem Krafttier, und dann frage es: »Welche ganz besondere Kraft bekomme ich denn von dir?«

Atme sie ein, diese Kraft, lasse sie in deinen Körper fließen, in deine Beine, deinen Bauch, in deine Arme, in den Kopf, ganz besonders in dein Herz. Nimm diese Energie als Licht, als Farbe, als Musik oder einfach als Kraft in dich auf. Dafür ist das Krafttier da.

Dein Krafttier sagt dir: »Wann immer du Hilfe brauchst, rufe mich. Wann immer du einsam bist, rufe mich. Wann immer du dich unverstanden fühlst. Wann immer dir niemand zuhört, rufe mich. Ich bin immer da, ich werde dich nie verlassen, dich niemals allein lassen, ich schenke dir Kraft. Ich liebe dich, einfach so, für das, was du bist, ganz egal, was du tust. Und wenn du umfällst und stolperst, helfe ich dir wieder auf. Ich gehe mit dir alle Wege. Ich warne dich auch, zeige dir neue Wege, schenke dir jederzeit meine Aufmerksamkeit. Du brauchst nur durch das Tor zu gehen und mich zu rufen, und manchmal nicht mal das. Ich bin immer da.«

Und weil du das jetzt weißt, kannst du dein Krafttier umarmen oder dich auf andere Weise von ihm verabschieden. Du kannst durch das Tor zurückgehen oder noch ein wenig bleiben. Du weißt, du kannst es jederzeit, wirklich jederzeit, zu dir rufen. Es wird dir immer beistehen, und es wird dich niemals verlassen. Es gibt dir genau die Kraft, die du brauchst, damit du dich sicher und geborgen fühlst.

Und nun schlafe ein, wenn du im Bett liegst, oder recke und strecke dich, zapple mit den Beinen, boxe ein paar Mal in die Luft.

Du hast einen Freund gefunden, der für immer für dich da sein wird, Nun öffne deine Augen. Du brauchst nie wieder allein zu sein.

Zu Besuch bei den Murmeltieren

Geborgenheit, Schutz; eignet sich gut zum Einschlafen –
schenkt liebevolle mütterliche Energie.

(aus: CD: »Schamanische Fantasiereisen für Kinder«, Schirner, Darmstadt, 2011.)

Weißt du, was ein Murmeltier ist? Das ist ein kleines, goldiges Tier, das in Höhlen lebt, wie ein kleines Häschen. Ich möchte dich zu einem Besuch in der Murmeltierhöhle einladen. Schließe deine Augen, und stelle dir ein Tor vor, einfach irgendein Tor, einen Steinbogen, eine Tür, das Erste, das dir einfällt. Hinter dem Tor wartet schon dein Krafttier auf dich, und es sagt: »Ich führe dich heute zu einem ganz besonderen Tier, zu einem Murmeltier.«

Ihr geht ein bisschen spazieren, und auf einmal schaust du nach unten. Da steht ein kleines Tierchen vor dir und reckt sich in die Höhe. Es sagt: »Wenn du willst, dann kannst du jetzt ganz klein werden, genauso groß wie ich, und ich lade dich ein, meine Höhle zu besuchen.«

Du schaust, ob du das heute willst, wenn ja, dann sage jetzt einfach ja. Und schon bist du ganz klein, so klein wie das Murmeltier. Ganz in der Nähe bemerkst du auf einmal einen Höhleneingang. Das Murmeltier schlüpft in diesen Eingang, und du kletterst hinterher. Schnell wie der Blitz rutscht ihr einen Gang hinunter, wie eine wundervolle Rutsche ist dieser Gang gebaut. Ihr steht in einer ziemlich großen, sehr gemütlichen Höhle und hier gibt es ganz viele Murmeltiere, Sie sind sehr weich, sehr kuschelig und lieben es, mit dir zu spielen. Die Murmeltiere laden dich ein, jetzt mit ihnen in dieser Höhle zu spielen, und du siehst, es gibt überall Gänge. Alles ist hell, schön warm, sodass du dich sicher und geborgen fühlst. Du kletterst mit den Murmeltieren in die verschiedenen Gänge, kommst in immer wieder neue Höhlen. Es gibt eine Schlafhöhle, da kuscheln sich alle Murmeltiere aneinander. Sie schlafen den ganzen Winter lang, erfährst du von ihnen. Manchmal wird eines der jungen Murmeltiere wach, klettert über die anderen, dann kuscheln sie sich alle noch dichter aneinander und wärmen sich gegenseitig. Vielleicht willst du das einmal ausprobieren. Auf einmal kommen ganz viele Murmeltiere in die Schlafhöhle, kuscheln sich aneinander, nehmen dich in ihre Mitte, sodass es dir ganz wohlig angenehm ist. Du fühlst dich völlig sicher und geborgen in dem weichen Fell der atmenden Murmeltiere. Das Wichtigste für ein Murmeltier, sagt dir eines, ist seine Familie, und so tut es alles, um diese Familie zu beschützen. Vor der Höhle gibt es deshalb immer einen Wächter, der aufpasst, dass kein Fuchs die Höhle findet. Und so kannst du dich vollkommen sicher fühlen. Diese Schlafhöhle ist sehr versteckt. Niemand findet sie, außer, die Murmeltiere zeigen ihm den Weg. Die Murmeltiere sagen dir, wann immer du dich zurückziehen willst, wann immer du Nestwärme brauchst, Geborgenheit und Schutz, rufe sie, und sie zeigen dir den Weg in ihre Schlafhöhle, Sie kuscheln sich an dich und trösten dich, schenken dir Geborgenheit und Ruhe. Irgendwann hast du genug geschlafen. Ein junges Murmeltier kommt und lädt dich ein, es zu fangen. Vielleicht willst du auch lieber gefangen werden. Ihr rennt durch die Höhlen und die Gänge, auf und ab.

Es gibt eine Höhle, in der die Nahrung aufbewahrt wird, und es gibt sogar eine Toilettenhöhle. Schaue dir alles an. Es gibt viele Gänge, die nach oben führen, aber alle liegen so versteckt, dass sie von außen nicht sichtbar sind, damit die Murmeltiere immer sicher und geschützt bleiben. Vielleicht trefft ihr euch jetzt in der Nahrungshöhle und ihr esst zusammen, Nüsse, Kräuter, was die Murmeltiere dir so anbieten, Früchte – vielleicht sogar deine Lieblingsfrucht. Und wieder laden dich die Murmeltiere ein: »Wann immer du dich ein bisschen einsam fühlst, komme zu uns, iss mit, und spiele mit uns, genieße die Geborgenheit, die Ruhe, aber auch den Spaß, die Freude.«

So tolle noch ein wenig mit den Murmeltieren in der Höhle herum, oder ruhe dich einfach aus in dieser Höhle. Irgendwann hast du Lust, die Höhle zu verlassen, und du sagst: »Jetzt möchte ich wieder raus.«

Ein Murmeltier führt dich aus der Höhle heraus. Du bist wieder da, wo du hineingekommen bist. Und auf einmal wirst du wieder so groß, wie du eben bist. Bedanke dich beim Murmeltier, dass es dir so sehr vertraut hat, dass es dich eingeladen hat. Du weißt, Murmeltiere lassen nicht jeden in ihre Höhle, dich aber schon. Du gehst zurück zum Tor, und du weißt, du kannst jederzeit wiederkommen. Gehe durch das Tor, recke und strecke dich, tu, was dir guttut, oder schlafe, wenn jetzt für dich Schlafenszeit ist. Du bist jederzeit bei den Murmeltieren willkommen, du kannst dich ausruhen, Schutz, Geborgenheit und Spaß erleben.

Der Flug mit dem Drachen

Spaß, Mut, Abenteuer, Freiheit – die meisten Kinder lieben Drachen.
Sie bieten väterliche Rückenstärkung und stärken das Selbstvertrauen.

(aus: CD: »Schamanische Fantasiereisen für Kinder«, Schirner, Darmstadt, 2011.)

Heute möchte dir dein Krafttier eine ganz besonders aufregende Reise anbieten. Wenn du Lust auf ein Abenteuer hast, dann schließe jetzt die Augen. Stelle dir vor, du gehst durch eine Tür oder ein Tor. Damit betrittst du eine andere Welt: eine Welt, in der es Märchenwesen gibt und in der alles möglich ist, in der alles geschehen kann. Egal, ob es das in der äußeren Welt gibt oder nicht, hier, in der inneren Welt, ist alles möglich. Und so gehst du jetzt durch dein Tor und rufst dein Krafttier. Ihr begrüßt euch, du schaust, ob du etwas für dein Krafttier tun kannst, ob es etwas braucht – und dann folge ihm. Es führt dich auf eine Wiese, an einen Ort, an dem viel Platz ist. Auf einmal hörst du ein Rauschen über dir in der Luft, ein Rauschen, wie du es so vielleicht noch nie erlebt hast. Vor dir landet ein wunderschöner, machtvoller Drache. Ich weiß nicht, ob du jetzt ein bisschen Angst bekommst, aber dein Krafttier ist bei dir, beschützt dich und macht dir Mut. Denn dieser Drache ist gekommen, um dir etwas zu zeigen, um dich zu lehren. Und nun gehe hin zu diesem Drachen. Wenn du dich allein nicht traust, ist dein Krafttier bei dir. Vielleicht darfst du den Drachen berühren, bemerkst, dass seine Haut viel weicher ist, als du dachtest – vielleicht aber auch schuppig und hart. Es

gibt ganz viele verschiedene Drachen. Ich weiß nicht, welcher dir begegnet, so weiß ich auch nicht, wie es sich anfühlt – aber so, wie es ist, ist es für dich genau richtig. Der Drache sagt dir: »Ich bin DEIN Drache, und ich kann ganz viel. Ich kann Feuer spucken, ich kann fliegen, ich kann meine Zähne zeigen, und ich bin sehr machtvoll. Ich kann mir Dinge erschaffen.«

Vielleicht freust du dich, dass du so ein wundervolles Tier an deiner Seite hast. Möchtest du sehen, wie der Drache Feuer spuckt? Dann bitte ihn darum, gehe ein Stück zur Seite, damit er dich nicht verbrennt und bitte ihn, dir sein Feuer zu zeigen. Schaue, was das Feuer bewirken kann. Das ist bei jedem Drachen anders. Was macht dieses ganz spezielle Drachenfeuer? Vielleicht wärmt es dich, verbrennt Altes, das du nicht mehr brauchst. Vielleicht kannst du das Feuer jemandem schicken, der traurig ist? Frage den Drachen: »Was kann denn dein Feuer?« Und dann probiere es aus. Der Drache breitet nun seine Flügel aus, und du kletterst auf den Rücken des Drachen.

Es gibt viele Möglichkeiten, sich hier oben festzuhalten, vielleicht hat der Drache sogar eine Art Sattel oder einen Gurt. Ganz leicht kannst du dich festhalten, und jetzt – ganz sanft – schlägt der Drache einmal mit seinen Flügeln und ihr erhebt euch in die Luft. Du fliegst auf dem Rücken des Drachen. Der Drache weißt ganz genau, was du brauchst, denn es ist ja dein Drache. Und so gleitet er entweder ruhig, sanft und friedlich mit dir durch die Wolken, fast wie ein Engel – oder es gibt eine wilde, wundervoll aufregende Reise – oder beides. Der Wind braust dir um die Ohren, die Flügel schlagen, die Wolken rauschen unter dir vorbei. Ihr fliegt hindurch, über die Baumwipfel, über das Meer, über die Berge.

Jetzt macht der Drache einen Sturzflug und es geht rasend schnell zur Erde hinab und jetzt – jetzt – breitet er seine Flügel wieder aus und fängt den Sturzflug ab. Dein Drache liebt dich und weiß genau, was du brauchst, um Spaß zu haben – und der Drache weiß, was du kannst, wenn dein Mut geweckt wird. Denn das lehrt dich der Drache: mutig sein, dich auf etwas einzulassen, das du noch nicht kennst, die Dinge anders zu sehen, zum Beispiel von oben, wie jetzt gerade. Ihr gleitet durch die Wolken, trefft andere Drachen, Vögel, vielleicht sogar Engel. Wo immer du hin willst, dein Drache fliegt mit dir hin – jetzt. Er fliegt mit dir genau dorthin, wohin dich dein Herz ruft, ganz einfach, jetzt. Wenn du noch einmal eine wilde Jagd erleben möchtest, dann sage ihm das. Er liebt es, wenn du Spaß hast und tut dir gern den Gefallen. Weit und frei fühlst du dich, gleichzeitig vollkommen sicher auf dem Rücken des Drachen und irgendwann – irgendwann

landet ihr wieder ganz sanft auf dieser Wiese, wo dein Krafttier auf dich wartet – oder ist es mit euch geflogen?

»Wenn du Mut brauchst, wenn du Kraft brauchst«, sagt dir der Drache, »dann ruf mich, ich schenke dir mein Feuer, ich bin bei dir, damit du dich wehren und auch mal nein sagen kannst und damit du immer den Mut findest, das zu tun, was du für richtig hältst.«

Du kletterst vom Drachen herunter, sagst ihm danke, und der Drache sagt dir: »Ich freue mich an deiner Lebendigkeit. Ich freue mich, wenn du mutig deinen Weg gehst, und ich freue mich, wenn du sagst, was du willst und was du nicht willst. Ich bin bei dir und stärke dir den Rücken.«

Und vielleicht gefällt es dir sehr gut, zu wissen, du hast einen Drachen, der immer für dich da ist. Mit diesem Wissen gehst du mit deinem Krafttier zu dem Tor zurück. Ihr verabschiedet euch, und du kommst zurück in diese Welt.

Beide Welten sind real, deine Innenwelt und deine Außenwelt, und so komme jetzt wieder in die Außenwelt, und genieße die Kraft, die dir der Drache geschenkt hat!

Die Reise des Schmetterlings

Veränderung erleben; ein Abenteuer; lernen, zu warten
und den Dingen ihre Zeit zu lassen:
Freiheit, Leichtigkeit, die Erfahrung der Wandlung und einfach Freude.

(aus: CD: »Schamanische Fantasiereisen für Kinder«, Schirner, Darmstadt, 2011.)

Bestimmt hast du schon Schmetterlinge gesehen, diese bunten Tiere, die durch die Luft flattern und sich auf Blüten setzen. Vielleicht weißt du auch, dass ein Schmetterling, bevor er fliegen konnte, eine Raupe war. Dein Krafttier führt dich heute in die Erfahrung der Verwandlung.

Und so schließe deine Augen, atme ein paar Mal tief durch, so tief du kannst. Lege deine Arme und Beine ganz bequem hin, sodass du dich für ein paar Minuten ausruhen kannst, und dann fange an, dir die Bilder vorzustellen, von denen ich dir jetzt erzähle. Stelle dir ein Tor vor, eine Tür, einen Torbogen. Es fällt dir ganz leicht, jetzt durch dieses Tor hindurchzugehen oder hindurchzuschlüpfen.

Du schlüpfst also durch dieses Tor – und hinter dem Tor findest du eine ganz andere Welt, eine Welt, in der du die Dinge mit ganz anderen Augen sehen kannst, eine Welt, in der du vieles ausprobieren kannst, einfach so, in deiner Fantasie, auch Dinge, die du in der Welt des Körpers nicht kannst.

Hinter dem Tor erwartet dich dein Krafttier, und wie immer, wenn du es triffst, frage es, ob es etwas von dir braucht – und gib es ihm.

Dein Krafttier will niemals etwas von dir, das du ihm nicht leicht geben kannst. Ihr geht ein Stück zusammen spazieren, spielt Fangen oder fliegt durch die Luft, je nachdem, was dein Krafttier kann, oder ihr schwimmt ein Stück. Auf einmal bemerkst du einen wunderschönen Schmetterling in deiner Lieblingsfarbe. Er schimmert und schillert, du streckst deine Hand aus, und er landet auf deinem Finger.

»Ich möchte dir ein Geheimnis des Lebens verraten«, sagt dir der Schmetterling, denn in dieser Welt können Tiere reden, und du kannst sie verstehen.

»Ich möchte dir zeigen, wie ich so wunderschön geworden bin, und ich möchte es dir zeigen, damit du weißt, auch du kannst so schön werden, auch du kannst fliegen, zumindest innerlich. Ich möchte dir zeigen, dass es Zeiten gibt, in denen nichts zu passieren scheint und auf einmal wachst du auf und auf einmal ist alles anders, besser. Es gibt Zeiten, in denen du Geduld brauchst, in den nichts zu passieren scheint, und dann wieder Zeiten, die sehr lebendig sind. Ich, der Schmetterling, ich weiß das.«

Und wenn du willst, dann sage jetzt Ja zu dem Schmetterling, ganz laut, damit er dich auf eine Reise mitnimmt, eine Reise durch sein Leben. Und wenn du ja gesagt hast, dann findest du dich auf einmal mitten auf einem Baum, inmitten von Blättern. Du hast sehr großen Hunger, du frisst dich durch alle Blätter. Es ist gar nicht zu fassen, wie viele Blätter du fressen kannst. Du kriechst auf eine ganz besondere Weise auf diesem Blatt, denn du hast jetzt keine Arme mehr, nicht einmal mehr Beine. Du robbst auf deinem Bauch, du ziehst dich zusammen und dehnst dich wieder aus. Naja, vielleicht hast du ganz, ganz kleine Füßchen, aber sie sind wirklich sehr klein. Dafür hast du ein riesig großes Maul. Entschuldige, dass ich Maul sagen muss, es ist als Raupe nun mal ein Maul. Und du frisst und frisst und frisst. Deine ganze Welt besteht nur aus Fressen, und du wirst immer größer, immer dicker, immer satter, und das fühlt sich gut an. Auf einmal, als du ganz dick und ganz satt geworden bist, passiert etwas sehr Merkwürdiges. Aus dir heraus kommt auf einmal eine komische Substanz, wie Fäden, in die du dich einwickeln kannst, ein bisschen wie Spinnweben. Aber statt in ein Spinnennetz wickelst du dich in einen Kokon, so nennt man das, in eine ganz feste Schützhülle, sodass du die Außenwelt überhaupt nicht mehr wahrnehmen kannst. Das fühlt sich ganz komisch an, wie diese Fäden aus dir herauskommen, aber irgendwie auch ganz normal. Du kannst das eben. Immer

dichter und dicker wird diese Hülle, und es fühlt sich gut an, denn du weißt, die Zeit deiner Verwandlung ist gekommen. Irgendwann ist diese Hülle fertig. Es ist ganz warm und geborgen darin, und du hast sie selbst gebaut. Und nun kannst du nichts mehr tun. Du ruhst dich aus und wartest. Du atmest und wartest. Vielleicht wird es dir langweilig, aber du wartest. Du lernst, dass die Dinge ihre Zeit brauchen, ob es dir gefällt oder nicht. Und du wartest. Du bist in dieser Schutzhülle und fällst in einen Schlaf. Immer mehr sinkst du nach innen. Du bekommst gar nicht mehr mit, dass du wartest, dass du dich langweilst, so tief bist du in dich selbst hinein gesunken und das fühlt sich gut an. Du spürst vielleicht, irgendetwas in dir verändert sich.

Und auf einmal, eines Tages, bekommst du Lust, unbändige Lust, aus diesem Kokon herauszukommen. Und weil du diese unbändige Lust bekommst, endlich ins Leben zurückzukehren, öffnet sich dieser Kokon. Du weißt nicht, was aus dir geworden ist, du kannst es dir denken, denn du siehst andere Schmetterlinge, aber du kannst nicht sicher sein. Und doch gibt es in dir die absolute Überzeugung, die vollkommene Gewissheit, dass du jetzt deine Flügel ausbreiten und fliegen kannst. Du hast das noch niemals vorher getan, aber du weißt, dass du es kannst. In dieser Welt ist alles möglich und auf einmal erhebst du dich in die Lüfte, schlägst mit deinen wundervollen Flügeln und schwebst. Dein Hunger ist weg, du bist vollkommen leicht und frei. Wenn du ein bisschen Hunger oder Durst bekommst, fliegst du zu einer

Blüte, trinkst ihren Nektar und fliegst weiter. Es gibt andere Schmetterlinge, die du jetzt triffst und zusammen fliegt ihr einen Tanz, eine wundervollen, bunten, schimmernden Schmetterlingstanz, du schwebst und bist so leicht und frei wie noch nie zuvor in deinem Leben. Du schillerst in deinen Lieblingsfarben, fühlst dich freier als je zuvor, und du hast etwas gelernt. Manchmal lohnt es sich, zu warten. Manchmal lohnt es sich, den Dingen ihre Zeit zu geben. Das fühlt sich gut an.

Irgendwann hast du Lust, auf deinem Krafttier zu landen, und das tust du. Es freut sich, dich zu sehen, und es freut sich darüber, dass du so glücklich bist, dass du so schön fliegen kannst. Vielleicht fliegst du ein paar Mal um seinen Kopf herum, vielleicht fliegt ihr zusammen, oder du setzt dich auf seine Nase, wenn es ein Unterwasserwesen ist. Bestimmt guckt es mal kurz heraus.

Und dann entscheidest du, jetzt möchtest du wieder ein Kind sein, ein Mensch. Und einfach so, weil du es entscheidest, wirst du wieder ein Mensch mit Beinen und Armen. Ganz glücklich und erfüllt gehst du zurück zum Tor, und wenn dir von nun an langweilig ist, wenn du auf etwas wartest, dann stelle dir vor, du bist im Kokon und wartest in aller Ruhe ab, bis sich die Dinge verändert haben, besser geworden sind.

Du kommst durch dein Tor zurück in den Raum, in dem du liegst, bewegst deine Zehen, deine Hände, Füße, Beine. Boxe ein paar Mal in die Luft, atme tief durch. Willkommen zurück, du kleiner Schmetterling.

Du weißt, du kannst jederzeit wieder fliegen, du brauchst nur die Augen zu schließen. In der physischen Welt kannst du nicht fliegen, das weißt du, aber das macht nichts. Du kannst jederzeit innerlich der Schmetterling sein. Du bist jetzt wieder ein Mensch und hier gelten die menschlichen Gesetze, daran erinnerst du dich. Und auch das fühlt sich gut an.

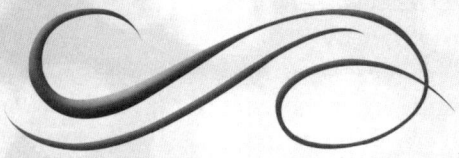

über die Autorin

Susanne Hühn wurde 1965 in Heidelberg geboren. Schon mit fünf Jahren beschloss sie, Masseurin zu werden. Nach dem Abitur besuchte sie eine Schule für Physiotherapie, machte 1986 ihr Staatsexamen und arbeitete danach als Krankengymnastin.

Der Zusammenhang zwischen dem Denken und Fühlen und dem körperlichen Symptom, das ihre Patienten jeweils zeigten, interessierte Susanne Hühn besonders, und so absolvierte sie Ausbildungen und Seminare zum Thema ganzheitliche Medizin. Mit 28 Jahren ließ sie sich zur psychologischen Beraterin ausbilden, und aufgrund eigener Themen kam sie in Kontakt mit spirituellen Therapieformen.

Parallel zu ihrer Tätigkeit als Physiotherapeutin begann Anfang der Neunzigerjahre Susanne Hühns Weg als spirituelle Lebensberaterin und Meditationslehrerin. Zudem fing sie 1992 an zu schreiben. Nach wie vor faszinierte sie der Zusammenhang zwischen Körper, Geist und Seele, und so begab sie sich auf ihre eigene Forschungsreise. Ihr erstes spirituelles Selbsthilfebuch entstand 1999 und wurde im Schirner Verlag veröffentlicht.

Im Jahr 2005 beendete Susanne Hühn ihre Tätigkeit als Physiotherapeutin. Seither widmet sie sich ganz der Lebensberatung und dem Schreiben von Büchern, Artikeln und Geschichten.

Literatur

Bücher

- »Die Kraft der heilenden Transformation«, Schirner, Darmstadt, 2011.

- »Loslassen und das ideale Gewicht erreichen«, Schirner, Darmstadt, 2010.

- »Loslassen und die ideale Beziehung finden«, Schirner, Darmstadt, 2005.

- »Meditation, Entspannung, Konzentration für Jugendliche«, Schirner, Darmstadt, 2009.

- »Mit Meditationen zum Wohlfühlgewicht«, Schirner, Darmstadt, 2008.

- »Nutze das Potenzial«, Schirner, Darmstadt, erscheint 2013.

- »Schamanische Fantasiereisen«, Schirner, Darmstadt, 2007. (mit Mike Köhler)

- »Schatz, ich muss dir was sagen«, Schirner, Darmstadt, 2011. (mit Mike Köhler)

- »Spiritueller Schutz im Alltag«, Schirner, Darmstadt, 2009.

- »Traumreisen«, Schirner, Darmstadt, 2007.

- »Wie dein Schutzengel dich führt«, Schirner, Darmstadt, 2005.

- »Wilde Frau sein«, Schirner, Darmstadt, erscheint 2013.

CDs

- »Baummeditation«, Schirner, Darmstadt, 2010.

- »Das innere Kind«, Schirner, Darmstadt, 2007.

- »Deine Seele ist frei«, Schirner, Darmstadt, 2010.

- »Meditationen für Zwischendurch«, Schirner, Darmstadt, 2007.

- »Meditation zum Loslassen und für einen guten Schlaf«, Schirner, Darmstadt, 2012.

- »Meditationen zur Selbstliebe«, Schirner, Darmstadt, 2010.

- »Schamanische Fantasiereisen für Kinder«, Schirner, Darmstadt, 2011.

- »Was dir Kraft gibt«, Schirner, Darmstadt, 2012.

- »Weihnachten für das innere Kind«, Schirner, Darmstadt, 2009.

- »Weihnachtsmeditation«, Schirner, Darmstadt, 2006.

Bücher/CDs

- »Channel werden für die Lichtsprache«, Schirner, Darmstadt, Buch 2010, CD 2008.

- »Die Heilung des inneren Kindes«, Schirner, Darmstadt, Buch 2008, CD 2009.

- »Endlich gut genug«, Schirner, Darmstadt, Buch 2012, CD 2013.

- »Ich lasse DEINES bei dir«, Schirner, Darmstadt, Buch 2010, CD 2012.

- »Königin im eigenen Reich«, Schirner, Darmstadt, Buch 2009, CD 2008.